NF文庫
ノンフィクション

撃墜王
ヴァルテル・ノヴォトニー

ドイツ空軍 類いまれなるエースの航跡

服部省吾

潮書房光人新社

撃墜王ヴァルテル・ノヴォトニー——目次

プロローグ　13

第一章　大空へ

1　高校を卒業、十七歳で　15
2　複葉カデット練習機と共に　17
3　筆者の単独初飛行　27
4　飛行訓練が進むなかで　30
5　メッサーシュミットBf109　34

第二章　事は志に反したが

1　急降下爆撃機スツーカ熱望　39
2　戦闘機にもなじんで　45
3　選ばれてメルセブルグへ　49
4　叱られてばかりの日々　53
5　初撃墜はチャイカを二機　55

第三章　不時着帰還

1　バルト海をエストニアへ　69
2　ドライブして出撃基地へ　74
3　飛行日誌と搭乗機のこと　78
4　緑色のハートの印　81
5　ドイツ空軍戦闘機連隊　89

第四章　ロシアという所

1　帰省途中に自動車事故　101
2　ドイツ軍破竹の快進撃　104
3　レニングラード正面に　108
4　冬季気象との戦い　116
5　無二の友クァックスと共に　120

第五章　スロースターター

1　戦いは激しくなる一方だが　123
2　ホリドー！　オイエル・ベンジ　128
3　嬉しさあまって大失敗　129
4　いわゆる「エース」について　134
5　騎士鉄十字章リッタークロイツ　135
6　犠牲者と未帰還者と転出者　139
7　機種更新フォッケウルフFw190　141
8　空軍の配置と第五十四戦闘機連隊　148
9　激闘の中で意気高きシュヴァルム　152

第六章　撃墜マシン始動

1　戦闘機連隊のエキスパートたち　161
2　部下の安全を最優先に　166
3　遂に達成した百機撃墜　173

4 大隊長は二十二歳の中尉 183
5 連日の出撃で一五〇機突破 188

第七章 戦闘機隊の猛者も人間

1 ペットや遊び、スラングなど 195
2 個人スコアは二百機を越えた 199
3 ラヴォーチキンLa5との遭遇 203
4 ドイツ戦闘機パイロットの頂点 211
5 総統からの出撃停止命令 219
6 出撃回数と撃墜機数 228
7 落日の戦場に友が逝く 231
8 慌しき年末のスケジュール 239

第八章　世界初のジェット戦闘機隊
1　連隊長と学校長と操縦教官を兼任　251
2　メッサーシュミットMe262　262
3　二六二教導飛行隊で搭乗員養成　269
4　忙中の閑から部隊新編成へ　277
5　アッハマーと補助基地へゼペ　289
6　長鼻のフォッケFw190ドーラ　295
第九章　戦うコマンド・ノヴォトニー
1　西部戦線ドイツ本土防空の秋　303
2　シュツルムフォーゲル試煉の時　319
3　思い出は走馬灯の如く　323
4　十一月初めの大空中戦　328

5 ウエンデルの実態調査報告 333
6 死闘下の空軍参謀総長視察 337
7 十一月八日金曜日、全機発進 344
8 ヴァルテル・ノヴォトニー未帰還 355

第十章 撃墜王二十三歳の終焉

1 コマンド・ノヴォトニー解隊 365
2 その名誉を永遠に讃えて 369
3 誰が撃墜したのか 372
4 ノヴィのシュヴァルム 373
5 敵にも敬愛され惜しまれて 377
参考引用文献 381
あとがき 385
文庫版のあとがき 387

撃墜王ヴァルテル・ノヴォトニー

――ドイツ空軍 類いまれなるエースの航跡

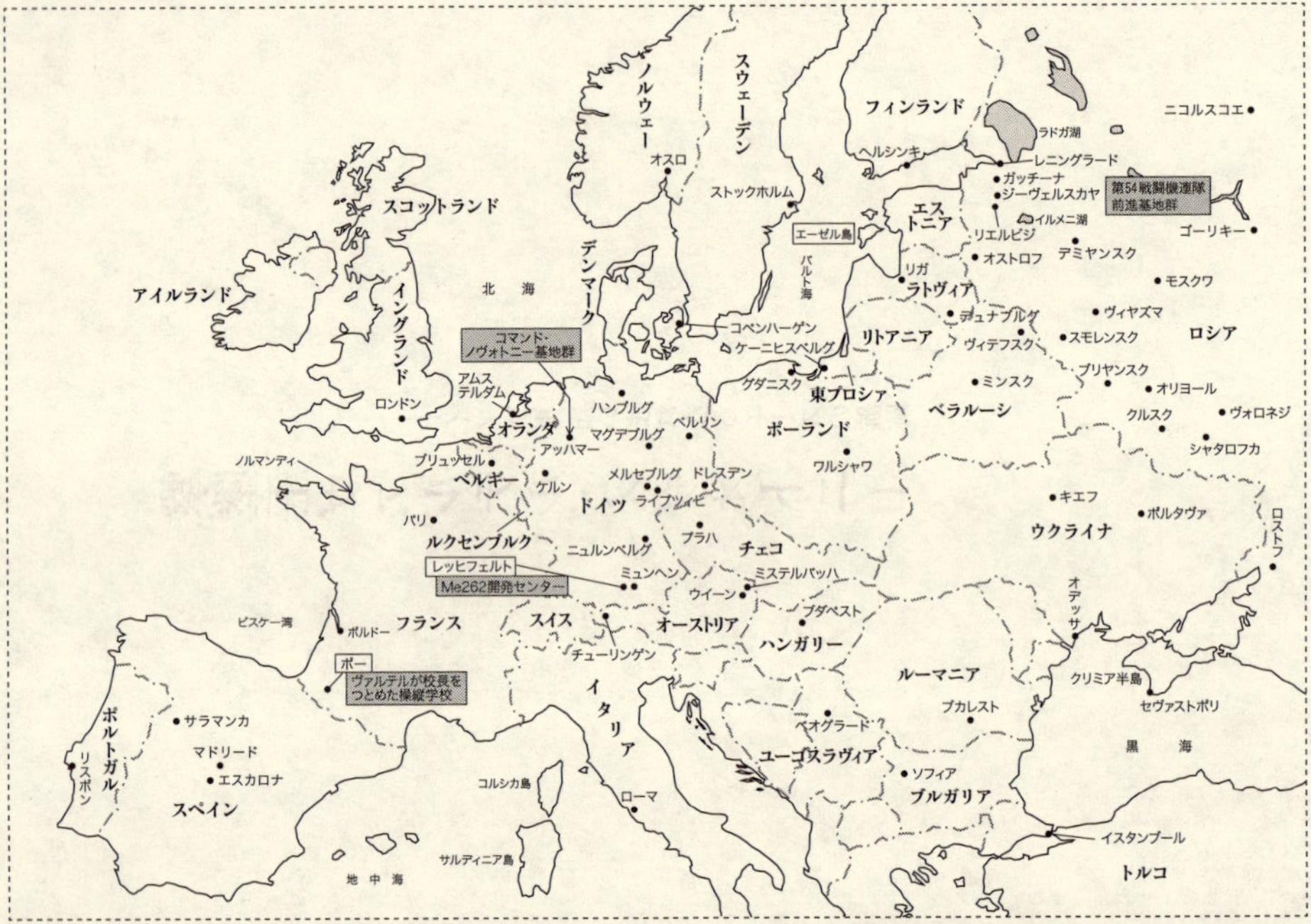

ノルウェー
オスロ
スウェーデン
ストックホルム
フィンランド
ヘルシンキ
ラドガ湖
レニングラード
ガッチーナ
ジーヴェルスカヤ
第54戦闘機連隊
前進基地群
ニコルスコエ
ゴーリキー
エストニア
イルメニ湖
リエルビジ
オストロフ
デミヤンスク
モスクワ
エーゼル島
バルト海
リガ
ラトヴィア
デュナブルグ
ヴィヤズマ
スモレンスク
ロシア
ヴィテフスク
リトアニア
スコットランド
アイルランド
イングランド
北海
デンマーク
コペンハーゲン
ケーニヒスベルグ
グダニスク
東プロシア
コマンド・ノヴォトニー基地群
アムステルダム
ロンドン
ハンブルグ
オランダ
ベルリン
マグデブルグ
アッハマー
ポーランド
ミンスク
ブリヤンスク
オリヨール
ベラルーシ
クルスク
ヴォロネジ
シャタロフカ
ブリュッセル
ノルマンディ
ベルギー
ケルン
メルセブルグ
ドレスデン
ライプツィヒ
ドイツ
ワルシャワ
キエフ
ポルタヴァ
パリ
ルクセンブルク
プラハ
ニュルンベルグ
チェコ
ウクライナ
ロストフ
レッヒフェルト
Me262開発センター
ミュンヘン
ミステルバッハ
ウイーン
ブダペスト
オデッサ
ビスケー湾
ボルドー
フランス
スイス
オーストリア
ハンガリー
チューリンゲン
ボー
ヴァルテルが校長をつとめた操縦学校
ルーマニア
クリミア半島
セヴァストポリ
イタリア
ポルトガル
サラマンカ
ブカレスト
ベオグラード
黒海
マドリード
エスカロナ
リスボン
ユーゴスラヴィア
ソフィア
コルシカ島
ローマ
ブルガリア
スペイン
イスタンブール
サルディニア島
地中海
トルコ

プロローグ

ウイーンの中央霊園の中央区画は、オーストリアの貴顕《きけん》や名士の墓が集まっている場所である。そこに白い御影石《みかげいし》の墓碑がある。一九五八年六月二十二日に、オーストリア国内で集められた寄付金によって建てられたこの墓の主は二十三歳で亡くなった軍人である。

科学者、詩人、政治家等、立派な業績を残した錚錚《そうそう》たる人物の墓と肩を並べている白い墓石の前には、この若くして死んだ男の命日の頃になると、周囲のどの墓よりも多く、華やかな花束が供えられてきた。

一九八一年には造幣局から、この若者の顔を浮き彫りにした記念硬貨が発行された。

中央区画に祀《まつ》られている人々の中の最年少であり、この区画で唯一の軍人であるこの人物は、ナチス・ドイツの空軍少佐であったにもかかわらず、このような扱いをされている。

人道的な活動で特に大きな業績があったわけではなく、素直に戦場へ赴き戦闘機パイロットとして職務に精励した青年、ヴァルテル・ノヴォトニーに会っていただこう。

ヴァルテル・ノヴォトニー
（1920.12.7 ～ 1944.11.8）23歳
個人スコア258機、ドイツ空軍の撃墜王

第一章　大空へ

1　高校を卒業、十七歳で

十七歳の春である。ヴァルテル・ノヴォトニーはウイーンの北方、チェコとの国境寄りにあるラアの高等学校を卒業した。一九三八年五月のことである。そして当時、法律で義務づけられていた国家勤労隊での労働奉仕に従事した。

半年弱にわたる労働奉仕を無事終了して、好奇心に富み、勇敢で冒険好きなヴァルテルは、ふっと広い大空を飛びまわれたら、と思いつき、空軍に志願することにした。そして労働奉仕が終わるとすぐの、十月一日にライプツィヒ北西約九十キロのクエドリンブルグにある第六十二航空教育隊に入隊した。入隊すると第二大隊に入れられ、明くる一九三九年の十一月十五日まで軍隊の基礎訓練を受けた。空軍の士官を養成する教育課程であった。

この頃はルフトハンザという新しい航空会社ができていて、この路線パイロットになることをめざす若者もいた。また第一次世界大戦に負けて、動力つきの飛行機の製造はもちろん使用することも禁止されたドイツでは、グライダーが盛んで、これに親しむ若者は多かった。しかしヴァルテルはグライダーよりも陸上競技に親しみ、熱中した。なぜか決められた航路を静かに、まっすぐ飛んでいく旅客機は魅力を感じなかった。

空軍士官となるための基礎訓練が終わると、ヴァルテルたちはすぐに、ウイーン北約三百キロ、ベルリン東南東約二七〇キロのブレスラウ・シェーンガルテンに学校本部のある第五空軍学校へと進んだが、行った先は分校のあるウイーン・シュヴェハト飛行場であった。この学生隊に入れられて飛行服、革手袋、飛行靴、飛行帽、ゴーグルなどが支給された。飛行服を着て飛行帽にゴーグルを入れて持ち、広い草地の飛行場に出ると、まだパイロットになれるかどうかわからないのに、何となく心が浮き立つ。ここで一九四〇年の六月三十日まで訓練を受けるのだ。

すぐに冬が来る。クリスマス前後には休暇があって、軍隊に入って初めての休みにはウイーン北東方ミステルバッハの両親のもとへ帰省し、長兄のルドルフに会えた。陸軍へ行っている次兄フーベルトは、第二次世界大戦が始まって、まだたったの三ヵ月余という時期なので、帰って来てはいなかった。薄く雪のつもった町の中へ兄と散歩に出た。空軍の制服制帽にオーバーコート姿のヴァルテルは、平服の兄と近くの公園を歩く。

空軍の制服は空色に深緑のまじったような色。生地は極上といえる上等な布。一人ひとり寸法をとって裁断し縫製されたものである。わが日本の航空自衛隊員の制服のように、あちこちから花模様であれ縞模様であれ余りものの布をかまわず集めてきて強引に灰青色に染めなおしたのを、大中小のサイズそれぞれに太めと細めの計九種類ほどにして支給し（空曹以下には支給されるが幹部は自前で誂える）「お前の身体のほうを制服に合わせろ」というのとは全くちがう。

ヒトラー総統はドイツ軍人の服にまで配慮を行きとどかせていたのである。だから、ドイツ軍人の姿がいっそう格好よく見えた一面もあった。

制帽は、よく知られているあの形。同じような形なのに日本の自衛官、警官、鉄道の職員などの制帽よりスマートに見える。そのポイントは、正面上部の上り具合と、ひさしの大きさや角度だけではない。上面が後ろへさがる下がり具合と後ろへの出っ張り具合がとてもよいから、そう見えるのである。ドイツ人は軍服が似合うなどという人がいるが、ヒトラーは形よくつくった軍服のほうを軍人に合わせたのである。

余談ながら制帽のてっぺんの円盤状の部分はその昔、雨傘のかわりにと考え出されたものだそうである。雨傘をさしながら剣や鉄砲が扱えないわけではないが、戦場の軍人は両手が自由であったほうが良い。

2　複葉カデット練習機と共に

クリスマス休暇が終わり年明けに空軍学校へもどると、いよいよ飛行訓練である。練習機はハインケル72型。愛称はカデット（幼年学校生徒）という単発複葉複座、オープンコックピットの飛行機で、教官が前に、学生が後ろに乗る。

前席と後席には伝声管という太めのゴムホースのようなものがあって、教官の口と学生の両耳のところ、そして学生の口と教官の両耳のところをつないでいる。飛行練習中の教官と学生のやりとりは、この伝声管を通しておこなうのである。

一連の座学のあと飛行場へいき、初飛行の搭乗順番を待つ。永遠とも思われた待ち時間が終わり、いよいよ搭乗。足どりも軽く駆け足で機体の右側、教官席の後ろへいって気を付けをし、挙手の敬礼をして「ヴァルテル・ノヴォトニー初飛行。搭乗します」と申告する。ゴーグルをかけた教官は、いとも事務的にうなずき「乗れ」と手で合図をする。

学生席の右側の外鈑は六十センチ四方ぐらいがドアのように開閉できる。しかし普通のドアとちがって、座席の外側へ下向きに開く。飛行機設計技師の配慮で、足の短かい者が乗り降りに楽なようになっているのである。

これをまたいで座席に入り、まずパラシュートのハーネス（縛帯）を正しく締め、シートベルトとショルダーハーネス（肩バンド）を締める。そして座席右側の例の扉を引っぱり上げて閉め、細い金具のレバーを動かしてきちんと留める。伝声管をつかって「準備よろしい」とどなる。

教官が「あいよ」と返事してくれたのやら「よっしゃ」と言ったのやら、よくわからなかったが、教官の「チョーク外《はず》せ」の手信号で整備員が右側の車輪止めをとりのぞき、それを持って機体後方を左側へ走っていって左の車輪止めも取り、左主翼のむこう側に立つ。

エンジンの音が大きくなり機体が動きだす。スロットルレバーを見ると、アイドル位置から一センチ余り前へ動いている。操縦桿を見ると座学で教わったとおり、手前一杯に引かれている。

ゴトゴトと揺れながら教官は広い草地のいちばん風下に飛行機を動かしていき、そこでグルリと向きを変えて正面から風を受けるようにする。むこうのほうに吹き流しが見える。その様子から風速は、およそ五から七メートル（毎秒）と判断できる。

エンジンの音が大きくなり飛行機は走りだす。スロットルレバーに目をやると、いちばん前まで進められている。以前いたずらで自動車に乗り、多少スピードを出して遊んだことがあるが、その時と同じぐらいのスピードになり、さらに速度が増す。と、いきなりゴトゴトする振動が消えた。

「僕は飛んでいる。生まれて初めて人間のつくった翼に持ち上げてもらって空中にいるのだ」腹の底のほうに静かな感動をおぼえたが、湧き上がるような興奮はなかった。

どんどん上昇していく。昇降計が斜め上向きの針、高度計がゆっくり右廻りの針を見せているので、それがわかる。耳が少しツンとしてきた。欠伸《あくび》をするのに似た咽喉《のど》の動きをして、耳のツンを消しながら振り返ってみると、尾翼の下あたりに飛行場が見える。

教官はエンジンを少し絞り、機体の感じがわずかに変化する。昇降計の針がピタリと水平になっていて、高度計の針は五百メートルのところで止まっている。水平飛行だ。飛行機は速いはずだが、地表面が後ろへ流れて行くその動きの何とゆっくりしていることか。自動車でふっとばした時のほうが、よほどスピード感がある。

「手足を添えろ」と伝声管から教官の声が聞こえる。足をラダーペダルに乗せ、右手で操縦桿を、左手でスロットルレバーを握る。そして教官の指示にしたがって操縦桿を右へ左へ、前へ後ろへと動かし、その時の手に感じる軽い圧力に対応する飛行機の反応に少しずつ慣れる。

最初、操縦桿を右へと言われ、その操作をしたら前に見えている地平線が左へ傾いて行くので、びっくりした。操縦桿を右へ倒すように操作すれば、地平線も右へ傾いて行くものと思い違いしていたからである。考えてみれば、あたり前のことが起こっただけである。やれやれ。

「では、水平直線飛行をしてみろ。教官は手足を放すぞ」と伝声管の声。「ヴィクター」と答えて、これが今日の飛行訓練の中心部分かな、と思う。なお、この「ヴィクター」というのはVという字の軍隊式の呼び方で「了解しました」というドイツ語「フェルシュタンデン」の頭文字。「ヴィクター」は日本語にすれば「了解」または「わかりました」ということになる。

今日は穏やかな日だ。話に聞いていた乱気流などというものが全く感じられない。すばらしい飛行日和《びより》ということなのだろうか。教わったように水平直線飛行をする。真正面を見て機首と地平線の関係位置が変わらないようにするのが基本。そして時々、計器を見るため視線をごく短時間、下へ向ける。

機体が右へ傾くのが見てとれたら、すぐ操縦桿を左へ軽く押す。地球へ向かって降りていく翼端を拾い上げると思えばうまくいく。昇降計の針がジワリと上向きかけたらすぐに操縦桿を軽く前へ押し、強く押しすぎないように気をつけてそのまま一呼吸待つ。針が静かに真横を向いて止まれば、それでよい。

だいたい水平直線飛行ができるようになったという実感を得たところで、少しいたずら心が湧いてきた。飛行機は先ほど教官が旋回操作をして飛行場のほうへ向いている。ここで機体をまっすぐに安定させ、そっと操縦装置から手も足も放してみた。

「何じゃ、これは」

手足を放しても、飛行機は水平直線飛行で飛行場のほうへと飛んで行くではないか。このとき伝声管から「おう。上手《うま》いじゃないか！」と教官の声。……笑いをこらえるのに苦労する。

飛行機というもの、とくに練習機は、ほどよい安定性を持つよう設計製造されているので、この日のように大気の安定した日（滅多にないが）には、このような楽しいハプニングも起きる。

しかし、ここで見逃してはいけないことが一つある。それは教官の腕前。学生に操縦桿を持つよう命じる直前、スロットルレバーの位置を、この機体がピタリと水平に飛ぶ速度を保てる出力にセットしてくれていたという点である。

レバーを少しでも開きすぎていれば、徐々に速度が増して機体は上昇しようとする。それを押さえ込むのは初心者の初飛行であるから、大変な苦労。少し絞った位置であればエンジンの出力は少し不足して速度が落ちかかり、高度が下がろうとする。それを下がらせまいと操縦桿を軽く引き、じっと軽く引いたままでいることは、初心者だから力の加減がわかっていないため、これまたむずかしい。

「手足を放せ」と声がして、これを聞いたとたん緊張がとける。ほっとして周囲を見まわしているうちに教官は、飛行機をさっさと着陸させてしまう。

あの、あまり楽しくないゴトゴトという地上滑走の振動を「これは飛ぶということについてまわる余計者なのだ」と思って辛抱する。

やがて飛行機は駐機位置に停止し、スロットルレバーがアイドル位置になると少し静かになる。例の右側扉を下へひらいて降り「ノヴォトニー搭乗終わり。異状なし」と教官に大声で申告して、待機所へもどる。飛行時間は四十分ほどであった。教官はすぐに、つぎの学生を乗せて離陸位置へと出発していく。空軍士官、それも操縦の特技をもつ士官になるための一歩を大空へ踏み出したのだ、とは思ったが、大した感激があったわけではない。

二回目の飛行は翌日。今度は水平直線飛行に加えて右旋回や左旋回をする。

翼を傾けて旋回するわけだが、たとえば右旋回の場合、まず右を見て右九十度方向にある丘か建物か雲かを目標にえらび、記憶する。つぎに正面を見て、そろりと機体を右へ傾ける。

そして翼についている支柱が傾きの目安になるので、適度に傾いたと思ったら左に目をやり、左翼の支柱の下の付け根の位置が地平線に一致したところで傾きを保つ。

このあたりのことをしている頃、高度が下がりはじめるので操縦桿を少しひいて、水平直線飛行のときより機首が地平線に対しほんのわずか高い位置になるように持っていく。そして昇降計と高度計に目をうつす。高度計の針が移動しておらず、昇降計の針があまり大きく上または下へ振れていなければ、まずは良しとして、つぎは旋回傾斜計を見る。

旋回傾斜計は、ごく浅いカーブのU字形のガラス管の中に黒い玉、通常ボールと呼ばれるものが入っていて、機体の横滑りを示すものである。このボールが中心より右へ行っている。軽く右足先に力を入れて、この黒い玉が中央にくるようにする。そして機首が地平線に対し、よい位置にあるかどうか、右を見て最初に記憶した目標物がどのあたりにあるか、左を見て機体の傾きは正しいかどうか……という注意配分と、その都度の操縦桿と方向舵の微調整をしつづける。

やがて目標物が正面より少し右に見えてきたところで機体の傾きを、するりと水平にもどす。同時に操縦桿を引いていた力をゆるめ、右足の力をぬく。高度計、昇降計、旋回傾斜計を見て微調整し、水平直線飛行にもどる。この時、目標物がピタリと真正面にあれば大成功。初心者には結構むずかしい。

崩れに気づくのが遅れたりすると、教官が伝声管で怒鳴ってくる。「コラッ！　ボールが滑っとるぞ」「引っぱり過ぎだ、見ろ。高度が上がった」「どこを見とるか。傾きが浅くなっておる」「ボヤボヤするな！　旋回の目標を行き過ぎたじゃないか」

つぎの日の飛行もまた旋回の練習。その次は上昇や降下。そして、やがて教官が操縦するのに手足を添えて離陸や着陸の操作を習う。回数をかさねるにつれて、だんだんと出来るように感じてくる。

教官も、それがわかってくる。学生のやっている操作に教官は軽く手足を添えているだけになり、ついには手足を放して黙って注意ぶかく見守る段階に達する。そして「教官は手足を放しているからお前が全部やって見ろ」と申し渡し、学生が手助けも助言もなく離陸し着陸できるようになると、単独飛行を命じる。

学生は緊張するが嬉しくもある。ヴァルテルは単独飛行を命じられ、カデット練習機に乗り込む。前席には教官がいないかわりに、重い砂袋がシートベルトにきっちり締めつけられて乗っている。エンジンをかけ、車輪止めをはずしてもらい離陸位置へ。そして風に正対する。前に教官の頭がないと視界がすごく広くなったような気がする。

ブレーキを放すと同時にスロットルレバーを押しすすめ一番前の位置へ押しつけて、速度が増すにつれて操縦桿を徐々に力をぬいて前へやる。足は方向舵を左へ大きくとっていたのを徐々にもどし、練習機を直進させる。地面の凹凸もあり方向舵の戻し方と機体の動きのバランスの変化もあるので、方向舵を徐々に中央へ、と言っても実際はラダーペダルを右へ左へ、また右へとバタバタ煽《あお》りながら行くのである。

速度がつき尾輪が芝生《しばふ》をはなれると、その煽るバタバタが小さく、少なくなり、機体の軸線が地平と平行に近くなってくると、今度は方向舵を少し右へとらなくてはならない。プロペラ後流の渦巻きの下半分の中にあった垂直尾翼が、渦巻きの上半分の部分へと位置を変えたからである。

こうして直進し加速するうち、教わったとおりの機首と地平線の位置関係を保ち、機体をいわゆる離陸姿勢にしていると浮揚する。

離陸し、そのまま直進して所定の場周経路を飛ぶ高度にして水平飛行に移ると、すぐに旋回して、いま来たコースに直角の方向へ向きを変える。水平飛行にうつるとき、決められた速度になるよう、全開にしていたエンジンを絞る。チラリと吸気圧計を見て、教官同乗のときと同じ吸気圧の値まで絞れていたら、それで良い。

水平飛行にした時ちょうどよい吸気圧にまでエンジンを絞り、水平旋回で九十度向きを変える。ちょっとばかり忙しい操作である。そして、いつものように、このコースから離陸してきたコースと正反対の向きのコースへと、また九十度旋回してから水平直線飛行。着陸地点、つまり離陸滑走をはじめた場所が真横を過ぎ、さらに少し行ったところでまた九十度水平旋回。これが済むとエンジンを絞って降下をはじめる。

つぎに着陸地点のちょうど風下に降下しながら、旋回していく。そしてエンジンの出力をスロットルレバーで細かく調節しながら高度を下げていき、狙ったところへ両方の主車輪と尾輪が同時に着地するように持っていく。

これがうまく行きそうでなければ、先に尾輪を接地させる。こうすると着陸滑走で直進しやすい。主車輪を先に尾輪をあとから接地させる着陸もできないわけではないが、接地時バウンドしがちで、しかも直進するのがむずかしく機体を破損しやすいので、こういう着陸はしないように教えられる。

飛行機を、自分が両腕をひろげ胸を張った形だと想像し、その胸を接地しようとする地点へ持っていく感じで直進降下していく。まっすぐ接地する地点へ進んで行きながら降下率を一定にたもち、速度が増えも減りもせず、決められた値のままで行くようにスロットルレバーを調節して、地面から一定の高さにきた瞬間、すっとスロットルレバーをアイドルまで絞る。

この「一定の高さ」を正しく摑まないと、ドシンと落ちる着陸になったり、主車輪が先に接地する着陸になったりする。ヴァルテルは誰から教わったわけでもないのに、これを正確に摑んでいる。吹き流しのポールの高さの二倍半だけ上に地平線が見える高さがそれだと、着陸操作を教わっていた間に気がついたのである。

その高さまで下がってきたらスロットルレバーをアイドルに絞り、あとは少しずつ機首を上へ向けていく。いわゆる「返し操作」をする。自分の決めた変化率でジワジワ機首を上へ向けていく。尾部が下がるにつれて少しずつ方向舵を左へ取っていかないと、直進できない。左フットバーを少しずつ踏み込みながら直進。そして操縦桿がほぼ一杯手前に、つまり自分の腹まで引き寄せられたころ、練習機は主車輪と尾輪が同時に接地してくれる。そのまま直進。直進。徐々に速度をおとし、自信の持てる地上滑走速度まで、しっかり減速してからゆっくり向きを変えて駐機位置へもどる。

エンジンを止めて草地に降り立つと、自分の能力でもって自分の命を空へと運び、それを無事にふたたび地上へ持って帰ってきたことからくる、いままでに経験したことのない種類の自信が湧いてきて、思わず顔がほころぶ。

3　筆者の単独初飛行

少し話はヴァルテルからはなれるが、元戦闘機パイロットの筆者（服部）は、グライダーで初単独飛行をした。プロペラ機での初単独飛行は「単独飛行」の二回目ということになる。まずはそのグライダーというのがゲテモノで、プライマリーと呼ばれる初級グライダーなのだが、普通のプライマリーは独り乗りなのに、学生が前に教官が後ろに乗る複座のグライダーであった。

プライマリーというクラスのグライダーは大勢で太いゴム紐を引っ張り、ゴムの力で飛ぶものである。Y字型の太い紐の縦線の部分は一メートルほどのロープで、その下端に小さな輪になった金具がついていて、そこにグライダーの先端にあるフックを引っかける。

グライダーの尾部には金具の輪があり、これは数メートル後ろに打ってある丈夫な杭から伸ばしたワイヤーロープの先についているクイックレリーズ・フックに付けられる。クイッ クレリーズ・フックは、それに付いている細い紐を引くと開いて、金具の輪から簡単にはず

筆者・服部省吾

れる。

Y字型ゴム紐の下端、実際は地面に横たわっているので後ろの端のところに引っかけられているグライダーは、その後ろの杭にワイヤーロープで留められて、Y字の縦線を形成しているわけである。

Y字の頭、左右に開いているところが太さ三〜四センチはあろうかというゴム紐。そして一番上の端、つまり地面にある一番前の端が四メートルほどやはり太さ三〜四センチの普通のロープになっている。ゴムの部分は十メートル余だ。

これをロープの部分に取りついた、それぞれに十人ばかりの人間がYの字の頭の方向へ「ワッショイ、ワッショイ」もしくは「イチ、ニ。イチ、ニ」と掛け声をかけながら引いていく。Yの字の先の部分が斜め前、左右に伸びて、それぞれに取りついている十人ずつの力では、もうこれ以上伸びないところまで引かれたのを見はからって、指揮者が「放せ！」と号令をかける。

この号令で、クイックレリーズ・フックの細い紐を引く役の者がフックをレリーズする。するとグライダーはYの字の真ん中を通って、勢いよく前方へ飛ばされる。ビューンと速度がつくと空中に浮かぶ。ゴム紐後端の輪は放っておいても、張力が使いはたされると地面へはずれて落ち、グライダーは自由の身になる。

プライマリーというクラスのグライダーはこのようにして飛び、高く上がっても地面から二〜三メートル、水平な地面なら、うまくいって百メートルと少し行けば着陸である。昔はセカンダリーという、プライマリーより一つ上級のグライダーや最高級のソアラーというクラスを、丘の下り斜面で、このような方法をつかって飛ばすことがよく行なわれたが、いまではゴムの太い紐をつかう方法は、すっかりすたれて、飛行場でウインチをつかって飛ばせたり、自動車にワイヤーの長いのをつけて引き、凧上げのようにして飛び上がらせる方法になっている。

同級生のなかで一番にプライマリーの単独飛行が許されたときは、正直とても嬉しかった。飛行高度一メートル半ぐらい。飛行距離は五十メートルを超えたが百メートルには届かなかった。飛行時間は四秒ほど。これが筆者の初単独飛行である。

やがてセカンダリーに乗せてもらい、またもトップで単独飛行。自由の度合が増したとは感じたが、さほどの感激はなかった。そしてソアラーというものに触れ、教官同乗で少しだけ飛んだところで大学卒業。グライダーと別れた。

航空自衛隊に入って何回か身体検査でひっかかりながらも初級練習機にたどり着き、エンジンとプロペラで飛ぶ飛行機に初めて乗って飛んだ。

こういうふうに離陸して、ここで車輪を引っ込めて、ここでエンジン回転数をこれこれにし、九十度旋回。高度はこれこれ。接地地点にたいしてこう飛び、こう見えた所でエンジンをこう絞り、緩く降下しながら接地地点が正面に見えるように旋回する。

その前に車輪を出し、いったんスロットルレバーをグッと絞り、警報音が出なければ元の位置へレバーをもどす。これは車輪を出さずにスロットルレバーをアイドル近くへ絞っていくと、ブザーの大きな音で降着装置が出ていないことを知らせる装置がついているのを利用し、学生が車輪を出すのを忘れて胴体着陸することがないようにと、米空軍が決めていた手順を航空自衛隊も踏襲していたからであった。

何とまあ、規則や基本手順や決まりの多いこと。グライダーに比べると、ずいぶん窮屈な世界だというのが実感であった。この初級練習機はT34型と言い、なぜかソビエト陸軍が第二次世界大戦で大活躍させた有名な戦車と同じ呼び名である。

このT34で初単独飛行をしたのは同期生の二番手となった。感慨も感激も、ほとんどなかった。つぎの中級練習機でも、その次のジェット練習機でも単独飛行はクラスの最初で、自分自身ではあたり前。まあ、こんなものだ、ぐらいの感じであった。このような調子でジェット戦闘機へと進んだのである。

4 飛行訓練が進むなかで

ともあれ、初めて単独飛行を終わったときの気分は、自動車教習所で運転を習い路上教習に移行したときに似ている。これまで勝手気ままに立ち入ることの許されなかった車道という所に、隣りに教官が乗っているとはいえ車を運転して入ることができる。車道という広がりを自分の世界に取り込むことができた。それと同じように、大空を自分の世界に取り込めたのが、初単独飛行と言える。

日があらたまり、訓練は単独離着陸となる。離陸して、場周経路という、例の長方形のコースをまわって着陸する。そして、もう一度、離陸点まで地上滑走していき、また離陸する。これを三回ほどやって、この日の飛行は終わり。担当教官は学生一人ひとりに具体的に細部の注意事項を伝える。これを、その教官についている学生全員、とは言っても三人か多くて四人ぐらいが静かに聞く。終わると、疑問点を質問してよい。

その次の日からは、また教官同乗の飛行である。今度は急旋回や、失速に入れて失速から脱け出る訓練、錐揉《きりも》みに入れてそのキリキリ舞いから脱出する訓練などである。

この内容の訓練を何回か重ねると、はじめてアクロバットを教えてもらえる。宙返り、横転、上昇反転、降下反転など教官がしてみせてくれるが、学生は手足を操縦装置に添え、教官の説明を聞きながらアクロバット飛行を経験する。

すぐに教官は「宙返りをやれ」とか「横転をやれ」などと指示してくるので、こうだろうと思う操作をして、宙返りや横転の真似をする。教官は伝声管であれこれ教えてくれながら、操縦桿の押し方が弱いとグイッと押したり、引き方が強すぎるとガッシリと押さえて引き過ぎないようにしてくれたりして教えてくれる。

このような訓練の日々が過ぎていき、単独空中操作訓練を申し渡される。指定された練習機に乗り、単独飛行で教官に指示された地点上空へいき、急旋回や各種アクロバットを総復習できる。将来、編隊を率いて飛ぶことを考えれば、円滑で正確な水平旋回も大切である。高度は何メートルから上限何メートルまでの範囲、飛行時間は一時間などと指定される。ヴァルテルはほとんど夢中になって次々と操作を練習し、あっという間に時がたってしまったのに気づいた。一時間の飛行時間は離陸滑走開始の瞬間から着陸接地の瞬間まで。残りは七分間。まっすぐ飛行場に帰り、着陸を一発で決めなければ。仕事はきちんとやり、決まったことは守るというオーストリア人気質の良いところをしっかり父母から受け継いでいるヴァルテルは、こういうことについても自分に厳しい。

このような訓練が進んでいくなかで、軍の規則によって階級も変わっていく。一九四〇年三月一日、士官候補生伍長勤務というのになった。これが、同年四月一日には士官候補生下士官勤務というのに上がり、七月一日付で正規の士官候補生になった。

もう、そろそろかな、と思っていたら、ついに最終検定を実施すると申し渡された。最終検定とは卒業試験で、教官は同乗するが手を添えてくれたり助言をくれたりはしない。学生が軍の要求する飛行の能力を、しっかり身につけたかどうか、厳格にチェックする。チェックする人は担当教官ではない。隊長、副隊長もしくはベテラン教官である。

ヴァルテルのグループは全員めでたく合格し、八月十九日、パイロットの資格を付与された。仲間と写真を撮り合う。ヴァルテルは軽く空を見上げて微笑しているところを右前方の少し下から見上げるかたちで撮ってもらった。あとで写真を受け取り、見れば笑顔は思った

フォッケウルフFw190の直掩をうけ敵地攻撃から帰投するユンカースJu87

とおりで、口もとの形もよく、歯並びのきれいなのが無理なく写っていて気に入った。

　この八月十九日、空軍省人事部長がサインをした「フルグツォイグフューラー」——つまり「パイロット」の資格を与える旨を記した証書が隊長から手渡された。

　おりしもドイツ軍のポーランド侵攻や英仏との戦いで電撃戦という陸軍と空軍が連携した新しい戦い方が花開き、六月にはパリを占領されたフランスがドイツに降伏したという時期。ヴァルテルは空軍のパイロットになったからには、電撃戦の華と宣伝されたスツーカのパイロットになりたいと思った。スツーカというのはスツルトカンプ・フルグツォイグ、つまり急降下爆撃機のことで、ユンカースJu87型という逆ガル翼、固定脚の軽爆撃機である。

　この操縦学校で、ヴァルテルの人生に大き

な意味合いを持つ出会いがあった。

五月、ヴァルテルがまだ士官候補生の下士官勤務の段階にいたときに入校してきた新入生の一群があった。彼らは将来、士官となって編隊長をつとめるようになる人たちではなく、その後ろにくっついて飛ぶ役目を負うことになる、階級はずっと下の飛行兵たちであった。その中にカール・シュネラーというのがいて、たまたま廊下ですれちがう時に目と目が合い、ニコッと微笑みあったのがきっかけで、言葉をかわすようになった。

日々の訓練は、彼らが座学を受けている、たとえば午前にはヴァルテルたちが実飛行を。その午後はヴァルテルたちが座学で彼らが飛行、という具合で進められた。だからカール・シュネラーが飛行訓練を受けているのを見る機会はなかった。だが、さりげない短かい会話で、どうやら着陸操作の習得に苦労しているらしいことが察せられた。

シュネラー飛行兵はニュルンベルグの生まれで、やや小柄だが均整のとれた身体つきをした、整った顔だちで鼻すじの通った男らしい男。ニヤッと笑った顔がまた一層男らしく見え、明るくユーモアにも富んでいた。年齢はヴァルテルより一歳半以上も年上である。

5　メッサーシュミットBf109

ヴァルテルたちは八月一日から引きつづきウイーン・シュヴェハト飛行場で、つぎの段階の飛行訓練へ進んだ。いよいよ実用機のメッサーシュミットBf109型で飛ぶ。低翼単葉単発単座、つまり一枚羽根の一人乗りである。最初から単独飛行ということになるが、その前に入念な座学と地上訓練があった。複葉複座のカデット練習機とちがって、エンジンの馬力は大きい。そのためトルクが大きくプロペラ後流も強い。

主車輪は引込式なので離陸したら引っ込めなくてはならないし、着陸前には出すのを忘れないようにしなくてはならない。この車輪の付け根は飛行機の胴体にあり、引っ込めるときは両翼下に、つまり外開きになるかたちで上がる。重量軽減と大量生産向きの構造にすると及び整備のしやすさをも狙った設計である。

しかし、下ろした主車輪どうしの距離が小さいので、地上を速度を持って進むとき、用心しなくてはならない。急な方向変換をすると、コントロールできない横ぶれを起こすことがあり、また着陸後まだ速度があるうちに気持がゆるんで方向の維持修正がおろそかになると、いきなりグルリと向きが変わって両車輪の支柱が折れ、飛行機が壊れることもあるからである。

そのため、何回も地上滑走の練習をさせられた。左右の主車輪の距離が遠ければ、ある程度の急な方向変換ができるし、パイロットの意に反して向きが変わろうとするのを押さえ、修正して直進するのも容易である。

いま少し説明しよう。

着陸滑走は基本的に減速していく操作である。左右の主車輪には減速のため、抵抗力が働

メッサーシュミットBf109。Fw190と並ぶ独空軍の主力戦闘機

いている。これに対し、慣性の法則が機体を前へ押し進めようとする力として作用する。

メッサーシュミットBf109のように主車輪の間隔が狭いと、地面の凹凸の影響や、これによる機首の向きの変化を修正する操作が大きすぎたり、小さすぎたりすることによって、左右どちらかの主車輪より外側へ重心がいってしまうと、元へ戻せなくなる。地上滑走の方向からはずれて脇へ向く機首が、さらに大きく脇の方へ向いて行くのである。

ローマ字のNの字を想像していただきたい。右の縦線の方向が慣性の力の働く向きで、機体はこの線を上向きに進んで行こうとしている。左の縦線が主車輪にはたらく抵抗力で、機体を押しとどめ減速させようとしていて、力はこの線を、下向きに押す。中にある斜めの線が飛行機の胴体である。

着陸滑走中に機首が振れて、このNの字の場合は機首が左に振れたときのことを表現しているが、機体にはたらく慣性の力が作用する中心となる点、つまり重心が、主車輪の右側へ行ってしまった状態を示している。

主車輪にかかる抵抗は、飛行機を減速させるよう左側の縦線を後ろへ引っぱる。これにたいして勢いよく滑走している飛行機の重心は、慣性の力で前へと突っ走ろうとする。右の縦線が前へ、つまり字の上のほうへ向かって引っぱられるわけである。そうすると、いやおうなしに中にある斜めの線は今の向きからどんどん左へ向いていく。

左右の主車輪の間隔が広いと、このような状態になるまでに時間がかかり、方向舵や右車輪のブレーキを使って機体を進行方向へまっすぐにするのが容易だが、主車輪の間隔が狭いと、すぐにNの字で説明したような状態になってしまう。

簡単に修正不能な状態に陥るので、メッサーシュミットBf109型機の場合、とくに気をつけなくてはならない。

主車輪の支柱を折って、残った主車輪と反対側の翼端と尾輪で立っている飛行機は、恰好が悪い。主車輪の支柱を両方とも折って地面にうずくまってしまった飛行機から、のそのそ降りてくるようなことにも、なりたくないものである。

第二章　事は志に反したが

1　急降下爆撃機スツーカ熱望

　いま破竹の進撃をつづけ、ヨーロッパを席捲しつつあるドイツ軍得意の電撃戦は、なんと言っても戦車と急降下爆撃機スツーカが中心。急降下して、狙った戦車に必殺の爆弾を命中させる。敵のトーチカを潰《つぶ》す。砲兵陣地に痛撃を喰わす。敵の退路を遮断するため、緊要な橋を爆撃して破壊する。スツーカパイロットこそ、空軍パイロットの華だ。

　そう思うヴァルテルは、ウイーン・シュヴェハトの第五空軍学校分校へ進み飛行訓練を受けている間、折りにふれスツーカのパイロットになりたいという希望を教官に伝えていた。ところが練習機による訓練が終わりに近づき、パイロットの資格が付与される少し前に各人の行き先の内示があって「君はここ、ウイーン・シュヴェハトにある第五戦闘機操縦学校」

と申し渡されてしまった。

教官に抗議してみたが、教官たちの会議で「どう見てもヴァルテル・ノヴォトニーは戦闘機パイロット向きだ」との判定が下され、隊長も了解したので変更はできない、とのこと。「命令には従うのが軍人である」とも言われ、仕方なく第五戦闘機操縦学校へ来てメッサーシュミットBf109型機に触れることになった。

望んで戦闘機パイロットへの道に進んだわけではない。まだ、スツーカへの未練が断ち切れていない。

なお、あとで聞いたところによると、複葉機で飛行を学んだ基本操縦課程での成績は「ベリーグッド」であった。(筆者は、この成績がドイツ語で何と表現されていたのか突きとめることができず、信頼性が高いと判断した英文資料の表現を採った。別の英文資料には「最優秀」という表現があった)

さて、戦闘機による離着陸訓練にはじまり、アクロバット飛行から一機対一機の空戦の訓練へと日新しい課目に進んでいく。ここまでは学生が先に離陸し、それを教官が追うかたちで飛ぶ。学生は無線で指示を受けながらアクロバットの各種を行なったり、一対一の取っ組み方の基本の、そのまた基本を教わったりする。

その次は編隊飛行。最初は斜め後ろへ遠めにさがって、教官機に対して一定の位置を保つ練習である。自分の飛行機がなかなか安定しない。教官は一定の速度、高度で直線飛行をしているはずなのにである。「肩の力をぬけ。操縦桿を握りしめていてはだめだぞ。柔らかく握れ」と指導される。

終わって着陸し、飛行機を降りるとき、背から脇腹にかけて汗びっしょり。両手の手袋からも汗がしたたりそうなぐらい掌が濡れているのに気がついた。

たいへんな思いをして飛んだ編隊飛行も、やがて細かい修正操作で隊形を保つことができるようになり、早目、早目に小さな修正ができるようになると、修正操作のことをあまり意識しなくても隊形保持ができるレベルに到達する。編隊で飛ぶのが第二の天性というのが戦闘機パイロット一般の認識なのだが、ヴァルテルたちも、そうなりはじめた。

そうこうするうち、飛行機が曳いて飛ぶ標的を狙い射つ空対空射撃の訓練と、地面に立ててある標的を浅い降下飛行をしながら狙い討つ対地射撃訓練との、二種類の射撃訓練がはじまる。

生まれて初めて戦闘機の武器である機銃を射つのは、少々の緊張と戦闘機パイロットの卵になることができた喜びをともなう大きなイベントである。長々と射撃要領や機銃の構造、銃弾が連続発射できる仕組みなどの座学を受け、最後に射距離の判断はどのようにして行なうかをしっかり教わって、初めての射撃訓練にのぞむ。

まずは空対空射撃をさせられる。教官が言葉だけでなく身ぶり手ぶりで教えてくれたのを思い出しながら、空中を曳かれていく標的を狙って、まずは四回、突進をくり返す。五回目の突進が「うまく行った」と思ったら射撃してよいと言われているのだが、とても自信を持てない。

自信のないまま、とにかく照準器の中に標的をおさめ、斜めの角度から狙い射って、この短かい一連射で弾丸を射ち尽くす。なにしろエンジンカウリング上面にある二梃の機銃に弾丸が十発ずつしか入っていないのだから、こうなってあたり前。同じ教官についている三人がつぎつぎと、ヴァルテルに似た状態で初めての空中射撃をし、編隊を組んで飛行場へ帰る。

標的を曳いている飛行機が少し遅れてもどってきて、飛行場に標的を投下する。整備員が自動車でいって、それを拾ってくる。ヴァルテルたち三人はジックリと標的を点検するが、教官は腕組みして後ろに立ちニヤニヤ笑っている。標的の何ときれいなこと。弾痕が全くない。

「次の回も、この標的をつかって訓練だ」と教官に言われたが、翌日の空対空射撃訓練では、離陸直前に教官が三人を集めて「粘りすぎるなよ」と注意してくれた。

初心者は、うんと近寄って射てば弾丸は命中するはずと思う。しかし思い切り近寄るということは、空中を行く標的の真後ろに近いところまで行くということで、そうなってから射ったとすれば、標的のむこうに曳航機がいるので、それに弾丸が命中しないとも限らない。実戦ではないので、標的を曳いている飛行機を射ってしまうなど、とんでもないことである。

もうひとつ。近寄りすぎると力一杯に操縦桿を操作しても体をかわすことができず、標的に自分の飛行機が命中してしまう。弾丸は外《はず》れたが乗機は標的に命中してしまった、などという先例が実際にあったので、教官は念を押すのである。そして、この日も標的は全くきれいな状態でもどってきた。

ハインケルHe72カデット複葉練習機の後席に搭乗するカール・シュネラー

対地射撃は射ち終わる射距離を正しく判断して、そこまで射ったら素早く上昇に移ることが大切である。弾丸が標的とそのむこうの土地に土煙りを上げて跳ねるのを見守ってはいけない。そんなことをすると次の瞬間、地面に到達してしまう。機体ごと標的のすぐむこうの地面に命中したのでは何にもならない。もしそうなったら、ドイツの敵、イギリス人やフランス人やポーランド、チェコなどの連中が喜ぶばかりだ。

訓練の回数を積むうち、空中射撃では標的に弾痕が一つか二つは見られるようになり、対地射撃では射った弾丸がほぼ一箇所に団子のようにまとまって当たるようにするコツまで摑んだ。

空中戦の訓練は一対一から二対二、つまりロッテ対ロッテへと進み、最後にはシュヴァルムによる四対四の空中戦を少しだけ体験させてもらい、いつしかスツーカに乗る夢は消えて「俺は戦闘機乗り」と誇りをおぼえるようになったヴァルテルであったが、これは自然な成り行きであったのかもしれず、まさに運命そのものだった。

ヴァルテルたちに少し遅れて、操縦コースに入って来ていた飛行兵のグループから、戦闘機要員に指名された者たちが、第五戦闘機操縦学校へやって来た。なんと、カール・シュネラー飛行兵の姿もあるではないか。またしばらくヴァルテルとカール・シュネラーは親しく付き合うことになった。

複葉の練習機で着陸操作の習得に苦労していたシュネラー飛行兵は、ここに来てメッサーシュミットBf109による最初の飛行で着陸に失敗。例の、着陸滑走中に機首を進行方向に正しく保つことができず機体が横向きになって、主車輪の支柱が左右ともに折れたのである。

米空軍などでいう「グランドループ」をやって、メッサーシュミットBf109型戦闘機をへたりこませたカール・シュネラー飛行兵は、翌日、着陸速度をできるだけ少なくして接地しようとしたらしく、まだ地面からの高さがあるうちに着陸接地するときの機首高のかたちにしてしまい、失速してドシャンと地面に落ちた。いわゆる落着《らくちゃく》をして、またもや飛行機を壊した。

この時は片車輪の支柱が折れただけで、シュネラー飛行兵に怪我はなかった。実用戦闘機による初飛行と二回目の飛行で続けざまに飛行機を壊してしまったので、教官から、かなり御目玉を食ったにちがいない。

その後の数日、無事に着陸して、もう大丈夫かなと思われかけた頃、シュネラー飛行兵は、またもや「グランドループ」をやって飛行機を壊してしまった。機体の修理は主車輪の支柱の交換だけでなく、地面に当たった主翼端も対象となる。翼端のフェアリングだけ交換すれば済むような軽い壊れ方は滅多にない。壊れた片翼一枚そっくり交換しなければならないこともあり、今回の「グランドループ」による損傷はまさに、それであった。

片翼を新品にされた機体は整備員が綿密に仕上げの点検をし、さらにベテラン教官パイロットが飛行テストをして飛行機に変な歪《ゆが》みがなく訓練に使える状態であることを確認してからでないと、学生訓練に供されない。

人の噂は、しょうがないもので、カール・シュネラーは戦闘機を続けざまに三機も壊したということになってしまい、当時人気のあったコミックスの主人公で、事故ばかり続くクァックスという人物の名で呼ばれるようになった。一説にはゴミ、ガラクタ、屑を意味するクヴァッケライという語から来たニックネームだとも言われるが、カール・シュネラーは以後「クァックス」と呼ばれる。

当人は口惜しい思いがあったにちがいないが、持ち前の明るい性格が勝ったようで、むしろ面白がるようになった。はじめのうちはシュネラー飛行兵の仲間うちと担当教官だけに通じるニックネームであったのが、だんだんと広がってヴァルテルたちも「クァックス」というのはカール・シュネラーだと知るようになった。

2　戦闘機にもなじんで

この戦闘機操縦学校の、当時のチーフはユリウス・アリギという空軍大尉で、ヴァルテルたちは、この人のもとで戦闘機の操縦と戦闘の基本を習った。基本はこうであるというだけでなく、こういうことが基本なのにはこういう理由がある、というところまで、きちんと習ったことが後々、ヴァルテルが死闘の大空で戦う際、大いに役立った。

アリギ大尉は平凡なパイロットで特に有名になることはなかったが、大切なことをきちんと教え、学生の心に深く印象づけた主任教官であって、空軍には大切な名教師であった。

ヴァルテルは暇を見つけては整備格納庫へ足を運んだ。定期整備の行なわれる様子や、壊れた飛行機が修復されていく様子を見たいからである。誰に言われたわけでもなく、ただ様子を見たいと思って出かけるのである。こんなことをするクラスメートは、一人もいなかったが。

黒く汚れた潤滑油にまみれ、工具を握って機体の修理にあたる整備員たちを見ているヴァルテルの胸は、やがて感動と感謝の気持に満たされてくる。空軍の戦力を支えているのは整備員たちだ。彼らの活動があるから飛行機が飛ぶ。その飛行機を操縦するパイロット、乗り組んで爆撃に従事する爆撃手、敵情を偵察する偵察者などの活躍も、整備員たちの飛行機整備のうえにこそ成り立つのだ。

すでに勇名を馳せている空中戦のエキスパート、たとえばヴェルネル・メルダース、アドルフ・ガーランド、ヘルムート・ヴィック、ヴィルヘルム・バルタザールなどの輝かしい戦果も、労を惜しまず働きに働く整備員たちの力なくしては得られなかったはず。整備員たち

左よりヴァルテル、パウル・ガーランド、ウルリッヒ・ブルクハルト

に深い敬意をおぼえるヴァルテルであった。

ところで、ヴァルテルはカール・シュネラー飛行兵を「クァックス」と呼ぶようになった。これに対しシュネラー飛行兵はヴァルテル・ノヴォトニーの「ノヴォトニー」を短縮して「ノヴィ」と呼びかけてもよいかと問うた。ヴァルテルが「いいよ」と答えたことから、「クァックス」「ノヴィ」と呼びかわすようになり、一層友情が深まった感じである。

「ノヴィ」という呼び方も二人だけの間であったのがクラスメートの間へ、さらには操縦学校内、教官の間にも広がっていった。

二人は互いの性格の一致点がとても多いような気がするのだが、クァックスにしてみればノヴィについて行けば大舟に乗っているような気がしており、ノヴィのほうは何か面白そうなことを思いついて、やってみようとする時クァックスがいると、きっと成功するという確信のようなものが湧いてくる。いずれにせよ、はっきりした根拠はないのだが、そういう気持になる、おかしなコンビである。ノヴィはクァックスより階級が上で将来は編隊長、中隊長、大隊長になっていく士官候補生。これに対しクァックスはノヴィより年上だが、将来は編隊長の後ろにくっついて飛ぶ立場になる飛行兵。それなのにノヴィはクァックスを対等に扱い、クァックスをありのままに受け入れ、認める。とくに長所を認める。言うことを尊重する。こういう点では、良いコンビである。

ヴァルテルの士官候補生としてのグループに目を向ければ、飛行訓練にいそしむ三人組が一番親密な仲間である。戦闘機操縦学校の校舎の前で腕を組み合って立つ三人。向かって左からヴァルテル、パウル・ガーランド、ウルリッヒ・ブルクハルト。真ん中のパウル・ガーランドは、かの有名なアドルフ・ガーランド大佐（後に戦闘機隊兵監という要職をつとめ、戦闘機将軍とも呼ばれたエキスパート）の末弟である。三人兄弟で、一番上がアドルフ。二番目がヴィルヘルム・フェルディナント・ガーランドで、この人も戦闘機パイロットである。この写真の中のブルクハルトは無名に終わった。

パウル・ガーランドは一九四二年十月三十日、十七機撃墜の戦果を積み上げたのち戦死した。パウルの次兄ヴィルヘルム・フェルディナントは高射砲部隊に入ったのち戦闘機へ進み、昇進して大尉。戦闘機連隊の第二大隊長となり個人戦果が四十一機撃墜に達したとき騎士鉄十字章を授与されたが、その三ヵ月後の一九四三年八月十七日、フランスのリエージュ上空で米軍重爆撃機の大編隊を攻撃中、護衛戦闘機P47サンダーボルトに撃墜され戦死した。戦死時の階級は少佐であった。

パウルも次兄も、長兄が連隊長をつとめていた第二十六戦闘機連隊に所属して戦い、戦死した。

3　選ばれてメルセブルグへ

卒業の時期が迫るころ、戦闘機操縦学校に国家元帥ヘルマン・ゲーリングの来訪があった。元帥が視察を終えて学校を立ち去るとすぐ、三名の学生が選ばれてメルセブルグの教導戦闘機大隊へ行かされることになったと発表があり、その三名の中にヴァルテルの名があった。ゲーリング元帥が学生の上位三名をメルセブルグへ、と指示したのであろうと想像されるが、詳しいことはわからない。

ゲーリングは第一次世界大戦の空の勇士。有名なレッドバロンこと撃墜王マンフレット・フライヘル・フォン・リヒトホーフェンが戦死したあと、その部隊を指揮し純白のフォッカーD7型に乗っていたことから「白い騎士」と呼ばれながら終戦まで奮闘した人である。公認撃墜機数二十二機で、ウィルヘルム二世陛下から当時の最高勲章のプール・ル・メリットを授与されている。

敗戦後のドイツが連合国との講和条約、ヴェルサイユ条約のもとで苦しみ、意気消沈していたときにヒトラーと出会い、国家社会主義ドイツ労働党、いわゆる「ナチス」の台頭から政権獲得を経て今もヒトラーを助け、その片腕として国家の大立者になっている人である。

また、ドイツ空軍を建設した中心的人物でもある。この一九四〇年夏には空軍組織のさらなる活性化を狙いとした、連隊長級の部隊指揮官の若返りをおこない、二十七歳という若さのヴェルネル・メルダースを第五十一戦闘機連隊長に、二十八歳のアドルフ・ガーランドを第二十六戦闘機連隊長に任命するなど、実戦ですぐれた腕前を示した若いリーダーを抜擢《ばってき》した。

このような考えを持っているゲーリング元帥であるから、優秀な学生パイロットを通常よりも早いテンポで次の段階の教育課程へ進ませることも、したのではないかと思われる。

十一月十六日付でライプツィヒ西方約二十キロにあるメルセブルグの第一教導戦闘機大隊所属となったヴァルテルは、早くもその年末ごろ、第五十四戦闘機連隊の教導飛行隊へ異動させられたが、そこでこの戦闘機連隊の実戦のやり方を教え込まれることになった。

メルセブルグでは教育を受けながら、近くのロイナにある工場と、そこに配備されている防空気球隊を敵の航空攻撃から守る任務が与えられていたが、敵機はついに来なかった。

連隊の教導飛行隊では、教官について飛び、戦場での飛び方と戦闘のやり方について手ほどきを受ける。最前線に配備されている連隊の中の一個隊だから、当然、敵機と出会い、目の前で教官が相手を追いつめて撃墜するのを見ることも、敵機編隊に散々に追いまわされ命からがら逃げることもありうる。

が、教導飛行隊は連隊に配属された新人に導入教育をほどこすのが主たる任務なので、もっぱら実戦にたずさわる隊より、ほんの少し後方へ退がったところにある基地に配置される。新人は、ここで教育が終わると、連隊の中の一隊に配属される。連隊には大隊が三つあり、大隊にはそれぞれ中隊が三つずつある。中隊には一連番号がついていて第一から第九まであり、第一、第二、第三中隊が第一大隊を、第四、第五、第六が第二大隊を、第七、第八、第九が第三大隊を形成している。

中隊は基本的にパイロット十二名、戦闘機十二機で、十二人十二機が三機編隊（ケッテと呼ぶ）を四つつくるか、四機編隊（シュヴァルムと呼ぶ）を三つつくるか戦場の、その時その時の状況で決められる。だから中隊のなかは四個小隊になっている時もあれば三個小隊のこともある。

ヴァルテルが配属された第五十四戦闘機連隊の連隊長はハンネス・トラウトロフト少佐といい、身長は二メートルを少し超える長身。逆三角形の細おもての顔に大きなギョロ目と大きな口が目立つ。均整のとれた体格の偉丈夫である。

この人はドイツがかつてスペインの内戦に介入しフランコ将軍側を支援した際、スペイン上空の空中戦で四機撃墜を記録しており、第二次世界大戦がはじまると、前述のメルダース大佐やガーランド大佐と撃墜戦果を競った名手で、年齢はガーランド大佐と同じ二十八歳である。教育者として非常にすぐれた人物としても名声を得つつあった。

年齢と、その職務を見てもわかるとおり、トラウトロフト少佐もゲーリング国家元帥の施策により抜擢された新進気鋭の若き戦闘機連隊長である。航空戦史研究家の中には、トラウ

撃墜王ギュンター・ラル

トロフト少佐の眼力が紅顔のノヴォトニーの将来性を看破《かんぱ》し、愛撫のうちに厳格な鍛練をほどこしたとしている人があるが、実際には、そのようなことはなかった。

ヴァルテルは士官候補生から少尉への昇任を一九四一年四月一日と予定されていたのだが、それが二ヵ月繰り上げられて二月一日、空軍少尉に任官した。選ばれてメルセブルグへ送られたのは、やはり抜擢だったのである。

少尉になったヴァルテルは、その月末ごろから約一ヵ月、第九中隊（この中隊のエンブレムは白い歯をむき出してニヤリと笑う赤鬼の顔で、このためトイフェル・シュタッフェル、つまり鬼中隊と呼ばれていた）に勤務し、ベテランに連れられて編隊戦闘の要領と、バルト海を航行するドイツ船舶の掩護のやり方を教え込まれた。

しかし、その三月二十五日、連隊の教導飛行隊勤務を命じられて翌年の三月十日まで、その第一中隊つまり教導飛行隊第一中隊で飛ぶ。第二中隊が基本を教えるのに対し、この第一中隊は実戦に即した応用動作を教える隊である。教導飛行隊の第一中隊長はエッゲルス中尉。ハンサムではないが苦味ばしった顔立ちの中肉中背の人である。

この人はじめ諸教官に指導されながら飛び、三ヵ月ほどしたときドイツ軍のソ連侵攻が始まった。独ソ戦、つまりバルバロッサ作戦が発動されたのである。第五十四戦闘機連隊は対ソ連戦線へ差し向けられ、いわゆる東部戦線の、北寄りの部分であるレニングラード正面で戦うことになった。

第五十四戦闘機連隊の南側には第五十二戦闘機連隊やメルダース大佐の第五十一戦闘機連隊が配置された。独ソ戦は六月二十二日に開始された。なお、第五十二戦闘機連隊は、後に超エキスパートのエリッヒ・ハルトマン、ゲルハルト・バルクホルン、ギュンター・ラル、ヴィルヘルム・バッツ等が輩出する連隊である。

4　叱られてばかりの日々

ヴァルテルたちは、エストニアとラトヴィア、そしてバルト海の上空を飛ぶことが多くなった。ヴァルテルは従順なお利口さんではなかった。だが戦後、戦闘機将軍アドルフ・ガーランドがヴァルテル・ノヴォトニーのことを、アフリカの星マルセイユ大尉に似たところがあったが、マルセイユよりも大人であり教養もあったと語っている。

また、ヴァルテルは上司によく叱られていた。叱られてばかりいたと言っても、あながち外《はず》れてはいないであろう。航空戦史研究家で、このことに触れている人は、ほとんどいない。

持ち前の冒険心と好奇心がさせたことではあるが、勝手に編隊をはなれて遠くに見える敵味方不明機を追いかけようとしたり、一人で敵機を探しに行こうとしたり、駆け出しの新米が絶対にしてはならないことを、よくやったからである。

ヴァルテルの飛行日誌を見ると、四月に二回出撃があって五月には出撃がない。六月には独ソ戦開始日の一回をふくめて二回、七月にも二回しか出撃していない。もちろん敵機撃墜などという出来事も、全くなかった。しかし、実戦の出撃である六月、七月の出撃は緊張の度合いが強かった。連隊の教導飛行隊第一中隊の面々は、出撃して無事に全員帰投できると大喜びしたのが、この頃の実態である。全員無事に帰って来ることができただけで、嬉しい。

少し先輩にあたるヘンケマイヤー少尉や同期生のクレッチマー少尉らと、飛行機から降りてホイホイ掛け声をかけ歌も唄ったりして踊り上がって喜ぶヴァルテルたちに、時には中隊長のエッゲルス中尉も加わって踊り上がったこともあった。

そのうちヴァルテルが出撃メンバーからはずれて地上待機となり、ヘンケマイヤー少尉らが出撃した日、なんと、うらやましいことに、この金髪の原始ゲルマン人（ヘンケマイヤー少尉のニックネーム）がソ連機を二機も撃墜して戻ってきた。大事件である。メッサーシュミットBf109型機から降りて指揮所へ向かう原始ゲルマン人に、ヴァルテルは思わず駆け寄って、おめでとうを言う。

ヴァルテルはエッゲルス中尉のもとで出撃を繰り返していても、敵機と空中戦をやる機会には恵まれていない。焦る心で、つい編隊を離れてしまって、こっぴどく叱られることは六月頃ほど頻繁ではなくなったものの、まだ、時々ある。

隊本部所属のパイロットにアントン・デベレという伍長がいて、中隊長につれられて一緒に飛ぶことが多くなり、親しくなっていった。デベレ伍長はヴァルテルより十歳も年上で、新米のヴァルテルから見れば超ベテラン補助教官である。

そのうち、何ということ。あのクァックスことカール・シュネラーが連隊に着任して来た。沢山ある他の戦闘機連隊ではなく、選りに選って第五十四戦闘機連隊に配属されてくるとは、よほど縁があるのだろう。二人の友情は、ますます深まって行く。

ヴァルテルはこの連隊に配属されて、もう半年もたつのに、まだ敵機を一機も撃墜できていない。本格的な夏が来る。七月になる。そして七月も半ばを過ぎる。

5　初撃墜はチャイカを二機

七月十九日（一九四一年）、昼前にバルト海方面へ出撃する編隊の中にヴァルテルも加えられていた。エッゲルス中隊長に叱られしごかれ、すでに四ヵ月が経過している。ヴァルテルはもう勝手な行動はしなくなっていて、編隊の中にきちんとおさまって飛ぶ。

編隊はエーゼル島（現在のサレーマ島。エストニアの西にあり、ラトヴィアの首都リガの北々西、リガ湾の出口に横たわっている）をまわって帰途につく。この時、中隊長が敵機を発見。ヴァルテルには敵機が見えない。隊形を保ちながら、とにかく中隊長にくっついて行く。中隊長が無線で敵機のいる方向を言ってくれるのだが、そちらを見ても敵機は見えない。

隊形を保っていくうち、すぐにスロットルレバーを一杯に開かないと隊形が保てないのに

ソ連戦闘機イ153チャイカ——ヴァルテルは初撃墜2機を記録した

気づいた。空中戦開始だ。エンジン全開。編隊は、ごく浅い角度で上昇していく。

と、行く手に複葉機の編隊が見えた。チャイカ（かもめ）だ。ソ連空軍の、正式名称はイ153という。イ153型機は日本陸軍がノモンハン事変のときノモンハン、ハルハ河上空などで戦ったイ15型戦闘機の改良型で、二枚羽根でありながら主車輪は引込式である。旋回性能は非常によい。チャイカはその愛称である。

相手もこちらを見て、戦おうとしているのは明らかである。こちらに機首を向け、ソ連空軍流儀の戦闘隊形で突進してくる。ぐんぐん距離がつまる。隊長は攻撃を下令し、翼をひるがえしてチャイカ編隊に上から襲いかかる。

チャイカは、くるりくるりと身をかわし、メッサーシュミットBf109型機の後ろに取りつこうとする。中隊長はぐるぐるまわる旋回戦闘には入らず、少しだけチャイカを追うそぶりを見せただけで、速度を保って遠くへ離れて行く。ほどよく離れたところで再度チャイカ編隊を上方から襲う態勢になり、隊を二手に分けて攻撃にかかる。

これを見て敵もさるもの、挟み討ちにあわないよう編隊を二つに分けて各々がメッサーシュミットBf109の一個隊に応戦しようとする。こうして双方の編隊はすれちがって、また敵味方の距離が開く。まだ、どちらにも損害なし。

さらにもう一回、双方の編隊が接近すると、乱戦になった。初めて敵機編隊を見たときの緊張は、いつのまにか失せて不思議に冷静な気持でこの乱戦に入り、中隊長について飛びながら、落ちついて全般の情勢を見ている。

すると、いまこの瞬間に隊長が攻撃に入るには少なからず苦しい位置だが、ヴァルテルが攻撃するには最適な位置に、イ153が一機出てきた。どう見ても、はぐれ鳥としか言いようのない単機のイ153型機であった。

チャンスが去る前の一瞬をとらえてヴァルテルは、これに一回射撃を加える。照準器の円の中心を敵機の機首の前方の、ここぞと思うところへ持っていき、そこに止めるように操縦しながらの一撃である。この一撃をした次の瞬間、力一杯に操縦桿を横へ押し、敵機すれすれに、中隊長機のいる方向に身をかわしてすり抜ける。その時、敵機からフワリと煙が出た。中隊長機を見てから振り返ると、その敵機が、あきれるほど大きな火の玉になるのが見えた。

やったぞ初撃墜、とは思うが乱戦の中。中隊長機から、かなり遅れてしまっている。

「撃墜した敵機を目で追ってはならない。ほんのちょっとの間見ただけと思っても、次の瞬間、君は撃墜されて彼につづいて地面に向かって墜ちていくことになるんだぞ」と教わったことを忘れてはいない。後方を警戒しながら追いつこうと努める。なかなか追いつけない。

中隊長もエンジン全開に近い状態で飛んでいるのだから、あたり前である。

だが、とりあえず無線で「ホリドー。ノヴィ」と一回だけ送信する。ホリドーというのは一機撃墜を知らせるドイツ空軍戦闘機隊の用語で、その元になっているのは厨房《ちゅうぼう》と宴会の神様とされるセント・ホリダス様の名なのだそうである。この送信一回で仲間全員と地上の指揮所に、ヴァルテルの一機撃墜が伝わる。

一回だけしか送信しないのは、わけがある。誰かが後ろに敵機が迫っているのに気づかずにいるのに対し、「〇〇、左へかわせ！」と指示してやるとか、敵の増援編隊が上空へやって来るのに気づいた者が味方全員にそれを知らせるとかの必要が、いつ生じるかわからない。それが戦場というもの。「発信しているのは誰それで、一機撃墜しました。その機種はなにで、これこれいう色に塗られていて、撃墜した場所はどこそこ、その時刻は云々……」などとやっていると、味方の生死のかかった大事な情報を伝えることができず、一人の有頂天になった馬鹿が長々としゃべっている間に、別の者が二人も三人も撃墜されて戦死してしまう。

というのは、Aが無線送信しているときに、たとえば「〇〇、左へかわせ！」とBが送信すると、その周波を受信している全員のレシーバーには「ガ、ガーッ」という激しい雑音が生じる。送信されている事柄、内容は全くわからない。これが戦闘機の機上無線機の性質なのである。

二重送信、つまりAが送信しているときに、それにかまわずBが送信すると、「ガ、ガーッ」という音になってしまって何が何やらわからなくなるが、そうならないために、戦闘機パイロットは短かく明瞭な言葉で交信するよう厳しく躾けられる。

敵機が後方にとり付かないよう気をつけながらヴァルテルは、遠くに中隊長機を見ながら敵味方の渦巻くなかを通って追いつこうとするより、周囲に危険な敵の見当たらない今、高度を上げて渦巻きの頂点より上まで上昇した方がよいと判断した。少し速度は減っても大丈夫。上下、左右、前後と自分の全周を油断なく見張りながらスルスルと上昇し、上方と後方、後下方に敵が来ていないのを確認する。

おちついて下の様子を見る。すると、すぐに撃墜できそうな一機が目にとまる。その機の後ろには敵機がいない。その代わり、かなり前方に一機いる。それが、どうやら一番機らしい。

すかさず急降下して、狙ったイ153型機のなるべく真後ろに行くように接近する。そのイ153は気づいたらしく、得意の急旋回で身をかわそうとする。ヴァルテルのメッサーシュミットBf109が速度を得て射撃できる関係位置に到達するのが早いか、イ153が旋回してヴァルテルの旋回できる最もきついカーブの内側へ入るのが早いかの勝負である。

ヴァルテルはイ153の機首のずっと前を狙うように旋回し、急接近する。そして普通はしないことだが、少しスロットルレバーを絞り横滑りしないようフットバーをしっかり踏む。そして旋回をギューッと絞る。間にあった。照準器の円の中心は敵機の機首の充分前方にある。そここぞと思う位置へこれを微調整し一秒弱、機銃発射ボタンを押す。そして、その機の後ろを、まっすぐ突き抜ける。

同時にスロットルレバーは全開。徐々に水平飛行へ、そして浅い角度での上昇へと移っていきながら振り返ると、先ほどのイ153が長い炎を引きながら、ゆっくり回転しつつ墜落していくのが見えた。

やったぞ、二機目を撃墜。ふっと原始ゲルマン人氏の面影が目に浮かぶ。その時レシーバーにエッゲルス中尉の冷静な声が響いた。

「全機離脱。帰投」

燃料が残り少なくなっている。空中戦をやめて帰るのだ。

ヴァルテルはこの時、少し気がゆるんだのかもしれない。スロットルレバーを絞り気味にして燃料を節約するべきだと思い、そうした。さて、隊長はあのあたりにいるはず、と急旋回してその方向へむかい、隊長機を探す。そしてダラダラと上昇していた。

その時、トッ、トッ、トッと軽い衝撃を感じた。ハッとして後ろを振り返ると、機首を白く塗ったイ153がこちらを射っている。やられてたまるか！　いきなり力を込めて操縦桿とスロットルレバーを両方とも前へ押す。メッサーシュミットBf109の典型的な射弾回避方法。戦闘離脱のやり方でもある。しかし先ほどスロットルレバーを絞り、急旋回をして速度を減らし、しかも上昇に移っていたところなので、すぐにはイ153型機から逃げおおせる速度まで加速できない。

高度が高ければ、すんなりと逃げおおせたかもしれないが、急降下姿勢をとると、すぐ顔前に海が迫ってきた。仕方なくエンジン全開の水平飛行で逃げる。しかし予期したほどイ153を引き離すことができず、直線飛行をつづけていたのでは撃墜されそうである。仕方がない。旋回して敵機の射線をはずそう。

そこで急旋回に入るように急激に、パッと右へ翼を傾ける。右翼端は海をさし左翼端は空を向く。だが操縦桿を強く引くことなく緩やかに旋回する。敵機はヴァルテルが右急旋回で逃げようとすると思い、旋回圏の内側をまわって近道をし、射距離を詰めて、いっそう撃墜確実な形をとるため右急旋回する。

頃合いを見て今度は、パッと左へ旋回を切り替える。しかし急旋回はしない。十分な速度を得るのが、この時点での最重要事項。やっと最良上昇率の得られる速度に近づいた。後ろの敵機は、ヴァルテルを逃がすまいと左急旋回して、行く手へ近まわりすることに努めている。

教導飛行隊エッゲルス中尉

ヴァルテルはもう一度右へ。そして左へと旋回の方向を切り替え緩徐な上昇に入る。左後方から機首を白くぬったイ153に追い詰められている形である。だが、いまや最良の上昇率が得られる速度より少し多めの速度となったヴァルテルは、左旋回しながら上昇を続ける。念のため自分の全周を見まわすが、周囲には一機もいない。

空中戦の引け時とは、このようなもので、戦闘をやめて帰投するよう命令が下ると、三十秒もたたないうちに賑やかだった空中戦の舞台は完全に空っぽになる。周囲に別の敵機がいれば、こんなことはしていられない。簡単に別の一機に撃墜されてしまう。いまは空っぽの舞台に残ったヴァルテルと相手との、まさに一騎討ちそのものが展開できる条件がととのっている珍しいひと時である。

ヴァルテルはイ153の鼻先の少し上を上昇旋回している。メッサーシュミットBf109型機の強味は最高速度が大きいこと、急加速が外国のものを含めどの機種よりもよく効くこと（急降下でエンジン全開の場合）、そして上昇力の強いことの、三点に絞られよう。特にこの上昇力は、速度を持って浅めの（他機種に比べて）上昇角度で飛ぶときに得られる。

ほどよい速度を持ってスイスイ上昇するヴァルテルの戦闘機を、イ153のパイロットはいま一歩で撃墜できると思って追う。旋回戦闘の基本をしっかり、頭にも手足にも叩き込んでいるソ連人パイロットは、メッサーシュミットBf109の旋回して描く円の内側に留まろうとする。円の外側にはみ出して飛ぶことは、相手に逃げられること、まずく行けば形勢を逆転されて、やられてしまうことだからである。

ヴァルテルを撃墜できそうな所まで追いつめた形になっているソ連人パイロットは、エンジン全開で小さく小さく旋回する。目の前、少し上にヴァルテルの乗機がいるので、機首上げをして狙い射とうとするが、機首上げが思うにまかせない。

小さく小さく旋回しようと操縦桿を引き、しかも上昇姿勢なので、エンジン全開であるにもかかわらず速度が減って、無理をすると失速しそうになる。いまの場合、失速すれば錐揉《きりも》みになって、秋の夕陽に散る紅葉のようにキリキリ廻りながら落ちることになる。

飛行機というものはスピードが命である。失速したならば自由な運動ができない。ソ連人パイロットはいま、失速ぎりぎりの状態で腕前の限りをつくして旋回しているが、ヴァルテルのほうは、彼の目の前、射撃するにはほんの少しだけ高い位置を、十分に動きまわれる速度をもって旋回しているのである。少し上昇率を落とすとイ153型機が機首を上げて照準しようとする。

この状態を少し長くつづけてみる。すると敵はあせって、これまでよりほんの少し機首高にし正確に照準を定めるために、これまた少しだけ強く操縦桿をひいたにちがいない。イ153がグラリと揺れて左旋転の錐揉みに入った。その時ヴァルテルの操縦席では、計器板の下の縁、中央の赤ランプが点灯した。残燃料あと五分たらず。

イ153もメッサーシュミットBf109と同様に、プロペラが操縦席から見て右廻りに回転している。これが失速して錐揉みに入ると、右回転のプロペラのため、右旋転の錐揉みよりも左旋転の錐揉みのほうが、失速から回復して自由に運動できる速度を得るのに時間がかかる。

ヴァルテルは、キリキリと廻りながら落ちていくイ153を見おろしながら、攻撃のタイミングを見はからう。旋転が止まったら、速度を取り戻すためそのままの方向を保って降下しなければならない。速度がつかず身動きできずにいるイ153型機を狙い討つのが、ヴァルテルの

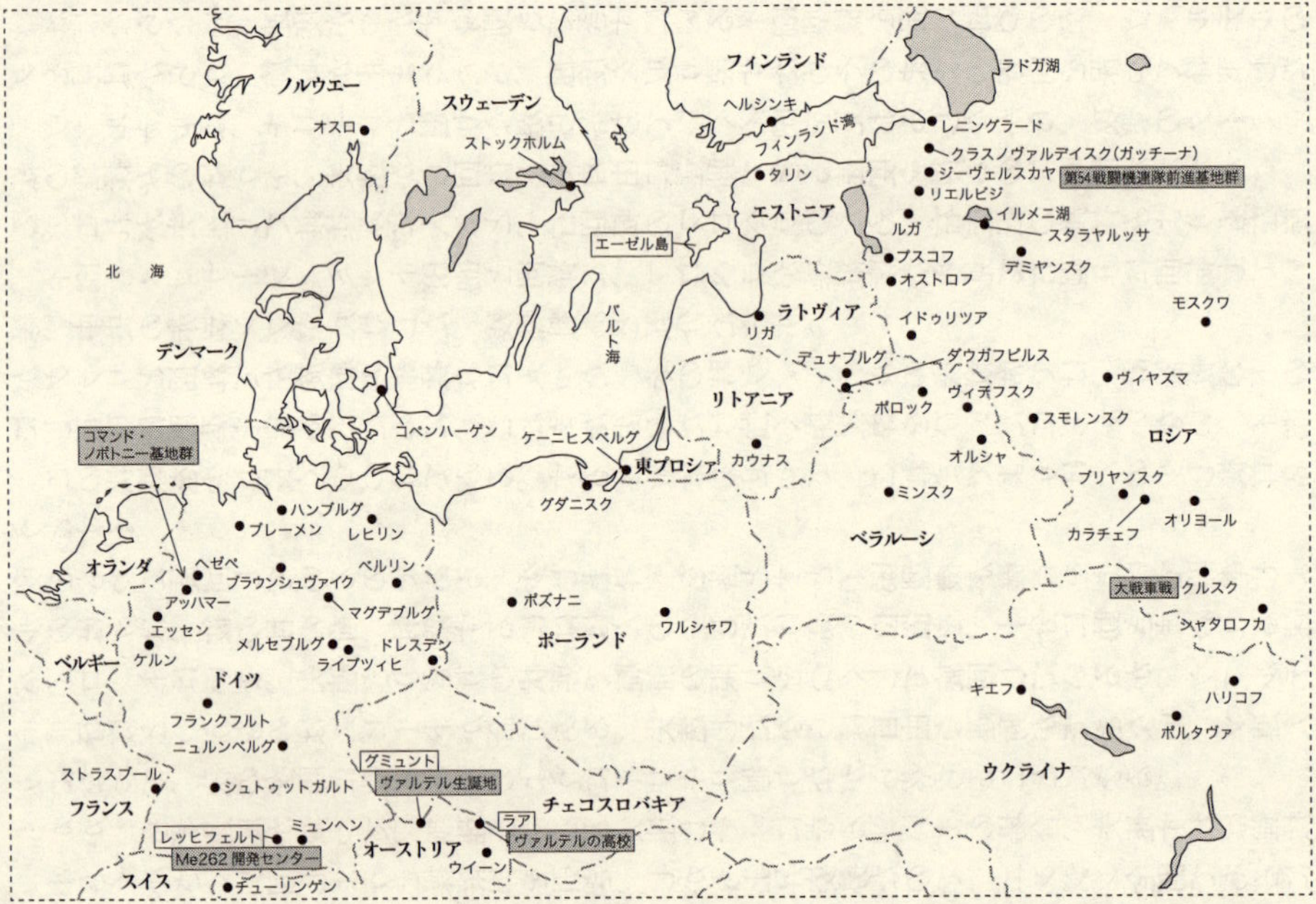

ノルウエー
オスロ
スウェーデン
ストックホルム
フィンランド
ヘルシンキ
フィンランド湾
ラドガ湖
レニングラード
クラスノヴァルデイスク(ガッチーナ)
ジーヴェルスカヤ
第54戦闘機連隊前進基地群
リエルビジ
タリン
エストニア
ルガ
イルメニ湖
スタラヤルッサ
エーゼル島
プスコフ
オストロフ
デミヤンスク
北　海
バルト海
ラトヴィア
リガ
イドゥリツア
モスクワ
デンマーク
デュナブルグ
ダウガフピルス
ヴィヤズマ
ヴィテフスク
ポロック
リトアニア
スモレンスク
ロシア
コペンハーゲン
ケーニヒスベルグ
コマンド・ノボトニー基地群
東プロシァ
カウナス
オルシャ
ブリヤンスク
グダニスク
ミンスク
オリヨール
ハンブルグ
ブレーメン
レヒリン
カラチェフ
ベラルーシ
オランダ
ヘゼペ
ブラウンシュヴァイク
ベルリン
大戦車戦
クルスク
アッハマー
マグデブルグ
ポズナニ
ワルシャワ
シャタロフカ
エッセン
メルセブルグ
ドレスデン
ポーランド
ケルン
ベルギー
ライプツィヒ
ドイツ
キエフ
ハリコフ
フランクフルト
ポルタヴァ
ニュルンベルグ
グミュント
ヴァルテル生誕地
ウクライナ
ストラスブール
シュトゥットガルト
チェコスロバキア
フランス
ラア
ミュンヘン
ヴァルテルの高校
レッヒフェルト
Me262 開発センター
オーストリア
ウイーン
スイス
チューリンゲン

狙いである。

イ153の旋転が止まった！　すかさずヴァルテルは翼をひるがえして、それに突進する。真後ろにせまって、近距離から射撃する。速度がないままに直進している敵機の真後ろから射つのだから、射弾が敵機にとどくまでの間にその敵機の進む距離を判断して、いま見えている相手の前方に照準器を向けなくてはならない普通の状態とちがって、直接照準で射てる。弾丸が命中しなければおかしい。敵機は煙を吹き出しはじめる。

ヴァルテルは力一杯に操縦桿を引いて、衝突を回避する。回避できたところで力をゆるめ、上昇。振り返ると煙の太い尾をひいたイ153が先ほどの姿のまま落ちていく。吹き出る煙が炎に変わったと見えたとき、その機体は海面を打ち、空から下った煙の先端からバルト海に波紋がひろがる。

できるだけ高度をとりながら、味方のいる陸地へ近づかねば。すぐそばのエーゼル島に降りてソ連軍の捕虜になるのは嫌だ。燃料はあと二～三分でなくなる。どこまで行けるかわからないが上昇しながら行き、燃料が切れたら滑空して行こうとエーゼル島を右に見ながら、東北東へ針路をとる。

やがてエンジンが息をつきはじめた。そして止まりそうに思われたとき、また息を吹き返したように一見快調に回転したが、すぐにブスブス言いながら勢いがなくなり停止した。静かだ。戦闘機がグライダーになった。

着陸のときの降下進入速度より少し多めの速度にして、エストニアの海岸をめざす。エンジンの止まった機体をまっすぐ滑空させるには、軽くラダーペダルを踏む左足に力を入れていなくてはならない。メッサーシュミットBf109型機の垂直尾翼は左右対称ではなく、左側のほうの膨らみが大きくつくられていて、エンジンが回転しプロペラ後流が当たっても、機首が強く左へ振られないようになっている。そのため、滑空状態で修正の舵を使わずにいると、右へ旋回しようとする特性があるのだ。

出撃前の説明で、陸軍はすでにリトアニアからラトヴィアを経てエストニアに進入していることが知らされた。エストニアの、このあたりまでがドイツ軍の支配下にあると、地図を指して教えられたのを思い出しながら、ベタ凪ぎのバルト海の上を滑空していく。エーゼル島の岸はすぐそばだが、エストニアのドイツ軍占領地区は遥か彼方。とうてい届きそうにない。

不時着水にそなえて膝のベルトと肩を押さえるバンドを固く締める。滑空距離が縮まらないようにと、空転しているプロペラのピッチは最高位置にした。

地面に不時着なら車輪を降ろしフラップも下げて接地できるかもしれず、車輪を出さない(もしくは被弾していて出ない)場合はプロペラを最低ピッチにしておかなくてはならない。プロペラを高ピッチにしたまま接地すると転覆しがちで、ひっくり帰った飛行機の中に閉じ込められて焼死したりしないためには、低ピッチにしておいて接地の際プロペラブレードが曲がりやすい形にし、曲がったプロペラが橇《そり》の働きをするようにしておくのがよいと教わったことがある。

海が相手なので車輪は引っ込めたままで行く。フラップは接水する速度を小さくするため最後のギリギリのタイミングで下げよう。こう準備をととのえて、一人乗り救命ゴムボートを引っぱり出す手順や、膨らませる要領を頭の中でさっと、おさらいする。

第三章　不時着帰還

1　バルト海をエストニアへ

海面が近づく。フラップを下げて徐々に着陸のときの速度へとスピードをおとす。接水まぢかになったら沈下率を減らさなくてはならないが、その高度の判定がやりにくい。ベタ凪ぎなので、海面に白波もなければ泡《あわ》も浮かんでおらず、浮いて流れる海藻も見えない。参考にできるものが、ほとんどないのである。

キャノピーをとばし、水面の細かい襞《ひだ》を参考に、徐々に機首を上げていく。着水時の衝撃はとても強いと聞いているので、左手の位置は試してみた結果、照準器に置いて、左腕でも衝撃を支えることにした。

速度が落ちて、失速直前のブルルルルという振動がはじまるとほとんど同時に接水した。

強烈な減速。つづいて機首が海中へと下がっていく。そして機首下げ角度二十五度ぐらいで安定した。両翼の燃料タンクは空っぽだから浮かびやすいが、対英航空戦を経験している先輩の話では、せいぜい二分から長くて五分どまりだとのことであった。被弾して穴だらけになっている場合、浮かんでいる時間がずっと短かいのは当然である。「慌《あわ》てるな。要《い》るものだけ持って出ろ。忘れ物もしないようにな」と言われたのが思い出される。

とりあえず救命胴衣をふくらませ、畳《たた》まれているゴムボートを引っぱり出す。これと一緒に入っていた小さな「ふいご」でボートに空気を入れる。二つある握りの一方をキャノピーの乗っていた敷居《しきい》に押さえつけ、もう一方を上下にせっせと動かしていると、ほどなく救命ボートがピンと張りつめて空気が十分に入った。

パラシュートはもう要《い》らないだろうし、ヘルメットは結構重いので、これらは捨てることにして、ふいごとボートの接続ホースをはずし、ボート側の短かいホースの端をカバーの下へ押し込む。ふいごはどうしようかと迷ったが、若い体力でもってエストニアの海岸までは一気に行けると思い、捨てた。その時、乗っていた機体がユラリと揺れた。

ヴァルテルが仰向けにゴムボートへ倒れ込み、飛行機を突き放してから見ていると、尾部が海面に垂直に立った。そして静かにすっと沈んでいった。心の中で「さようなら」とつぶやく。

さあ、エストニアまでの長道中だ。悔やんだり悩んだり、取り越し苦労をしたりするのは余計なことだ。「行けるぞ」「長旅は成功するぞ」「エストニアの海岸に着くぞ」と自分を励ましながら、希望の実現を夢見て漕いで行こう。

ところで、木の板でできた櫂《かい》があるはずだが……。

ボートに結びつけてある袋の中には、海面を緑色に染めて救助者から見えやすくするための染色剤、シーアンカーという水中ドラグシュートのような、ボートが風に吹き流されるのを止めるもの、厚手のキャンバスでできた水を汲み出すための布製バケツ、舟酔い止めの錠剤、そして止血帯しかない。肝腎《かんじん》のオールがない。仕方ない。手で水を掻いて行くぞ。

その時、飛行靴がなんとなく邪魔になり、少しでも軽くなってゴムボートの吃水《きっすい》が浅くなれば水の抵抗が少なくてよく進むと思い、飛行靴を海に捨てた。

とりあえずはエーゼル島を右に見て、太陽の位置も参考にしながらコースを決め、両手で水を掻く。ボートの中に座ってエストニアの方向に水を掻いていくと、腕も肩も疲れてくる。そこで仰向けに横たわり太陽の位置を参考に、方向が変わらないようにしながら水を掻く。焦らず、少しずつ進むしかない。

エストニアに背を向けて座ってみたり、うつ伏せになってみたり、いろいろと姿勢を変えて、一掻き一掻き進む。逆風がないのが有難い。潮流は、海というものになじみの乏しいヴァルテルには、全く読めない。

七月十九日（一九四一年）、夏の日の午後である。いくら北の海、バルト海でも日射しは強い。顔や首すじに日光が痛い。が、やがて太陽は水平線に下がっていき、低く這うように動いてから少しずつ沈む。このあたりは北極圏より少し南なので、白夜はない。

北極星を見つけ東北東にコースをとる。これが雲に隠されても大熊座やカシオペア座、琴座のベガ、鷲座のアルタイル、白鳥座のデネブなどで方向を判断できる。腹は減るし疲れるし、眠気も襲ってくるが根気よく一晩じゅう手で水を掻いた。エーゼル島は近い。そこへ行けば今の、この辛さから脱出できるが、そのかわりソ連軍の捕虜になる。そればかりは何としても避けたい。

やがて太陽が昇り日射しが戻ってくる。上着をぬいで頭にかぶり、ハンカチで頬や鼻をかばう。エーゼル島の北側の海を、ひたすらエストニアに向かう。とにかく素手で水を掻いて頑張るのみだ。

こうして七月二十日が過ぎていく。夕方になり、咽喉《のど》の渇きが堪えがたく、海水を飲むわけにはいかないので、意を決して、生まれて初めて自分の尿を飲んだ。キャンバス製の小さなバケツから飲んだが、何とも言いようのない気分である。

あまり力が入らなくなった手でゆっくり水を掻いているうち、咽喉の渇きは多少おさまった。この夜もがんばって二十一日となり、この日もまた悪戦苦闘のうちに暮れてしまった。ときどき居眠りしながら機械的に水を掻く。星を見て進行方向だけは正しく保つ。ほとんど思考力も失せた気がしていたが空の白むのは、わかった。行く手の空が明るい。その方向がエストニアだ。明るさを増す空の下に陸地が見える。嬉しいことに、この陸地に向かって風が吹きはじめた。元気が出て、水を掻く手に力が入る。

ぐいぐいと岸が近づいてきた。そして、ついに岸打つ波に乗って浮舟は浜へ押し寄せていき、滑るように砂地へ上がって止まった。尻の下に砂地の固さを感じるや、全身の力がぬけ瞼《まぶた》がさがり、頭がボーッとして、立ち上がる気力もない。

じっとしていると、人声が聞こえて、それが近づいてくる。ボートの中に寝ころがったままでいると、「ゴムボートだ。人がいる」と、まぎれもないドイツ語。思わず上半身だけ起こし「俺はドイツ人だ。ドイツ空軍の将校だ」と叫ぼうとした。ところが、声がかすれて叫び声にならない。声らしい声が出ない。

がっかりして力がぬけ、またボートの中に横たわってしまう。そこへ数人の兵士が寄ってきて「ロシア人か。ソ連のスパイか?」と言うのへ、しわがれ声で自分はドイツ軍人だと答えたところで、あとは何もわからなくなった。

どれくらい時間がたったのであろうか。咽喉《のど》の渇きと強い空腹で目がさめた。兵舎の中のベッドの上に寝かされている。ヴァルテルが目覚めるまで様子を見守っていたのであろう。下士官が一人、近寄ってきた。

三日三晩、飲まず食わず、手でボートを漕ぎ、ここにたどり着いたことを話すと、やがて飲み物と軽い食事を持ってきてくれた。これで人心地がついて、時刻を聞くと昼を少しまわったところだとの返事である。

ラトヴィア南東部デュナブルグの飛行場から出撃して空中戦をし、ソ連の戦闘機を三機撃墜したところで燃料切れになったことを簡潔に伝えると、その下士官は出ていった。しばらくすると戻ってきて、靴を貸すから、それを履いて一緒に来てくれという。

部隊の本部へ案内され、ここはミケルバーカという所で、展開し陣取っているのは海軍の沿岸砲兵隊だと教えられ、砲兵隊長からヴァルテルを車でデュナブルグまで送らせると言われた。有難いことである。待っていると小柄な兵士がやって来て、デュナブルグまでお送りします、と言う。

2 ドライブして出撃基地へ

車に乗るところで、小さな出来事があった。

ヴァルテルは、じつは大の自動車好きである。運転を命じられてそこにいる運転手は下士官だとしても階級は低い感じだが、海軍をよく知らないヴァルテルには空軍の何という階級に相当するのか、よくわからない。が、とにかく軍隊の中の階級では少尉であるヴァルテルのほうが上であることは、まちがいない。

地図を見せてくれと言って、経路と著明な地形や地物を調べる。そして周囲には誰もいないのを見て、その兵士に車を運転させてくれとたのんでみた。すると、当然のことながら、自分は車を運転して少尉殿をデュナブルグまでお送りするよう命じられているので駄目です、という返事が返ってくる。しかし自動車を運転したいという欲求は抑えきれない。

もう一度たのんでみるが拒否された。その時ふっと、彼も自分も同じドイツ軍の軍人だという思いが浮かんできた。口をついて出てきた言葉は「私は将校で少尉だ。君より上級者だ。

君は上級者に言われたことに従うよう教育され、訓練も受けてきただろう。私に運転させろ」という言葉で、ヴァルテル自身も、こういうことを言ってしまった自分に少々驚いた。兵士はびっくりした様子だったが渋々うなずき、助手席へと移る。ヴァルテルは上機嫌でハンドルを握り、出発。

エストニアの田舎道。馬車が通れて馬車と馬車がすれ違うことができさえすればよいという考えでつくられているようだ。幅の狭い砂利道で凹凸もある。車でスピードを出して突っ走る快感を味わうわけにはいかない。くねくね曲がって、雑木林の間や沼のほとりや人家が少しばかり集まったところなどを通って行く。

ヴァルテルはしばらくいい気分で車を走らせていたが、いくら若くてスタミナがあるとはいえ、三日三晩ぶっ通しに素手でゴムボートを漕いで生還した、その日の午後である。疲労がドッと押し寄せてきて、一瞬、居眠り運転になった。海軍の兵士が「うわァー!」と叫ぶ声で我に返ったが、つぎの瞬間、何もわからなくなった。

いやに静かだな。どうしたのかな。そう思って目をあけてみると、車は雑木林のあまり大きくない木に真正面からぶつかって止まっていた。前頭部が痛い。どこにも血は出ていない。手足を動かし身体をひねってみるが、異常はない。しかし大きく息をすると胸に痛みが走る。助手席にいたはずの兵士は、下車して車の状態を調べている。聞けば、怪我はしていないというので一安心である。

ヴァルテルも降りて調べてみると、バンパーがくぼみラジエターのすぐ前あたりまで傷んでいる。兵士にやらせてみるとエンジンがかかった。すぐに彼はバックして路上にもどる。自分が運転できる状態でないことを思い知ったヴァルテルは、兵士に運転してもらうことにした。居眠りで身体の力が抜けていたヴァルテルはハンドルで胸を打ち、さらにどこかで強く頭を打って脳震盪《のうしんとう》を起こしたのである。一方、兵士のほうは力いっぱい両手両足で突っ張ったので無事だった。あまりスピードが出ていなかったのも幸いした。

牧場の縁をまわったり畑の間を通ったり、うねうねと伸びている道を行く。そのうちヴァルテルは助手席で眠り込んでしまった。右側の扉の縁に右腕を乗せ、それに寄りかかって枕代わりにして心地よく揺られていると、飛行機の爆音がして目がさめた。

見上げると、車輪を降ろしフラップを下げて着陸コースに入っていくメッサーシュミットBf109のF型機が見えた。これまでE型をつかっていた第五十四戦闘機連隊は、最近F型に更新したばかり。E型は主翼端が角張っていて機首の形も直線的であったのが、F型では主翼の先端が丸く、機首もスピンナーからエンジンカウリングにかけて優雅な丸味を帯びた形になった。

連隊にはE型が三機ほど残っていて、一機はハンネス・トラウトロフト少佐専用の連隊長機、あとの二機のうち一機はエッゲルス中尉の専用機で、残る一機が予備機である。これらも近いうちF型に変わるだろう。

第五十四戦闘機連隊の飛行機の胴体側面、操縦席の下あたりには緑色のハートの印が大きく描かれていて、これにより連隊は空軍戦闘機部隊仲間からグリュンヘルツ（緑色のハート）と呼ばれている。

これはヴァルテルが着任するよりずっと前にトラウトロフト少佐が決めて描かせたものだそうで、連隊の戦闘機だけでなく連絡用に使われているフィーゼラー・シュトルヒやクレムKℓ35型機などにも、さらに連隊の自動車にも描かれている。

すぐにデュナブルグの飛行基地に着いた。連隊本部のテントへいくと、連隊長のところに教導飛行隊長がきていたので、気を付けの姿勢をとり挙手の敬礼をして「ノヴォトニー少尉、帰還しました。Bf109一機喪失。ソ連戦闘機三機撃墜」と申告する。

トラウトロフト少佐（左）から声をかけられるヴァルテル。機体側面に緑のハートが見えている

直属上司と、その上の指揮官に対し一回で申告完了であった。上司も居合わせた人たちもみな、非常に喜んでくれて、しみじみ、良い部隊に所属していると感じたことであった。

海軍の兵士に靴と靴下を返し、連隊本部の軍用箋を一枚もらって海軍の砲兵隊長宛に、車のバンパーをふくむ前部の破損はヴァルテル・ノヴォトニー少尉が途中、無理やり運転を交替して誤って樹木に衝突したために生じたものであり、運転を命じられていた兵士に過失は一切ない旨をしたため、サインをして、この手紙も持たせた。

そして裸足で隊長の車に便乗させてもらって教導飛行隊本部のテントへ帰ると、クァックスやアントン・デベレが大喜びで迎えてくれた。デュナブルグ飛行基地は広い草地で、西側に雑木林があるが、北、東、南は開けていて、部隊は丈の低い草の生えた野原のあちこちにテント村をつくって駐留している。

野戦部隊らしい雰囲気で、戦場の緊張感がある。飛行機を掩体で囲んだり木や草の葉を沢山つけた網をかぶせたりはしておらず、野ざらしである。機体は一列に並べたりせず、大雑把に区域をきめて、このあたりは第一大隊、このあたりは教導飛行隊というふうにして、バラバラに駐機してある。一列に並べていると、敵機の一連射で全機やられてしまうおそれがあるからである。

3 飛行日誌と搭乗機のこと

一九四一年七月のヴァルテルの飛行日誌を見ると、十四日と十五日に各一回、十九日には二回、三十日は三回、三十一日には二回出撃しており、そのほとんどがフライエ・ヤクトである。フライエ・ヤクトとは自由な狩猟という意味で、戦闘機掃討。英語でいえばフリー・ハンティングである。その作戦空域はユーバー・エーゼルとなっていて、エーゼル島上空であることがわかる。

これで見るとヴァルテルは十九日の二回目の出撃でイ153型機の編隊と交戦して三機を撃墜、自分は不時着水したということが、はっきりする。

エーゼル島は北緯五十八度から五十八度四十分、東経二十二度から二十三度に広がる三角形に近い形の島で、北と西はバルト海に、東側はリガ湾に面している。ラトヴィアのリガの北北西約一八〇キロ、エストニアのタリンの南西約一五〇キロの所にある。

フライエ・ヤクトは原則として上級司令部から連隊に作戦区域が示され、連隊はその区域を割って各大隊に作戦を命じる。この時、実施日時や飛行高度やコースは示さない。いつどのように戦闘機掃討に出て行くかは大隊長の裁量にゆだねられる。

メッサーシュミットBf109の型式について、日誌には記載がないが、この時の部隊の使用機更新の状況からして、十九日にヴァルテルが乗っていたのはF型のはずである。F型は全幅十・〇六メートルでE型より五センチ大きくなっただけで、全長はE型、F型ともに八・九メートル。

アフリカの星マルセイユ大尉

武装はE型で最も多く生産され運用されたE3では、プロペラのスピンナー中央に銃口のある二十ミリ機関砲が一門、エンジンカウリング上面の七・九ミリ機銃が二梃、両翼のプロペラ回転圏外に二十ミリ機関砲

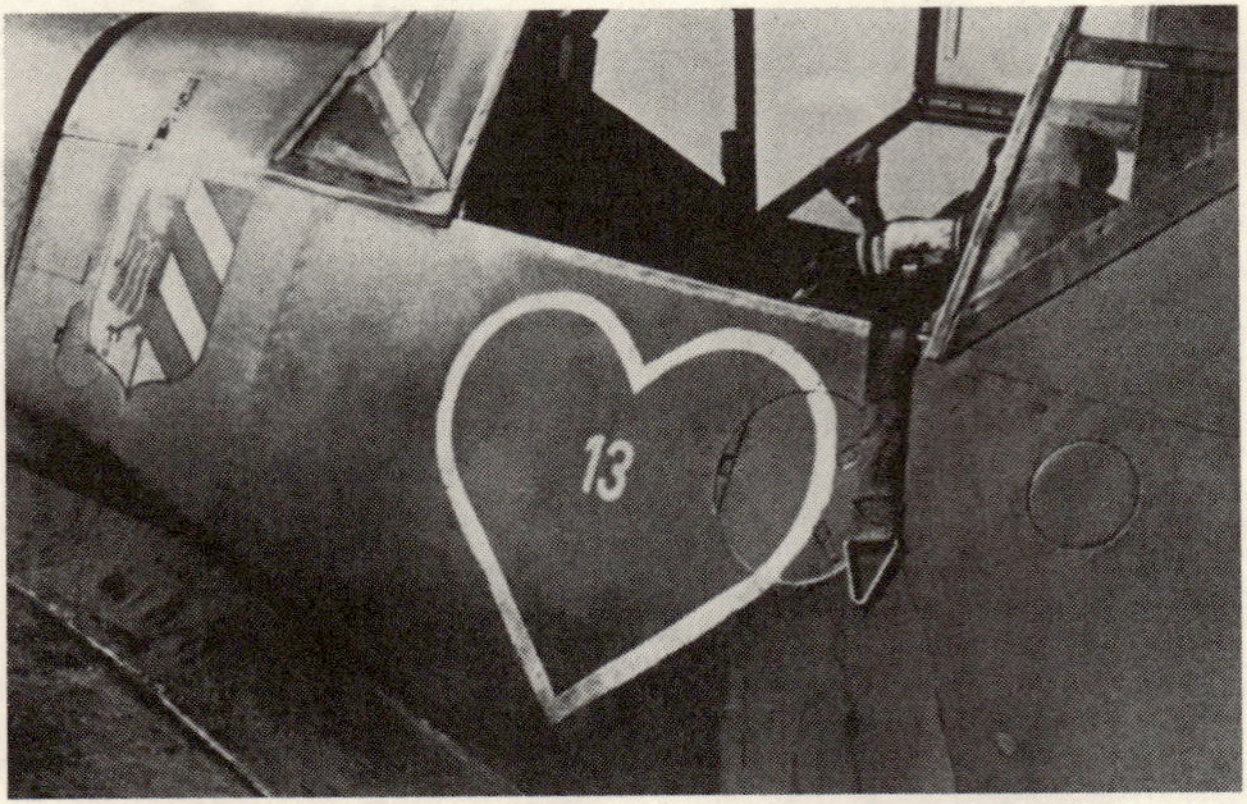

緑ハートの13はヴァルテルの乗機。左にニュルンベルグ市章の大隊マーク

（一部は七・九ミリ機銃）が左右各一門という重武装であったのが、F型ではスピンナー中央の二十ミリ機関砲一門とカウリング上面の七・九ミリ機銃（一部は十三ミリ）二梃という単純なスタイルとなっている。

エンジンはダイムラーベンツDB601A型千百馬力であったのが、F型では同N型千二百馬力にアップしており、軽量化とパワーアップにより運動性が向上した。

この当時の超エキスパートであったヴェルネル・メルダース大佐もハンス・ヨアヒム・マルセイユ大尉も、その愛機はF型であった。メルダース大佐は第一次世界大戦における世界一のエース、リヒトホーフェン男爵の八十一機を最初に突破して、しかも世界で最初に百機撃墜を達成した人。またマルセイユ大尉はアフリカの星と呼ばれ、戦果をあげることが困難であった米英軍相手の西部戦線と北アフリカ戦線で戦ったドイツ空軍パイロットの中の最多撃墜機数一五八機を記録して事故死した人である。

ともあれ、部隊へ帰ったヴァルテルにはF型が与えられた。そのF型の胴体側面の緑色のハートの中央にヴァルテルは、自分のラッキーナンバーだと思っている数字の13を書き入れた。

4 緑色のハートの印

連隊長ハンネス・トラウトロフト少佐は前にも述べたとおり、スペイン内戦に参加して四機撃墜を公認されたが、この戦果はハインケルHe51型戦闘機とメッサーシュミットBf109型の原型機であげた。ドイツ空軍は実戦でテストするため、スペイン内戦に参加中の戦闘機隊に原型機を送ったのである。

メッサーシュミット社の新型機で撃墜戦果をおさめてはいるが、トラウトロフトの主たる仕事はこの新型機の改良であった。

この時、のちの戦闘機隊兵監アドルフ・ガーランドは対地攻撃専門の部隊を率いて活躍していた。超エキスパートになったヴェルネル・メルダースは戦闘機隊を率いて戦い、ドイツ空軍パイロットのランキング一位となる十四機撃墜を達成している。この十四機の大部分はメッサーシュミットBf109による撃墜である。

なおメルダースは空軍のきわめて有能な人材で、戦闘機に乗るだけでなく、対地攻撃機部

撃墜王ヴェルネル・メルダース

隊の運用についてもアイディアをスペインの実戦で試し、改善して三十年後、四十年後までも戦争で活用された前線統制官を使っての戦い方を、ほぼ完成の域に仕上げた人である。

戦闘機による戦い方については、のちの朝鮮戦争、ベトナム戦争あるいは中東戦争などでも各国空軍が採用した四機によるフインガーフォーという柔軟な戦闘隊形を、早くもスペイン内戦で開発し、第二次世界大戦におけるドイツ空軍戦闘機部隊の基本的な戦法のひとつにした。メルダースは音楽の世界におけるヴォルフガング・アマディウス・モーツアルトにも比すべき、航空戦術の世界の第一級の天才である。

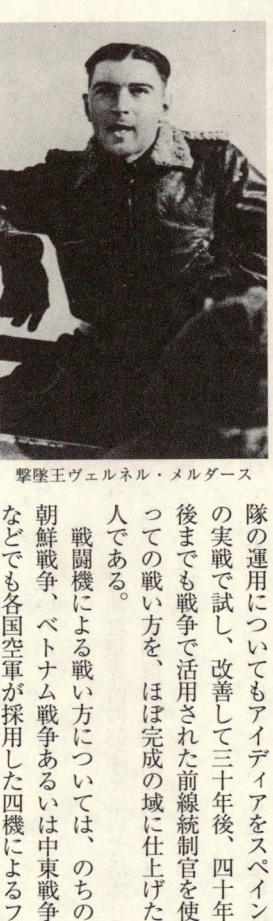

さて、ハンネス・トラウトロフトのことに話を戻そう。この人はスペイン内戦に参加してメッサーシュミットBf109型の原型機を駆って戦ったが、スペインへ行った目的は空中戦に参加することではなかった。

スペインで人民戦線（いわゆる共和国政府）と争っているフランコ将軍（共和国政府に対する反乱軍の総大将）を支援するためにドイツ・オーストリアから提供するハインケルHe51型複葉戦闘機を六機、オーストリアからスペインのフランコ軍基地まで届けるための六名のフェリー（空輪）パイロットの一人としてスペインへ飛んだのである。飛行機をスペインのフランコ軍に渡して、すぐ帰国するはずであった。

遠路はるばるスペインへ。そしてサラマンカを経由してマドリード南西エスカロナまで行き「反乱軍」に戦闘機を渡した。遠距離飛行の途中、事故で一機減っていたため五機がフランコ軍の手に渡ったが、スペイン人パイロットが慣熟飛行をはじめたとたん事故で二機が全損となってしまった。

残るはたった三機。当初予定の半数である。オーストリア人フェリー（空輪）隊長エーベルハルト中尉は、これを見て直ちに本国政府に状況を伝え、残った三機はドイツ・オーストリア人パイロットが操縦してスペイン上空の戦闘に参加することにつき、承認を得た。ここに急ごしらえの戦闘機隊が発足した。保有機三機、パイロット五名の「エーベルハルト戦闘機中隊」である。

エーベルハルト戦闘機中隊は、ドイツからフランコ将軍支援のためスペインへ送り込まれた、あの有名なコンドル軍団の最初の戦闘機隊となった。用事がすんで故国へ帰れるはずであった五名のパイロットは、このような顛末でスペイン上空の空中戦に投入されたのである。

一九三六年八月十三日、トラウトロフトたちは出撃しフランス製戦闘機ポテの編隊と遭遇した。混戦の中で一機に火を吹かせたトラウトロフトは、それが墜落する様子を全く見せないので再度攻撃を加えた。

今度は炎が大きくなり、ポテのパイロットは脱出し落下傘降下した。

撃墜一機。同僚や隊長も見ているであろう。「確認」戦果だと喜んで、落ちていくポテ戦闘機と落下傘を見ていたところ、いきなりバ、バ、バ、ボテ、ボテ、ボテと被弾した。トラウトロフトは射弾を回避しようと操縦桿もラダーペダルも操作したが、どこをどうやられたのか舵がきかず、操縦不能。このまま操縦席に座っていて弾丸を喰って死ぬよりは、落下傘降下を試みて生きるチャンスを掴むほうが良いと考え、脱出した。

落下傘は開き、トラウトロフトはゆるゆると地面へ向かう。トラウトロフトを撃墜したのは、あのポテ戦闘機の応援に駆けつけたフランス製のドヴォアチン戦闘機であった。トラウトロフトは開襟シャツにショートパンツ。靴はテニスシューズ、といういでたち。れっきとしたハインケルHe51型戦闘機に乗りポテ戦闘機をみごと撃墜した空中戦士が、こういうカジュアルな服装であるとは、ドヴォアチンのパイロットが夢にも思いつかないことであったにちがいない。

農家の納屋のそばに着地して夜になるまで納屋のかげに隠れていたトラウトロフトは、闇にまぎれて味方陣地の方角へ向かって歩きはじめた。オリーブ園を通って行く。

と、いきなりスペイン人の小部隊に捕まえられてしまった。が、幸運なことに、それは反乱軍、つまりフランコ将軍側の部隊だったので、その小部隊に案内されてトラウトロフトは無事エーベルハルト戦闘機中隊に帰ることができた。

中隊長にポテを一機撃墜した直後、自分も撃墜され落下傘降下したことを報告すると、「君はコンドル軍団最初の戦闘機部隊のパイロットのうち、敵機に最初に撃墜されたわけだ」と言われ、被撃墜第一号となった「栄誉」などという冗談に対し笑って言い返しもしたが、心は復讐の念で燃え上がっていた。

戦闘機二機、パイロット五名の戦闘機中隊となったので、出撃は順番待ち。この日は誰と誰、つぎの日は誰と誰という具合に割り当てられて、出番のない日は実質的に休みである。実質的休日には外出し、遊びに行ってもよい。中隊長に一言ことわっておけば、あとは自由。逆に当番となった日は、作戦、戦闘の状況によって命令一下、直ちに出撃である。

整備員たちは、たった二機になったハインケルHe51型機をしっかり整備してくれる。稼動率はよい。激しい戦いの続くときは、一日のうちに三回も四回も出撃することはザラで、日によっては五回出撃したこともある。

このような戦いで四機撃墜の戦果を確認されたトラウトロフトは、多数の優れたパイロットが連携をとり効率のよい戦いができるように戦闘機部隊をつくっていくことの大切さに目を向けはじめていた。

自分の現在経験している一日に四回も五回も出撃するような状態は、戦争とはこんなものと軽く受けとめていて、戦闘機に乗って飛んでいるとき以外は帰国後の後進指導をどのようにしたら短期間によい戦闘機パイロットを育成することができるか、彼らがうまくチームワークをとれるようにするには、どのようにしたらよいのか、戦闘機部隊の活動を邪魔する事柄にはどのようなものがあり、それらを取り除くには……と考えをめぐらしていた。

いきおいメルダースやガーランドとの撃墜競争には関心が薄れて行ったが、戦闘機部隊の指揮と運用については注意深く目を配り、スペインで実戦から得られる教訓を胸に刻み込むようになっていたのである。

帰国後、部下から慕われる立派な指揮官となり、指揮をまかされた戦闘機連隊を、東部戦線に配置された連隊の中で最高の戦果をあげる連隊につくり上げる一方、上級司令部、上級指揮官に対しては歯に衣着せぬ物言いをして、恐れられ、嫌われるようになった素地は、スペイン内戦参加中につちかわれたものであろう。

ハンネス・トラウトロフトは一九一二年三月三日、チューリンゲンのグロッソブリンゲンに生まれた。グロッソブリンゲンはオーストリアの西の端あたり。ドイツ国境にもスイス国境にも近い。ここで育ったトラウトロフトはハイスクールを卒業して専門学校に入り、これを卒業するとオーストリア陸軍に入った。

一九三五年になって空軍が新設されると空軍に転属になって、明くる年の一九三六年、スペインのフランコ軍を支援するための戦闘機を空輸するメンバーに選ばれた。事の成り行きで空中戦に参加して約十ヵ月、腕も磨き心に多くの教訓を刻み込んで帰国した。

帰国した一九三七年、スイスのチューリッヒで行なわれた第四回国際航空競技大会に出場する。アルプス周回飛行の編隊飛行スピード競技の部のメンバーに入れられ、メッサーシュミットBf109型機三機の編隊長をつとめたトラウトロフトは、めでたく優勝。そして第七十七戦闘機連隊の第二中隊長に任命されると同時に、大尉に昇進させられた。

まもなくオーストリアはドイツに併合され、空軍部隊も当然、ドイツ空軍所属となった。

これは一九三八年三月のことである。

翌一九三九年の九月十九日、トラウトロフトはドイツ空軍にもとからあった第五十一戦闘機連隊へ転勤させられ、その第三大隊長に任命された。この時の連隊長はテオ・オステルカンプという第一次世界大戦で海軍戦闘機隊に所属して戦った古強者で、戦功によりプール・ル・メリットという最高の勲章を授けられている。

後にヴェルネル・メルダースが率いて有名になるこの連隊は、トラウトロフトが着任したとき、まだ創設途上の状態にあり、一応の形を整えて正式に発足となったのは、その十一月である。

大隊長として抜きん出た能力を示したトラウトロフトは、ゲーリングの連隊長級を中心とした指揮官若返り政策により一時、この連隊の連隊長に任命されていたが、明くる一九四〇年八月二十五日に、新編されたばかりの第五十四戦闘機連隊長に任命され、同時に少佐に昇進させられた。

第五十四戦闘機連隊の連隊長となったトラウトロフト少佐は、連隊の百機を超える戦闘機に緑色の大きなハートを描かせ、それを連隊のマークにした。

彼はスペイン内戦に参加したころから、ドイツ・オーストリアの緑あふれる心臓部と言われるチューリンゲンの森を思い、故郷チューリンゲンの緑を胸に抱く意味を込めて、自分の愛機には緑色のハートを個人のマークとして描くことを心に決めていたのだそうである。

スペインから帰国すると早速《さっそく》これを実行していたが、大部隊の指揮官に昇進したこのとき、緑のハートを連隊のシンボルマークと決定したのであった。これが、緑色のハート、グリュンヘルツの由来である。

新編の第五十四戦闘機連隊は、連隊長がオーストリア出身であるばかりでなく、大多数のパイロット、大多数の整備はじめ地上勤務者がオーストリア出身、あるいはオーストリアに緑の深い人たちであった。

大隊の編成されたのもオーストリアの地であった。そして大隊の大多数の者が生まれ育った地の印を、これまた大隊の識別マークにしている。

たとえば、この連隊の第一大隊はニュルンベルク市とその近辺の出身者が非常に多いので、ニュルンベルク市の許可を得てニュルンベルク市章を大隊マークとして使用させてもらっている。

ゲルマン人の楯の形の中心線から向かって右側半分に右さがりの太い赤と白のストライプがあり、左半分に黄色の地に黒い鷲の左半身が描かれた、ニュルンベルク市のマークが第一大隊のメッサーシュミットBf109の機首側面のコックピット寄りに描かれた。

連隊のシンボルであるグリュンヘルツは、その後ろ、操縦席のあたりに一まわり大きく描かれており、この二つのマークを見れば、これが第五十四戦闘機連隊、第一大隊の飛行機だとわかる、ということになる。

さらにグリュンヘルツと、さらに後ろに描かれた黒十字(バルケンクロイツ)との間に書かれた数字でもって、これは誰の乗る機体か判別できる。ある時期の白8はヴァルテル・ノヴォトニーの乗る機体、白9はカール・シュネラーが乗る機体という具合である。

こうして第五十四戦闘機連隊、グリュンヘルツ、ハンネス・トラウトロフトの三つが航空戦史に不滅の名声を刻んでいくことになった。

5 ドイツ空軍戦闘機連隊

第一次世界大戦で連合国に敗れたドイツは、ヴェルサイユ条約により莫大な額の賠償金を課せられ、軍備についても厳しい枠をはめられるなど、再起防止体制のなかに置かれた。空軍を持つこと、動力を用いて飛ぶ飛行機をつくることなどは禁止された。

しかし一九三三年にナティオナルソチアリスティッシェ・ドイチェ・アルバイターパルタイ（日本語に訳せば国家社会主義ドイツ労働党）いわゆるナチスが政権をとり、ヒトラーが独裁政治を断行して国内を再編成し、ヴェルサイユ体制の破棄をめざして再軍備を開始すると、やがて空軍が再建された。ヒトラー独裁の「ドイツ第三帝国」が力強く立ち上がり、歩みはじめたのである。

第三帝国、ナチス政権のことをよく言う人は滅多《めった》にいない。むしろ悪虐非道な政権であったとする考え方と言い方をするのが絶対多数であるが、しかし、この頃のドイツ国民は、それまでの歴史に見られないほど明るく希望にみちて活気のある状態であった。ヒトラーと、彼の率いるナチスがドイツ国民に夢と希望を与え、導いた結果である。

空軍が再建され航空工業が活動を開始したとき、戦闘機連隊は十二個つくられた。戦闘機連隊のほかには爆撃機連隊や駆逐機連隊、スツーカ連隊などがつくられた。

新しい空軍が発足したのは一九三六年二月二十六日とされているが、それより前に少数の戦闘機隊は編成されていて、その最初のものは一九三四年四月一日創設の第一三二戦闘機連隊である。連隊につけられた三桁の数字は、装備機種、部隊の規模およびその所在地を示すように決められていた。

初期の戦闘機連隊は、呼び名こそ連隊であったが中味は複数の中隊をまとめたもので、のちの大隊の規模と同等もしくは少し毛の生えたようなものであった。そして、それぞれの中隊はドイツまたはオーストリアの特定地域で人材を集め、編成された。これらが第二次世界大戦の前に整理統合されるとともに、より大きな規模に改められたのである。

十二個の戦闘機連隊は、それぞれが三個大隊からなる部隊である。のちに勇名を馳せる第五十四戦闘機連隊は、三個大隊を揃えるのが十二個連隊のなかで一番遅かった。やがて三桁の数字は、一桁か二桁の数字に改められて第二次世界大戦を迎えたのであったが、その連隊十二個はつぎのとおりであった。

第一戦闘機連隊。エサウ連隊とかエサウ部隊とかの愛称で呼ばれた部隊で、この連隊出身の、大戦初期に活躍した撃墜王ヴァルテル・エサウの名が連隊の愛称のもとである。

第二戦闘機連隊。この部隊の愛称はリヒトホーフェン連隊である。第一次世界大戦の撃墜王リヒトホーフェンの名をとっている。まだ、どの程度の活躍をするかわからない時期の命名であり、レッドバロンに敬意を表す意味で新生空軍は、第一でなく第二連隊にリヒトホーフェンの名を持ってきたのであろう。

第三戦闘機連隊。愛称はウデット連隊で、ウデットはリヒトホーフェン男爵につぐドイツ軍第二位の撃墜王エルンスト・ウデットの名をとったものである。

第五戦闘機連隊。この部隊は北方の戦場に配置されて戦った。そのため氷海のイメージからアイスメールという愛称がついた。

第十一戦闘機連隊。この部隊には愛称がない。

第二十六戦闘機連隊。第三帝国の建設に力を尽くした若者で、ナチスが政権をとる前の暴動の中で殺された「愛国者」の名前シュラーゲターを、愛称とした。

第二十七戦闘機連隊。この部隊には愛称がないが、アフリカの星ハンス・ヨアヒム・マルセイユがいた部隊である。

撃墜王エリッヒ・ハルトマン

第五十一戦闘機連隊。大戦初期の撃墜王ヴェルネル・メルダースの名を、この人が事故死した後にとって、メルダース連隊という愛称がついた。

第五十二戦闘機連隊。この部隊に愛称はついていないが、第二次世界大戦の撃墜王トップの三人は、この部隊の人である。首位エリッヒ・

ハルトマン。二位ゲルハルト・バルクホルン。三位ギュンター・ラル。

第五十三戦闘機連隊。機首側面に黒いスペードの印を描き、部隊のマークにしていたことから、ピクアスという愛称がついた。ピクアスとは、スペードのエースのことである。

第五十四戦闘機連隊。愛称グリュンヘルツ。愛称の由来はすでに述べたとおりである。この部隊からは撃墜王の第四位と五位が出ている。第四位はオットー・キッテル。第五位が本書の主人公ヴァルテル・ノヴォトニー。

第七十七戦闘機連隊。愛称はヘルツアスで、戦闘機の機首側面に赤いハートを描いて部隊のマークにしたことから、こう呼ばれた。ヘルツアスとはハートのエースのことである。

前に述べたように、スペイン内戦に介入したときのドイツ空軍戦闘機は複葉固定脚のハインケルHe51型機から全金属製、低翼単葉、引込脚のメッサーシュミットBf109型機に入れ替わりつつあった。この機種の呼び名がメッサーシュミットMe109ではなくBf109なのは、ドイツ南東部バイエルンの飛行機会社バイエリッシェ・フルグツォイグの頭文字をとっているからである。なお、この頃メッサーシュミット教授はバイエリッシェ・フルグツォイグの主任設計技師であった。後にメッサーシュミット教授がこの会社を経営するようになったが、これ以後、この会社の製造する飛行機はメッサーシュミットMeの名が冠せられるようになった。

ともあれ、一九三八年三月にドイツがオーストリアを併合し、その一年後、一九三九年三月スペイン内戦が終結して、イベリア半島へ出動していたドイツの空軍部隊は本国へ引き上げた。この時のドイツ空軍戦闘機連隊十二個のうち六個連隊だけがメッサーシュミットBf109B型機装備で、残りの六個連隊はアラドAr68型という、ハインケルHe51型機よりわずかに性能の向上した複葉、固定脚、開放式操縦席の戦闘機を使用していた。

ただし、その中の第一三六戦闘機連隊の第一大隊だけは、まだハインケルHe51C2型機装備であった。

これら複葉機の部隊も逐次メッサーシュミットBf109に機種更新されていったが、十二個つくられた戦闘機連隊のなかで編成が遅れ、部隊としての機能を発揮できるようになるのが一番最後となったのが、前述のように第五十四戦闘機連隊であった。

第五十四戦闘機連隊はそのルーツをオーストリアに持っていることは前に述べたとおりであるが、この連隊を構成する各大隊の概要は次のとおりである。

▽第一大隊

ニュルンベルグ近郊のヘルツォゲナウラッハにおいて一九三九年七月、ニュルンベルグ地域出身のパイロットや整備員、事務職員たちでもって編成された旧第七十戦闘機連隊第一大隊がその始まりである。

このことにより、ニュルンベルグ市の市章をこの大隊のマークにしたことは前述のとおりである。この大隊は一九三九年九月十五日、正式に第五十四戦闘機連隊の第一大隊となった。

▽第二大隊

この部隊の前身は旧オーストリア空軍の戦闘機隊で、ウイーン・アスペン戦闘機隊である。

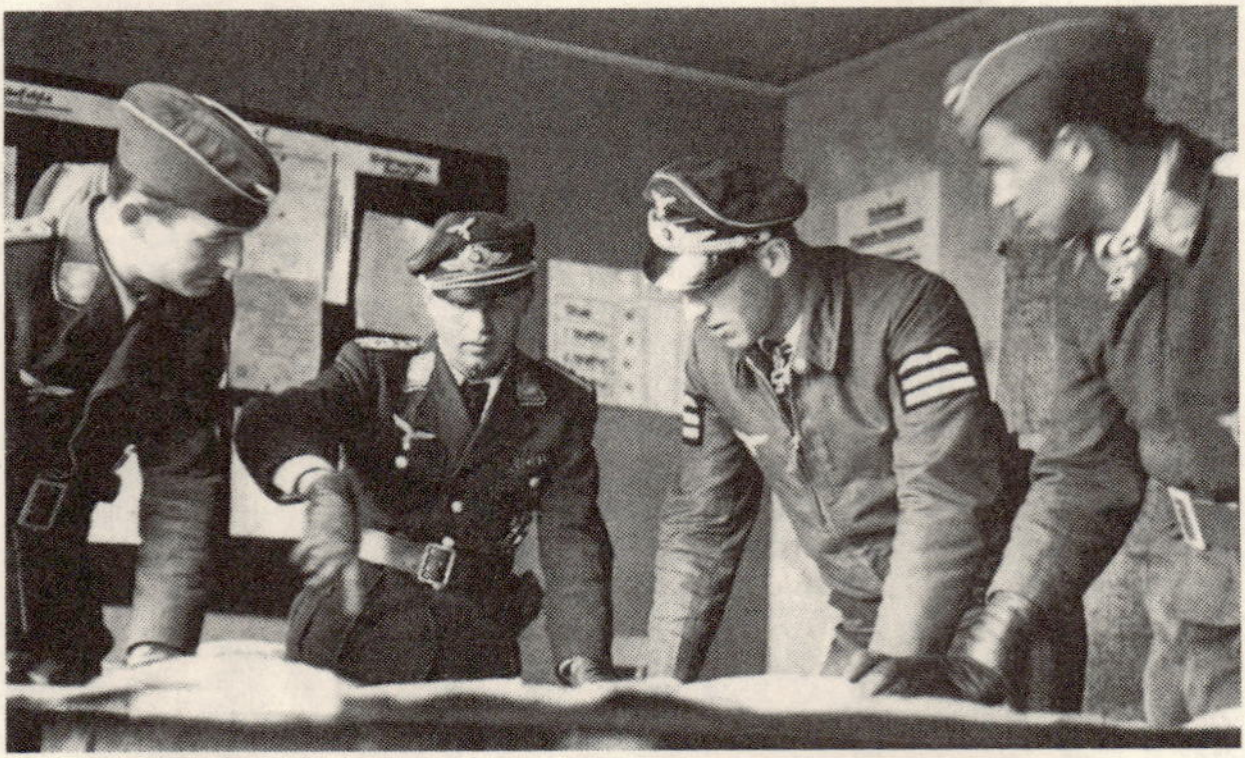
左より第３大隊ザイラー大尉、第２大隊フラバク大尉、トラウトロフト連隊長、第１大隊フィリップ大尉の面々

これが一九三八年七月一日に第一三八戦闘機連隊の第一大隊となり、前に述べた十二個戦闘機連隊がつくられていく際に解散となり消滅した第七十六戦闘機連隊の第一大隊にされた後、第五十四戦闘機連隊の第二大隊となった。

このため、大隊のマークはウイーン・アスペン戦闘機隊からの伝統を示す、アスペンの紋章で、下がとがった五角形の楯の、下の三角形部分が赤地に太い白十字。上の四角い部分が黄色の背景に赤い口をあけて吠えている黒いライオンという図柄である。

この大隊の撃墜王はマックス・シュトッツ、ハンス・バイスヴェンガー、ハンス・アッシ・ハーン等で、それぞれ百機を超える確認個人撃墜戦果を記録した。

なお初代の第二大隊長は、オーストリアの部隊であったころから副官をつとめたり中隊長をつとめたりしてきたディートリッヒ・フラバクで、大隊長就任のときの階級は大尉である。

後にスターリングラード正面にあった第五十二戦闘機連隊の連隊長に栄転し、トップクラスの撃墜王たち、すなわちエリッヒ・ハルトマン、ゲルハルト・バルクホルン、ギュンター・ラル、ヴィルヘルム・バッツらを育て、かつ戦ったのちに、最後の第五十四戦闘機連隊連隊長として終戦から終戦後まで、立派に部隊を統率し、本国への撤退行動においてもみごとな働きをした切れ者であった。

ただ、服装がだらしなく、薄汚いのが玉に傷という人物。このフラバク自身も、百機を超える確認撃墜戦果をもつ撃墜王である。

▽第三大隊

前身は旧第二十一戦闘機連隊の第一大隊であるが、この第二十一戦闘機連隊の解散消滅にともない、第五十四戦闘機連隊の第三大隊になった。この大隊は、すぐれた軍人を数多く生んだ東プロシァにルーツを持つ。

この大隊は東プロシァのエサウ飛行場とグーテンフェルド飛行場で編成された。そして地上勤務者の大部分が東プロシァで生まれ育った人たちであったので、そこのエサウ十字を中心に置いた楯の形を大隊のマークにした。

楯は赤の地に白縁付の黒い十字（エサウ十字）を中央に太く鮮やかに描いた上に、メッサーシュミットBf109F型機の平面形によく似た白い飛行機を三機編隊の形に配したデザインになっている。飛行機は獲物に急降下で跳びかかる意味合いがあるのか、機首が下を向いている。

アフリカの星マルセイユ大尉がいた北アフリカの第二十七戦闘機連隊のマークがこれに似ているが、この連隊本部のマークは白地に黒十字で、その上に黄色い飛行機が三機編隊の形で上向き、急上昇の姿で描かれている。楯は縁どりが黒である。そして、その第三大隊のマークは、同じく白地に黒十字だが黄色い飛行機の三機編隊が下向き、急降下の姿に描かれていて、楯の縁どりが黄色である。

なお、第五十四戦闘機連隊は第二次大戦が起こり対フランス戦が終わる頃まで、ドイツ空軍の公式文書には第二十一戦闘機連隊と記載されている。その理由は、よくわからない。第二次世界大戦の開戦のとき、第五十四戦闘機連隊は第一大隊をニュルンベルグ近郊ヘルツォゲナウラッハに残して警戒待機任務にあて、第二大隊（まだ第七十六戦闘機連隊第一大隊という正式名称のままであった）と第三大隊（これもまだ第二十一戦闘機連隊第一大隊が正式の呼び名とされたままになっていた）をもってポーランドへ侵攻した。

この時の第二大隊長は前に述べたようにディートリッヒ・フラバク大尉であった。フラバク大尉は開戦当初のポーランド上空で、ポーランド空軍機に撃墜されたが生還した。この人は第二次世界大戦において撃墜されたドイツ空軍戦闘機パイロット、第一号である。

しかし終戦時には空軍大佐となっており、対ソ連戦で最高の戦果をあげた第五十四戦闘機連隊を率いて戦い、個人の確認撃墜機数は一二五機、勲章はドイツ軍に制定されたうちの上から三番目にあたる柏葉付騎士鉄十字章を授与された名指揮官、名戦闘機パイロットであった。

第五十四戦闘機連隊は、ジッツクリーグ、英語でフォニーウォーと呼ばれる、ダラダラと時が過ぎ目立つ戦闘のない「まやかしの戦争」の時期の後、対フランス作戦に従事して、フランスが降伏すると英仏海峡方面へ進出した。

英米人が「バトル・オブ・ブリテン」と呼び、きわめて重要な戦いと考えるのとは対照的に、ドイツにとってここでの戦いは、ヨーロッパを席捲するための大戦争のなかの単なる一局面でしかなかった。対英作戦に従事し、しぶとい英空軍相手に戦った第五十四戦闘機連隊はじめ第二十六戦闘機連隊など各連隊は、高い代価を払わされつつ戦いの経験を積んだのがこの頃であった。

独ソ不可侵条約があるため背後に憂いのないドイツは、英仏海峡の戦い「カナルカンプ」当時、まだ少しの余裕があって、消耗すると大隊もしくは連隊ごとオランダの航空基地へ後退させて資器材、戦闘機および人員を補充し、これらの補充が終わるまでは休養させるというやり方をしていた。

ドイツ空軍の航空機搭乗員は、カナルカンプで海の上空での戦いを学び、それを地中海や北海、バルト海などでまた思い出すことになるのである。

第五十四戦闘機連隊はその後の短期間、バルカン半島の反ドイツ勢力を制圧する作戦に投入された後、対ソ連戦「バルバロッサ作戦」に差し向けられるが、バルカン半島でユーゴスラヴィア空軍の部隊と戦ったとき、一部のパイロットがドイツ製メッサーシュミットMe109E型機を撃墜するという経験をした。

自分の乗機と同型の戦闘機を撃墜するのは、どのような気分なのか。複雑な気持であろうが、空中戦の腕前は自分のほうが上だという満足感はあったはず。これは自信につながる。なお、ユーゴスラヴィア軍では、理由は不明ながらメッサーシュミットBf109Eを、BfではなくMeということに決めていたのだそうで、第五十四戦闘機連隊のパイロットが撃墜したのは前記のとおりMe109E型機ということになっている。

このようなことがあった後、連隊はドイツ本国北東部のバルト海寄りの地である東プロシァに移動した。東プロシァとはグダニスク湾の東岸の、カリーニングラード（昔はケーニヒスベルグと呼ばれていた）の町を中心とする地域である。

第五十四戦闘機連隊は、ここに所在する間に使用する戦闘機をメッサーシュミットBf109E型からF型に更新していった。用済みとなったE型は廃棄処分されたわけではない。バルカン半島の戦いにつづき、予定されていたのがギリシァ、クレタ島方面の作戦で、これに投入する予定であった第七十七（ヘルツアス）戦闘機連隊の戦力回復、戦闘機補充のために移送されて行った。

バルバロッサ作戦発動にあたって第五十四戦闘機連隊は、東プロシァからレニングラードへと進撃する北部軍集団を空から掩護することになった。

ヴァルテルは、このような状況の中にいて七月十九日の初撃墜をしたのである。不時着水して三日三晩、百キロメートル余を素手でバルト海の水を掻きつづけて生還したが、三機撃墜したうちの二機だけが公認された。目撃証言が得られたからである。

しかし苦戦の一騎討ちをして撃墜した、あの機首を白く塗ったイ153型機については目撃証言が得られず、海に突入した戦闘機の残骸を確認することもできないため、公認されなかった。初戦果は、確認撃墜戦果二、未確認戦果一と記録されたのであった。

帰隊して一週間目の八月一日、久しぶりに出撃できたが、敵に出会わず空振りに終わった。つづく数日は退屈な警戒待機と、少しばかり気の晴れる訓練飛行で過ぎていった。

そこへ父から、長兄ルドルフが結婚することになったという知らせが来た。式は今月末の予定なので、できれば帰省してくれとのこと。中隊長エッゲルス中尉に話すと、休暇はもらえるだろうから、申請しろと言われ、申請したところトラウトロフト連隊長の許可がおりた。

第四章　ロシアという所

1　帰省途中に自動車事故

基地からオーストリアへ。直距離にすれば七百キロほどで、飛行機なら一飛びである。しかし、戦時下であり、将校ではあっても下っ端のヴァルテルが、公務ではなく休暇で帰省するのだから、連隊の飛行機で一気にウイーン・シュヴェハト飛行場へというわけにはいかない。

ヴァルテルの自動車好き運転好きが、ムクムクと頭を持ち上げ、心を衝き動かす。いろいろと手を尽くして乗用車を借り、一路ウイーンへ向けて南下して行く。道路はだいたい舗装されていて、細い曲がりくねった田舎の砂利道を走るのに比べれば、何ということはない。上機嫌でハンドルを握る。

ヴァルテルはクルマ好き、運転好き。隊員たちを乗せて、走りまわった

北緯五十五度から五十度あたりの八月である。早朝に出発とは言え、早い時刻でもずいぶん明るい。すっとばして途中の休憩や燃料補給を勘定に入れても十時間ちょっとか。十二時間から十三時間と見ておけば十分で、明るいうちにウイーンに着ける。

そういう計算である。

気分よく車を走らせているうちに、何だか空が暗くなってきた。やがて雨になった。ワイパーを作動させる。腕前に自信過剰なヴァルテルは、スピードを落とそうなどとは思わない。借り物の自動車。タイヤは磨り減っていないか？　そんなことも確かめずに乗って走っている。持ち主が乗って走っていたのだから大丈夫だろう。大丈夫なはず。

もうじきウイーンだという所まで来た。嬉しそうな両親の顔、そして兄の顔を思い浮かべる。カーブにさしかかる。ハンドルを切る。アレ、レ、レ、レ。車は滑って進行方向に対し横向きになる。車の頭が右を向いて、左へ滑走してどうしようもなく道路からとび出し、木立ちに突入して横転。グァン、という衝撃を受け気を失った。

結果は、たまたま近くにあった陸軍病院に入院。左前腕部の骨を一本骨折。骨折といっても尺骨に大きくひびが入ったぐらいで済んだ。左肩を強打し、しかも捻《ひね》ったらしく、ひどく痛む。脛《すね》と腰に打撲、という怪我であった。

日数に余裕をもった休暇にしていたので、長兄ルドルフの結婚式前には歩行に支障がなくなり、八月三十一日、結婚式当日にはギブスで保護した左腕を三角巾で首へ吊り、空軍将校の制服には右手を通し、左袖には手を通しようがないので左肩に制服をひっかけるという姿で式に出た。

式がすむと、まっすぐ病院にもどり、また治療の日々に。そしてまもなくギブスがとれた。ヴァルテルは強引に退院し、ちょっと両親のところへ立ち寄ってから陸路デュナブルグへ向かった。

部隊に帰っても、しばらくは左手があまりよく動かないので、飛行機には乗れない。地上勤務が割り当てられ、ていよく雑用係をさせられて何日かが過ぎた。

ヴァルテルに与えられたあの、緑色のハートの印の中に小さく白で13と書いた白8番のメッサーシュミットBf109Fは、ときどき飛行中隊のだれかが乗って出撃したが、無事に帰ってきた。

2 ドイツ軍破竹の快進撃

バルバロッサ作戦の開始前日までに、第五十四戦闘機連隊は次のように配置され、行動開始の命令を待った。

第一大隊はリンデンタール基地に。第二大隊は連隊本部とともにトラケーネンに。第三大隊はブルメンフェルドに。そして第五十四戦闘機連隊を増強するため第五十三戦闘機連隊の第二大隊がトラウトロフト少佐の指揮下に入れられて、この大隊はゲルリンデンに配置された。これら、リトアニアに面した東プロシァの各基地の線の左翼後方に、ヴァルテルの所属する飛行教導隊がいた。

ケラー中将指揮下の第一航空軍隷下の第一航空集団が、レニングラード攻略の任務を与えられた陸軍北部軍集団に協力する。ヴァルテルたちの第五十四戦闘機連隊は、その第一航空集団に属している。

六月二十二日(一九四一年)、バルバロッサ作戦が発動となり、陸軍と空軍は破竹の勢いで進撃した。自信に満ちたヒトラー総統は、六ないし八週間で対ソ連作戦(バルバロッサ作戦)に勝利をおさめると豪語していたが、まさに、そのとおりと思われる快進撃が続く。

だいたい予定どおり八月にはレニングラードからわずか五十キロほどの所まで前進した。南寄りの戦線もスターリングラードにほど近い所まで前進し、モスクワにも手が届きそうである。

ソ連空軍はバルバロッサ作戦開始のその日に、多数の航空機が地上で破壊され、要撃に舞い上がった戦闘機もつぎつぎと撃墜されて大損害をこうむった。ソ連の戦闘機にはメッサーシュミットBf109や日本の零戦のような光学式照準器がついておらず、旧式の照準器が取り付けられていた。中には照準器がついていなくて風防ガラスに丸に十の字を描いてある戦闘機もかなりあった。

そのうえ、ソ連空軍戦闘機の空中戦のやり方も未熟であったから、第五十四戦闘機連隊のパイロットも、この連隊の南側をスターリングラードに向けて進んだ第五十一戦闘機連隊や第五十二戦闘機連隊等のパイロットも、ソ連空軍戦闘機の射つ弾丸は当たらない、空中戦はとても下手くそだ、ということを体験した。

この一ヵ月半ほどの戦いで、ドイツ空軍の戦闘機パイロットたちは、ソ連の戦闘機がどれほど多数攻撃してこようと恐くないという、確信とも言えそうな自信を得たのであったが、この心理的優勢は戦死者が出て欠員が生じた隊に送り込まれてくる新人たちにも伝染し、終戦（敗戦）の日まで消えることはなかった。

終戦に近くなると十対一どころか二十対一か、もっと厳しい劣勢での遭遇戦があたり前のような戦況になっていったが、ドイツ戦闘機パイロットは、ひるむことなく自信満々で立ち向かった。

ソ連側の状態を見ると、航空戦力についてはまず数的優勢を追求し、次いで質の向上に努めたように見える。ソ連の指導者スターリンは戦前から「十万機空軍」「十万人空軍」を建設すると言って、この計画に取り組んでいた。

ウラル山脈あたりの、ドイツ軍の手の届かないところで軍用機を大量生産し、パイロットを養成して、ソ連空軍は緒戦の大損失からすぐに立ち直った。多数の戦闘機を生産し、米国と英国からはレンドリース（貸与）の戦闘機をも入手した。

質の面から見れば、開戦当時に使われていたイ16ラタ（ネズミという意味）やイ153チャイカからミグ3型戦闘機へ、ヤク戦闘機へ、そしてラヴォーチキン戦闘機へと更新されて行き、そのつど性能が向上した。

生産機数は一九四一年から四二年にかけて生産されたミグ3型が三千三百機、ヤク9b型は一九四二年の一年間だけでも六千三百機が、ヤク9D型は大戦間に一万六千三百機が生産されており、ラヴォーチキン戦闘機は5FN型が一万機、7型が一九四四年末までの生産機数しか資料が得られなかったが五千七百機生産されている。これらに加えレンドリースの軍用機一万四千七百機のうち戦闘機が九千四百機であった。

ドイツ空軍主力戦闘機は大戦中にメッサーシュミットBf109が合計三万五百機、フォッケウルフFw190が合計約二万機（戦闘爆撃機タイプのもの六千六百余機を含む）生産され、この合計五万と五百機ほどを対ポーランド戦、対フランス戦、対英戦、バルカン半島の作戦などで消耗した残りをアフリカ戦線、クレタ島作戦、ギリシァの戦場、そしてドイツ本国防空に割り当てながらバルバロッサ作戦も、という事態なので、対ソ連の戦いに差し向けることのできた戦闘機の数は、たかが知れている。

これに対しソ連はミグ、ヤク、ラヴォーチキン、それにレンドリースの戦闘機を合計しただけでも五万一千四百機におよぶ戦闘機をドイツ軍の言う「東部戦線」に使ったのである。

ソ連空軍の戦闘機パイロットたちは最初のうち苦杯をなめていたが、ドイツ空軍の戦闘機隊と渡り合ううちに腕を上げていった。

いきなり終戦時のことに話を移してしまって恐縮だが、戦争が終わってみると、連合軍側の撃墜王の上位をソ連空軍のパイロットが占めていることがわかった。

米軍の首位は四十一機撃墜のリチャード・ボング。

英空軍の首位は五十二機撃墜のマルマデューク・トーマス・セント・ジョン・パトル少佐。二番手が三十四機撃墜のジェームス・エドガー・ジョンソン中佐。

カナダ出身のトップは三十一機撃墜のジョージ・バーリング大尉。フランス出身撃墜王のピエール・クロステルマン著「フュー・ド・シェル」（大空の炎）を横塚光雄氏が翻訳して「空戦」という題で出版されていた本の中に、ジョージ・ベアーリングと表記されていたのがこの人で、ベアーリングではなくバーリングである。

フランス出身の撃墜王は「フュー・ド・シェル」「ル・グラン・シルク」等の著者ピエール・クロステルマンで三十三機撃墜とされていたが、研究家ノーマン・フランクス氏らが調査の結果十一機撃墜と結論づけて二〇〇六年に書籍（参考引用文献三八一頁参照）のかたちで発表された中に掲載されている。

フランス人のトップは二十三機撃墜のマルセル・アルベール大尉で、この人はソ連空軍に属して戦ったノルマンディ・ニエメン部隊にいてソ連のヤク戦闘機を駆り、この戦果の大部分をあげたのである。

オーストラリア出身の撃墜王は「殺し屋」とあだ名されたクライヴ・ロバートソン・コルドウエル中佐で、二十六機プラスアルファというスコアでトップに立っている。

これらに対し、ソ連空軍撃墜王は一位が六十二機撃墜のイワン・コジェドゥフ、二位が五十九機撃墜のアレクサンドル・ポクルイシュキンで、連合軍戦闘機パイロットの最上位に位置している。

3　レニングラード正面に

ヴァルテルの所属する教導飛行隊には隊長、隊本部と第一中隊と第二中隊があった。第一中隊は作戦に参加する中隊で、中隊長はエッゲルス中尉、次席指揮官がフィンク中尉。第二中隊は新しく着任したパイロットの導入教育をする中隊で、中隊長はヘールマン中尉である。

教導飛行隊は東プロシァのノイクレーンでバルバロッサ作戦の発動を迎えた。この時、教導飛行隊が教育中であった訓練生は第一中隊に入っていて作戦に連れていけるレベルの者と、第二中隊に入っていて戦闘の役に立たないレベルの者と併せて七十二名であった。

作戦の初日、第一中隊は教導飛行隊長に率いられてエーゼル島上空へ出撃したのであった。

そして七月も下旬に近くなって、ヴァルテルの初撃墜、不時着水。そして八月になり九月になろうとしている。

快進撃をする陸軍とともに空軍部隊も前進。リトアニア、ラトヴィア、エストニアと飛行基地を推進し、レニングラードに程近いジーヴェルスカヤやクラスノヴァルデイスクの上空にも翼をのばすようになり、これらソ連空軍の主要な基地であった場所は八月のうちに第五十四戦闘機連隊の使用する基地になった。

ヴァルテルたちの教導飛行隊は第一大隊とともにクラスノヴァルデイスクに陣取る。ジーヴェルスカヤには連隊本部と第三大隊が、少し南のリエルビジには第二大隊がそれぞれ居を占めた。

この頃、ドイツ軍が占領して間もないエーゼル島の上空で教導飛行隊の第一中隊がソ連空軍の戦闘機と遭遇戦を演じ、あの原始ゲルマン人ことヘンケマイヤー少尉が撃墜された。

ヘンケマイヤー少尉

少尉は脱出し落下傘降下しているところを銃撃されて死亡。ドイツ空軍の戦闘機パイロットならば、抵抗するすべを失って落下傘降下している敵のパイロットを銃撃することはない。それが騎士道というものだ。

大空の戦いを騎士道精神をもって戦う。これを連合軍は合理性を欠いた古い考え方だというかもしれないが、ドイツ空軍戦闘機パイロットは、古風だと言われても誇り高き騎士なのである。

ヘンケマイヤー少尉は、彼の乗機の残骸の、被弾してボロボロになった尾翼をふくむ後部胴体後端が落ちていた場所に葬られた。墓標は白木の十字架で、その横木の部分に「少尉、ハンス・レオポルド・ヘンケマイヤー」と黒い大きな文字が、はっきりと書かれた。淋しく荒涼とした雑木林の中。ここ、エーゼル島の片隅が彼の永眠の地となった。

ヴァルテルにとって戦闘機のエキスパートなど、夢のまた夢である。ドイツ空軍には戦闘機のエースなどという言葉はない。連合軍ジャーナリストの言うエースたちのことを、エクスペルテン（エクスペルテンは複数形。単数形はエクスペルト）と呼んでいた。

この頃、第五十四戦闘機連隊のパイロットたち皆が驚いたのだが、少し南寄りで戦っている第五十一戦闘機連隊の連隊長ヴェルネル・メルダース中佐が彼個人の一〇一機目を撃墜し、百機という線を超えた世界最初の撃墜王になったというニュースが伝わってきた。聞けば、それはヴァルテルがイ153型機を三機撃墜したあの日の三日前のことだったという。

第五十四戦闘機連隊一番のエキスパートは、第二大隊の筆頭中隊である第四中隊の中隊長ハンス・フィリップ中尉。ポーランド侵攻のときから空の戦場を往来している歴戦のパイロットで、中隊長になって一年になる。撃墜機数は六十機に近い。

当面ヴァルテルが見習うべきなのは、この人である。

別に、将来エキスパートになりそうな人が第三大隊の第七中隊にいる。連隊に着任し第七中隊の一員になってすぐに初撃墜を記録し、めきめき腕をあげてきたと言われるマックス・ヘルムート・オステルマン少尉である。この人は何と、メッサーシュミットBf109型機に乗っているのに、旋回戦闘の名手だという。撃墜機数は二十機を超えたところである。

ハンス・フィリップ中尉に似た旋回戦闘の名手になったこの人は、昨年春、連隊に着任した。フィリップ中尉は小柄だが、がっしりした体格の、額が広く男くさい男であるのに対し、オステルマン少尉は少しきゃしゃな体格で背丈は普通だが、顔立ちは、淡いピンクのふっくらした頬に二重瞼《ふたえまぶた》。鼻すじが通っていて小さく上品な口もと。そして顎の線が柔らかくて美しい。

髪を長くして口紅をちょっとつけてブラウスでも着れば、素敵な美少女になれるほどの人である。彼の激しい気性と空中戦の腕前を知らない人が見れば、オステルマン少尉は女性的な下っ端パイロットである。余談ながら、クロステルマン著「ル・グラン・シルク」に、ドイツ空軍の撃墜王ヴァルテル・ノヴォトニーとして、どういうわけかオステルマンの顔写真が載っている。

空中戦の舞台はロシアの空。その下は息をのむばかりの大地の広がりである。レニングラードの東から南にかけてパルタイ丘陵があるが、丘が連なっているとは見えず、レニングラードの市街地上空や、その少し南のイルメニ湖の上空から見はるかす景色は、とにかく無限の涯《はて》まで広がる平らな土地。大地の無限の広がりの上にポツンと一人、小さなホモサピエンスがいる。その、とてつもなく小さな一人が、自分だという感じがする。

ハンス・フィリップ中尉

第五十四戦闘機連隊は一個連隊でレニングラード正面を担当するので、広大な空域が割り当てられているのだが、それもロシアの広大な土地の、特定の一区画。広い土地が、その空を併《へい》呑《どん》している印象を与えるので、空の一区画というより大地の一区画という言い方のほうが、ふさわしく思える。

燃料が乏しくなって計器板の赤ランプを気にしながら急いで帰るときの目印は、ラドガ湖、レニングラードの町、イルメニ湖、そしてフィンランド湾。帰る方向をまちがえることは、まず、ない。

ヴァルテルたちが飛行基地にしたクラスノヴァルデイスクは、この地方の領主が住んでいたところで、広壮な邸宅というより宮殿というのがふさわしい建物がある。この建物はガッチーナ宮殿と呼ばれ、このためロシア人たちは長ったらしいクラスノヴァルデイスクという地名よりも、その代用としてガッチーナをよく使っていた。

宮殿のロシア人たちは逃げ去っていたので、天幕暮らしをしながら戦い進んできた第一大隊と教導飛行隊は、一転して豪勢な宮殿に寝泊りすることになった。

召使がいないので、壮大な館《やかた》のこと一切をドイツ軍がする。基本的には何から何まで「自己完結」なのが軍隊というもの。そこそこの物資を補給されるか、自分たちの才覚で入手すれば、あとは部隊の兵員でなんとかする。

料理、裁縫、大工仕事、何でもござれ。部隊には軍医もいて資器材も携行しているので、少々の病人や負傷者の手当も十分にできる。軍医の手におえない重傷者は、部隊の飛行機で後方の病院へ送るし、郵便物も定期的に飛行機で後方の野戦郵便局へ送っている。

ヴァルテルたちは大きな宮殿に住むことができて幸運であった。よその部隊には野原で天幕暮らしをしているのが沢山ある。そして九月に入った。すると、間もなく霜が降りた。このように寒くなるとは予想していなかったドイツ軍は、冬の装備をしていなかったが、この年の冬は情け容赦なく早足でやって来た。このためドイツ軍の快進撃は頓挫《とんざ》した。

鉄道で物資を前線部隊へ送るということは誰でも考えつくことだが、現実はそれほど簡単ではない。ドイツ・オーストリア・ポーランドあたりの鉄道線路の幅が、ロシアのそれとちがっているのである。規格のちがう鉄道を利用するにはレールの幅を変える工事を蜿蜒《えんえん》とやって行くか、機関車はじめ車輛の車軸を全部ロシアの規格にして使うかということになるが、どちらも大変なことで、迫る冬には間にあわない。

じつは華々しく電撃戦をくりひろげ、戦車部隊と航空部隊、とくにスツーカ部隊の活躍が目立つドイツ軍の、物資輸送力の主体は知る人ぞ知る、馬車であった。馬と、それに引かせる馬車。これが戦車隊やスツーカ隊の大活躍を支えていたことを知る人は少ない。

冬の到来で、この地上輸送が思うにまかせない事態となったが、ドイツには確信に満ちた声で、大丈夫、心配しなくてよい、と言う人がいた。国家元帥ヘルマン・ゲーリングである。

空軍建設の中心人物。この人が空軍の航空輸送力でロシアの地にいる陸軍と空軍の部隊に必要な物資を、不足のない程度に送り込むことができると受け合ったのであった。

ところが、やって見ると輸送機部隊のほとんど全戦力をロシアに振り向け、吹雪をついて空輸作戦を実施させたにもかかわらず、必要とされた量に遠くおよばない分量しか運び込めず、輸送機も事故でつぎつぎと失われ、不十分と判明した空輸能力が、さらに低下して行ったのである。

厳しい冬が来る前にレニングラードから約五十キロしか離れていないガッチーナと、その近くの基地へ進出できた第五十四戦闘機連隊は、そこへ前進する際、整備員を連隊の持つ連絡機などだけでなく戦闘機の胴体にも入れて運んだ。

飛行機で運べなかった人員と資器材は、連隊のトラックや乗用車で前進した。多数のトラックを連ねての行軍は決して楽ではなかった。しょっちゅう砂地や泥濘《でいねい》にめり込んで、これを固い土の所まで押したり引いたり、人力で動かして行かなくてはならなかった。固い土の上を走るのは楽であったが、楽なかわりに、ものすごい土ぼこりを我慢しなければならない。本当に楽なのは先頭車輌だけといっても、言いすぎではない状況であった。

その道路も、決して平坦ではなかった。トラックの縦隊が進むときの砂ぼこりは遠くからでもよく見え、ソ連機が頻繁に攻撃してきた。そのときは連隊所属の高射砲小隊が、トラックの上に据えつけた二十ミリ対空機関砲で応戦した。

快進撃とはいっても悪戦苦闘の進撃で、敵はソ連軍だけでなく、ロシアの大地そのものも敵であった。

ガッチーナの飛行場がレニングラードに一番近く、第二大隊のいるリエルビジ基地はレニングラードから約九十五キロほど南に離れていて、一番遠い。両者の中間あたりにジーヴェルスカヤがあり、連隊本部と第三大隊がいる。そして、あちらこちらの交差点に木の柱に打ちつけた板の案内板が立ったが、その案内板は陸軍の部隊の略号だけとか数字だけとかが書かれた横長の板の片方をとがらせて、その先にその部隊がいることを示している。

横に長細い板の一方の先が三角にとがったのが、丸木の柱にあちこちに向いて打ちつけられている中に、第五十四戦闘機連隊の本部のいる方向を示す板も打ちつけられていて、それには「トラウトロフト戦闘機連隊指揮所」と、大きく、はっきり書いてある。

戦争では敵にこちらの様子をなるべく知られないようにするのが常識であり、レニングラード攻防戦の最前線であれば、なおさらである。数字だけ、あるいは略号だけの書かれた板が数枚、あちこちに向けて打ちつけられている中に、連隊の指揮所はこちらです、と示す板は、とても目立つ。

生真面目な軍人の頭では思いもよらぬ、戦場の交通路に立てる標識としては、とんでもないしろもの。トラウトロフト連隊長はこれを知っているのか、いないのか。誰がこの板を作って打ちつけたのか、詳細は不明である。しかし第五十四戦闘機連隊のプライドの高さが、よくわかる。

離陸すればすぐそこにレニングラードが見え、その手前でソ連陸軍が防禦をかためているところに、ドイツ陸軍が攻撃をかけている。

ここまでやって来たが、強敵のひとつは疫病《えきびょう》である。連隊付軍医のティーマン医師は部隊をまわって衛生指導もするが、チフスの予防注射もきちんとやっている。医師も整備員やパイロットにひけをとらない大活躍である。

霜が降りはじめると、やがて地面が凍るようになる。慣れないと気づかないが、沼地のところが、かなり広い。昼間だけ沼地が融けてぬかるむ時期もあまり長くなくて、どこもかしこも凍りつき、雪が来る。

この時は近寄れなかった沼地に墜ちた飛行機と乗員の遺体にも近寄れるが、固く凍っていて、掘り出して収容など、とてもできない。上空はソ連機も往き来しており、身を隠すのはまず無理で、襲われれば凍った平面の上に伏せているしかない。

雪といっても一度に三メートルも五メートルも積もるわけではない。積雪量はたいしたことはないが、降り方がすごい場合が多い。ドイツやオーストリアでは滅多に見られないほどの濃密な降雪で、視界がさえぎられる。しかし、あまり長時間降り続くことはない。

この冬の厳しさはドイツ軍に非常にこたえたが、ソ連軍は平気で出撃して来る。戦闘機部隊の整備員たちは特に、厳しい仕事をしつづけなくてはならなかった。

4　冬季気象との戦い

厳冬期の飛行場から雪煙をあげて出撃するメッサーシュミットBf109

例年になく早い冬の到来であったが、その冬の初め、奇妙な事件が発生した。

レニングラードの方からイ16型戦闘機が一機低く飛んで来て、車輪を出したかと見ると、さっさと第五十四戦闘機連隊の使っている飛行場に着陸したのである。操縦席から出てきたパイロットが、しばらく何かしていると思うと、機体の中からもう一人、人間が出て来た。人間。それも女であった。

これはドイツ側につこうと、夫婦でやって来たクラコフ中尉夫妻で、翌日から第五十四戦闘機連隊の隊員たちに、誘導路や滑走路を使えるようにする方法を教えはじめた。方法といっても、それはただ足で踏み固めたりローラーでならしたりして行くだけだが、雪に慣れたロシア人のやり方は、たしかに一番やりやすくて能率の上がる方法であった。

ドイツ空軍第五十四戦闘機連隊の男たちが、ソ連空軍中尉クラコフの指導のもと、やりやすく能率的だとはいえ、大変な重労働で雪を押しかため平らにする術を習得したわけだが、汗をかかないよう気をつけながら動きまわると、吐く息の水分が凍ってかたまり、固まりは大きくなるとドサリと落ちた。がんばり過ぎて汗をかくと、それが凍り、凍傷になる恐れがあるので、汗をかくのは禁物であった。

半日ほどかけて雪に対処する方法を教えたクラコフ中尉は、ドイツ軍の後方へ送られて行ったが、彼とその妻のその後は、わかっていない。

戦闘機にガソリンを補給するについては、ドイツから持ってきた自走車輌はあまり役に立たなくなり、冬場は二頭の馬にひかせるパンジェと呼ばれる橇《そり》が大いに役立った。何人かの隊員が二頭の馬を御して橇を動かす術を習って、これにドラム缶を乗せて燃料補給をしてまわった。

戦闘機でいったん飛び上がると、暖房を入れているのに風防ガラスもキャノピーグラスも一面に霜がついて、外が見えなくなる。そこでキャノピーのガラスの可動部分を開けて見張りや索敵をしなくてはならない。

零下数十度の風を入れながらの飛行である。顔面にはティーマン医師の心づくし、凍傷防止用クリームを厚く塗っているが、これが寒さを防いでくれるわけでもない。命が惜しければ寒風に耐えて、狭い窓から見張りをしながら飛んでいなくてはならず、操縦席の暖房装置は、ほんの気休めでしかない。

ソ連空軍機はロシアの冬を全く気にしていないかのように飛んできた。第五十四戦闘機連隊も負けじと飛んだ。陸軍部隊を直接支援するため樹木の梢をかすめて超低空を、味方爆撃機隊の掩護のためには高高度を飛んで敵機を撃墜したが、逆に自分たちも撃墜された。

何人ものパイロットや乗組員が、不時着あるいは落下傘降下で戦線のむこう側に降りたが、それは直ちに白く凍てついた大地の冷たさ、寒さとの対決となった。保命用具を身につけ、何とかして友軍部隊へたどり着こうと昼夜兼行で灰色にかすむ地平線の彼方へ向かって歩きつづける。歩けなくなれば凍死である。途中の民家で物々交換ができるかもしれないので、その役に立ちそうなイコンを持って歩く者もある。

ソ連軍の捕虜になった場合は苛酷な扱いをされるものと覚悟しなければならない。少数ではあるが、捕虜になりそうになって、捕まる直前に拳銃で自殺した人もあったと伝えられている。

やっと友軍のところまでたどり着いた者は、未帰還となっている戦友のことを気づかう。しかし未帰還者が帰ってくる可能性が非常に低いことは、よくわかっている。

気温が低いのでエンジンの潤滑油が放っておけば凍って固まる。そうなるとエンジンがからないので、温風を送る太いダクトを持って来てエンジンルームを暖めなくてはならない。これも整備員たちの大きな負担である。

第五十四戦闘機連隊ではしていないが、出撃予定の飛行機を早朝に用意する際、汚れたオイルを受けるブリキ製の大きな盆の中にガソリンを入れてエンジンの下に置き、それに火をつけて暖めた部隊もあったという話も伝わっている。

飛行機は白い冬景色の時期になると、白い水性ペイントがスプレーで吹きつけられ、国籍マークや部隊標識をのぞく機体上面と側面が真っ白に塗装される。春になると、これは洗い流され、機体はもとの色にもどる。

5 無二の友クァックスと共に

この冬、それも一九四一年の大晦日に、カール・シュネラー飛行兵が彼の初撃墜を記録した。第一大隊第一中隊ホルスト・アデマイト少尉の二番機として出撃し、編隊長からチャンスを与えられ、そのチャンスをものにしたのである。

帰投すると編隊長に連れられて中隊長のハインツ・ランゲ中尉のところへ行く。左手を腰におき、顎を突き出しかげんにして足を開いて立つランゲ中尉の前に立つシュネラー飛行兵は気を付けの姿勢。アデマイト少尉も気を付けの姿勢で立ち、手ぶりよろしくシュネラー飛行兵の初撃墜の状況を報告した。

こうしてカール・シュネラー飛行兵にとって、この年の十二月三十一日は忘れられない日となった。彼の初撃墜は、ヴァルテルにとっても嬉しいことであった。ヴァルテル自身は、と言えばほとんど撃墜機数が増えていない。二人ともエキスペルテンになるなど、夢のまた夢。

初めて経験した厳しいロシアの冬が、ゆっくりと去って行き、春が来た。

気温が上がってくると、湖や川の氷が融けはじめる。融ける前に、大きな音をたてて氷が

アデマイト少尉(右)から状況報告をうける第1中隊長ランゲ中尉

割れていき、しばらくして少しずつ水に戻っていく。このときは沼地はもちろん、飛行場一帯も泥濘になる。履いている飛行靴も、ぬかるみに取られそうになる。とても歩きづらい。

この時期が過ぎると、あたりは病原菌の巣といえる不潔な環境になり、草木が芽吹き、ほぼ一斉にという感じで花が咲く。いろいろな虫が活動しはじめる。

つづいて酷暑の夏がきてカンカン日照りの日が多くなった。土は乾いて土ぼこりがひどい。殺風景な夏の雑木林も灰色がかった緑色が濃くなる。沼地は茶色がかった緑色になり、固い地面と見分けがつきにくくなる。立木があっても、少し伸び茂った草がひろがっていても、そこは柔らかい沼であることが多いので、不時着などするときは、よほど用心して降りる場所を選ばなくてはならない。

夏は明るさのある昼間という時間が、とても長く、暗い夜が短かい。一日のうちの日照時間は長いときで二十時間前後にもなるのである。このため、一日あたりの出撃回数は多くなり、六回あるいは七回などという日も多い。腕の立つパイロットにとって稼ぎ時ではあるが、そうでないパイロットにとって夏はとても辛い季節である。ヴァルテルも、クァックスことカール・シュネラー飛行兵も、苦しい辛い夏を、耐えて過ごす。暗くなるとポリカルポフ2型という複葉複座の軽爆撃機がやってきて爆弾を落としていく。

夏は冬とちがって敵地に不時着した場合、虫に刺されながら沼地に落ちないよう用心をかさねて歩いて帰らなくてはならない。雑木林を抜けていけば、とも思われるが、これもまた容易なことではない。また、敵兵がそのような所にいることがある。

厳しいロシアの四季を激戦のうちに過ごす第五十四戦闘機連隊を率いて、ハンネス・トラウトロフト少佐は騎士鉄十字章をうけた。出撃回数は三百回を超え、個人としての撃墜戦果二十機をあげたことが評価された結果であった。

この勲章を授与されたのは、一九四一年七月二十七日であったが、この人は約三年の長きにわたって連隊長をつとめ、栄転した。この人の指揮する部隊にいて、ヴァルテルもクァックスも、この時はまだ目立たない平凡なパイロットであった。

第五章　スロースターター

1　戦いは激しくなる一方だが

厳しい冬がゆっくりと去り、一九四二年の春が来た。花が咲きみだれる。沼はぬかるむ。毒虫、血を吸う虫、いろいろな虫が出てくる。病原菌の活動も盛んになるので、軍医も忙しくなる。

飛行場のぬかるみは、なかなかうまく処置できず、泥濘《でいねい》の深くないところを示す目印を立て、どうしようもないところには長い棒か角材か、板のようなものがあればそれを敷いて、飛行機や車輌が通れるようにした。

やがて、木材を敷いた通路の必要がなくなり、飛行機の運用がやりやすくなる。このような状況はソ連軍も同じで、昨年はドイツ側が優勢に見えていた戦場は、ソ連側の反撃が目立つようになって、量に物をいわせて活発に戦うソ連軍に対し、ドイツ軍は攻勢に立つというより応戦するといったほうが当たっているかの状態になってきた。

空中の戦いも激しさを増す。

第二大隊では第四中隊長のフィリップ中尉がめきめき撃墜機数を増やし、この二月に第一大隊長に栄進し、大尉に昇進もして、第一次世界大戦における世界一の撃墜王リヒトホーフエン男爵の八十一機撃墜の線を超えて行く。

ヴァルテルは個人撃墜機数を二桁台に乗せたいが、まだ一桁台。クァックス（カール・シュネラー）の個人スコアも、あの一機のままである。

空中戦の起こる頻度がだんだんと高くなってきて、出会ったときのソ連機編隊の動きと、その編隊のなかの個々の飛行機の揺れ動き具合などから戦意がひしひしと感じられる。

空中戦の機会が増し、敵機撃墜のチャンスも多くなってきて、個人スコアを伸ばせそうな期待もわくが、これは自分が撃墜されなければの話。ロシアの空の透明な大気の中を、戦闘機という名のジュラルミン製容器におさまって漂う生身の人間が、敵弾を喰わないという保証はどこにもない。

思えば、あのデュナブルグからプスコフ。ルガ。ドイツ陸軍の奪取した飛行場を使って前進し、はるばると現在の使用飛行場クラスノヴァルデイスク、通称ガッチーナまでやって来た。

陸軍部隊はバルバロッサ作戦発動からたったの十八日間で四百マイルもソ連領内へ侵攻し、

空軍部隊は燃料弾薬、そして整備員をはじめとする地上勤務者たちを、前方の飛行場へ前方の飛行場へと運びながらの進出で陸軍と連携したが、厳冬の思いがけなく早い到来で行き足が止まったのは前述のとおりだ。

バルバロッサ作戦の初日にドイツ空軍は三十五機の航空機を失ったと言われ、これに対しソ連空軍が失った航空機は一八一一機にのぼると言われている。戦闘機と高角砲によって撃墜されたのが三二二機、地上で破壊されたのが一四八九機というのが、その一八一一機の内訳である。

この日からドイツ軍の行き足が止まる冬までの空の戦いは一方的な観があり、第五十四戦闘機連隊の戦いのうち顕著な例をあげれば、開戦後約一週間たったときのデュナブルグ南方すぐ近くのダウガフピルス上空で一挙に六十五機余を撃墜した空中戦や、オストロフ橋頭堡攻防戦にともなう、七月四日から七日までの四日間に合計一〇九機を撃墜した空中戦がある。

八月一日には第三大隊の筆頭中隊である第七中隊の中隊長に昇進して日の浅い、マックス・ヘルムート・オステルマン中尉が第五十四戦闘機連隊の撃墜した敵機の、ちょうど千機目にあたる敵機を撃墜した。オステルマンとは、東の人という意味なので東部戦線の戦士にふさわしい姓である。

ソビエト連邦の人たちにとって、侵攻してくるドイツ陸軍と密接に連携して戦うドイツ空軍は、祖国をナチの政治的理想に合致する人間だけが住む所に変えるため、すべてを瓦礫の山にし、人殺しをする悪漢どもであった。だからヒトラーから受けた仕打ちに対する仕返し

第３中隊長コアル中尉

として、ドイツ人を捕えると、それが軍人であろうとなかろうと、情け容赦なく苛酷な扱いをし、情け無用の復讐をした。

自分が撃破したドイツの戦闘機が不時着したのを見たあるソ連空軍パイロットは、そのそばに着陸して飛行機からとび降り、逃げようとするドイツ人パイロットを捕えて両手でその首を締めて殺し、悠々と自分の戦闘機に乗って飛び立ったというエピソードもある。

一九四二年も三月に入ると、ヴァルテルの個人スコアも少しずつ上向いてきた。この時、大尉に昇進し第一大隊長になっていたハンス・フィリップの愛機は、その方向舵にちょうど百の撃墜マークが描かれていて、人々の目をひく。

ヴァルテルのメッサーシュミットBf109F型は上面と側面が濃緑色でムラなく塗られている白の8番で、方向舵には白い短冊形の撃墜マークが三十本並んでいて、キャノピーの下の緑色のハートの真ん中に小さく白い13の数字が可愛らしい。

この月、教導飛行隊が解隊となり、そのメンバーは適当に三分割されて連隊の各大隊に入れられた。ヴァルテルは第一大隊に入れられ、その第三中隊、コアル中尉のもとに配属された。

なお、無線交信のときのコールサイン「ブルーノ」は第一大隊で、「ヒルデガルト」が第二大隊、「レオポルド」が第三大隊となっている。

第一線部隊に配属されて、はや一年余りになる。撃墜機数は三十機。並みの戦闘機パイロットのうちの中の上か、上の部に指先がかかったか、というレベルにいるヴァルテルは、ハンス・フィリップ大隊長の部隊でコアル中尉の指揮を受けて出撃するが、死なずに帰って来ることが、まだ最大の課題である。しかし、そのうち空中戦のコツがわかって来るにちがいない。

第一次世界大戦の撃墜王リヒトホーフェン男爵は、戦闘機パイロットとして出撃しはじめてから一年の間に五十八機を撃墜している。スターリングラード正面で戦っている第五十二戦闘機連隊の「ブービ」（坊や）ことエリッヒ・ハルトマンは、最初の一年間で百機撃墜を達成している。

日本人では陸軍の篠原弘道少尉がノモンハン事変のとき、戦死までのたった三ヵ月ほどで五十八機を撃墜。海軍の西澤廣義中尉はラバウルやラエで出撃をはじめて最初の一年で、四十機プラス協同撃墜十七機だった。

山本五十六司令長官戦死のときの六機の護衛戦闘機のなかの一機であった杉田庄一少尉は、戦場に出ると戦死までの十ヵ月ほどの間に七十機プラス協同撃墜四十機という戦果をあげている。

こうしてみるとヴァルテルは、まぎれもないスロースターターである。

2 ホリドー! オイエル・ベンジ

四月がすぎ、五月がすぎ、六月も過ぎた。何回も何回も出撃した。中隊長コアル中尉の後ろについて飛んだが、毎回へとへとに疲れて帰って来ることの繰り返しで、個人としてのスコアは全く増えない。

中隊長と組むロッテ（二機編隊）のカチュマレク（二番機）の役目を教えこまれ、あわせて空中戦のやり方、とくに二番機の安全をはかりつつ勝ちをおさめる技法を教えこまれていることはわかっているつもりだが、それにしても辛い毎日である。

そうこうして七月になった。

七月十日、ヴォルコウ・ブリュッケンコッフ上空の空中戦でチャンスを与えてもらえた。中隊長に見守られながら、嬉しいことに二機撃墜することができた。ヴァルテル自身の三十一機目と三十二機目の戦果である。その喜びで疲れも吹っ飛ぶ思いがした。

気分がよくて、しばらくぶりに両親へ手紙を書いた。まず書き出しは「リーベル・エルテルン」（拝啓　御両親様）——さてそれから、どういうふうに書こうかと少し考えたが、つぎにイラストを入れることにして、軍服をぬいで椅子の背にかけ、靴下は床にぬぎすててフカフカのベッドに横になり、頭の後ろに両手を組んで大きな枕に寄りかかった自分の姿を描いた。

顔は窓の外を向いていて、くつろいだ幸せそうな表情。窓の外は、とてもよい景色。そして本文は、軍事機密にふれない範囲で近況を述べ、良き上官のもとで元気に戦っている旨を記す。結びは「ホリドー！　オイエル・ベンジ」とした。「撃墜！　貴方がたの末っ子」という意味である。

筆者（服部）はこの手紙を見た時、イラスト入りの便箋を使ってあるのだと思ったが、よく見ると自筆の絵であった。全体の構図と遠近法はもとより、描線の太さの調節と人物の状態の表現も、実にしっかりしていて、ヴァルテルに、こんな才能があったのを知って驚いた。なお、ベンジとはベンジャミンの略で、ドイツ人、オーストリア人の家庭では末っ子のことを、当人の本名はさて置いてベンジャミンとかベンジとか呼ぶことが、よくあるのだそうである。

3　嬉しさあまって大失敗

八月のはじめ、自分の白8番が整備に入って使えないので、メッサーシュミットBf109G1型、赤1番が割りあてられ、ヴァルテルはこれに乗って出撃した。そして空中戦。この空中戦では、嬉しいことに敵機を三機も撃墜することができた。コアル中尉が見ていてくれたので、確認撃墜戦果三機である。

編隊は飛行場上空に帰ってきて着陸態勢に入る。「嬉しいな。早く整備員たちに知らせた

1942年夏、転覆して危うく命びろいしたノヴォトニーの搭乗機

いな」と思うと、思わず知らず編隊を離れて、飛行場の地面すれすれを高速でふっ飛ぶ動作に入っていた。

整備員たちが帰ってくる戦闘機の様子を見ているはずの場所の前へ超低空で進入して通過。そして、すいっと機首を上げて最初の位置へ飛んでいき、もう一回、超低空飛行をし、さらに三回目の超低空飛行をした。

すっと機首を上げて旋……回？　エンジンがプスプスと息をついた。

しまった。燃料切れだ。計器板の下の端、中央の赤ランプが点灯していて、燃料計の針は左へ一杯振り切れている。有頂天になって超低空飛行を繰り返していて、気がつかなかった。憎たらしい赤ランプの輝き。

超低空高速通過の余勢を借りて上昇する。エンジンが停止しているので十分高く上がることはできないが、ぐるりと慎重に旋回して着陸コースには何とか入ることができた。やれやれ。エンジンが動いているときより心持ち機首を下げて滑空し、安全速度を保つ。そし頃合いを見て車輪を出し、フラップを下げる。そして接地。直進しながら少しほっとして、前を見ていると、前方を横切る溝が見えた。これはまずい。右か左へ向きを変えれば、まだ速度があるのでグランドループとなり、主脚支柱を折損し機体を壊すことは、はっきりしている。ブレーキを上手につかって最大限の減速をしよう。そう考えてブレーキを踏む。

残念！

両方の主車輪がゴトンと浅い溝に落ちると、機首が地面についた。そして尾部が持ち上がり……もののみごとに……ゆっくりと前方転回してキャノピー上面、そして尾翼が地面を打って新品のG１型赤１番は裏返しになって停止した。

その静けさの中で、まだ熱いエンジンが小さなチリリチリリという音をたてている。機体はキャノピー上面で土の上に支えられているので、キャノピーを開くことができない。膝のベルトと肩バンドで逆さまに吊りさがったヴァルテルは、ほかに何をすることも思いつかず、身体を座席に固縛しているベルトとバンドを外《はず》した。

まずいことをしてしまった。身体がキャノピーに落ち、体重が頭と首と肩にかかり窮屈この上ない。こんなに変な姿勢、変な状態になってしまって、どうにもしようがなく、仲間が救出にきてくれるまで、このまま我慢しているほかない。

燃料切れで着陸したのではあるが、転覆の衝撃で、どこかに少量残っていたガソリンが漏れて、エンジン排気系統の中に付着しているカーボンにまだ赤く熱を持ったままの粒が残っていて、蒸発したガソリンに引火するかもしれない。

もし、ここで炎上したら逃げることができない。焼死である。敬虔《けいけん》なクリスチャンのヴァルテルは、神に祈る。生涯、この時ほど真剣に、心を込めて祈ったことはないと言い切れるほど真剣に祈る。

人声と草を踏み分けてくる多くの足音が聞こえてきた。誰かが「おい、大丈夫か?」と呼びかけたので、「大丈夫。怪我もない」と答える。すると手早い男がいて、ハンマーでキャノピーグラスの一区画を割ってくれた。そして手袋をはめた手が枠に残ったガラスの破片を取り去ってくれる。

苦労して身体を捻り、ガラスの取り去られた四角い区画から、まず頭、次に右手右肩を外へ出す。誰かの手がのびてきて顎の下と後頭部を持って引っぱる。もう一人の手が右腕と脇の下へきて、引っぱってくれる。

飛行機は燃えなかった。着陸、転覆から助かるまで、ほんの二十分であったが、長い長い、恐ろしい二十分間であった。

コアル中尉が来ていて、ヴァルテルはものすごい見幕で叱られた。教導飛行隊所属のときエッゲルス中尉に何度も強く叱責をうけていて、どやしつけられるのには慣れていたヴァルテルも、神妙に目を伏せて、お説教を聞いた。

やらなくてよい余計なことをして、そのあげく、部隊へ空輸されて来たばかりのメッサーシュミットBf109の一番新しいバージョンであるG1タイプを壊し、機体の中に閉じ込められて皆に気をもませた。助かったからよかったものの、救出作業中に飛行機が炎上したら誰かを道連れにして焼死したかもしれなかった。叱責ごもっともである。

この転覆したメッサーシュミットBf109G1型、赤の1番の写真は、いくつかの出版物に掲載されていて、それらのキャプションの多くは、空中戦で勝利をおさめたものの、ヴァルテル自身の愛機も被弾し緊急着陸して転覆したことになっている。中に一件、炎上しつつ緊急着陸し転覆、としてあるものがあった。

ともあれ、戦果をあげて帰投し、基地を超低空で高速通過して勝ってきたことを地上の人々に知らせるという行動は、ほんの時々しか見られなかった。これは枢軸国軍も連合国軍も同じである。

低空通過の回数で撃墜機数をしめす場合と、翼をふる回数でしめす場合との、二通りのやり方があったが、メッサーシュミットBf109を使用している場合、ヴァルテルのように通過回数で撃墜機数をしめすのは例外中の例外である。

携行燃料が少なく航続時間の短かいメッサーシュミットBf109型機は、残燃料がきわめて少なくなって帰ってくるのが普通なので、さっさと着陸するのが通例である。ほんの時たま、翼をふって戦果を誇示するのが関の山と言ってよい。

このことは、戦闘機は帰投したとき、残燃料がわずかだからということから来たのではない。その起源は第一次世界大戦における各国航空隊の経験にある。喜び勇んで基地上空へ戻ってきて、勝利の横転（ヴィクトリーロール）をやったり、勝利の宙返りをやったり、急降下・急上昇をやったりした戦闘機パイロットが、よく墜落して死んだのである。当人にはわからない部位に被弾していて、宙返りなどをしている途中でそこが壊れ、操縦不能になったためであった。

このことから第二次世界大戦では各国空軍とも、ヴィクトリーループやヴィクトリーロールは禁止であった。超低空高速通過も好ましくない行為であり、せいぜい翼を振るぐらいが「黙認」される限度であった。

なにはともあれ事故死をまぬがれたのが第一。そして怪我のなかったのが第二。ありがたいことであった。空中戦に勝っても、気持が浮わついてはいけない。

4 いわゆる「エース」について

筆者の調べた概数だが、戦場に出た戦闘機パイロットのうち、米・英・仏などのジャーナリズムが言う「エース」（五機以上撃墜した者）になるのは、判定のあまかった米国陸海軍戦闘機隊で百人に一人ぐらい。厳格であったドイツ空軍で二百人につき一人強である。

互いに生命を賭けた空中戦で相手を撃墜して生還するのは容易なことではなく、視力のすぐれた帝国海軍の坂井三郎氏やフィンランド空軍のイルマリ・ユーティライネン氏のように相手に先んじて発見し、敵パイロットの操縦席から見えにくい後下方から忍び寄るのも、並々ならぬ能力と技術がいる。

うまく忍び寄って撃墜できても、自分自身、気がつくと背中も胸も肩も腕も汗びっしょりだったという。

敵機を撃墜して帰ってくる力のある者が、自分の基地上空で宙返りなどやって墜死したのでは、もったいない話である。一機撃墜して帰ったパイロットが、自分の基地で墜死した場合、敵味方一機ずつの減少で引き分けのように思われるが、撃墜されたパイロットがエースになる見込みのない者であった場合、現実に一機撃墜してきた者はエースになる見込みがあるわけで、もしかしたら二百人に一人の役に立つパイロットになりうる者の生命と、そうでない者の生命を引き替えにしたことになり、こちらの大損ということになる。

被撃墜者がエースになれない者である可能性はドイツ空軍の比率に照らした場合、二百人のうちの一九九人。つまり九九・五パーセントなのである。

ヴァルテルの戦っている相手は、ウラル山脈方面のドイツ軍の手が届かないところで大量に軍用機を生産し、多数のパイロットを養成しているソ連である。空中戦で彼我の損失機数が同じだった場合は、ドイツ側の負けである。

ヴァルテルたちが一機喪失しながらソ連空軍機を三機か四機を撃墜できれば、辛勝までもいかず、引き分けなのかもしれない。

5　騎士鉄十字章リッタークロイツ

愛機白8番が整備場から出てきて、好調に飛んでくれる。機関砲にも機銃にも故障がない。

転覆してから日も浅い八月三日、何とまとめて七機も撃墜することができた。整備員たちが、しっかり働いてくれたおかげである。個人スコアは四十七機だったのが、一気に五十四機になった。五十四。偶然にも連隊の番号と同じである。五十機の線を越したので、これまでの例から見れば騎士鉄十字章がもらえる資格を持ったことになる。

ともあれ、まっすぐ帰投して、特別なことは何もせずに、すっと着陸した。駐機場で機付長に七機撃墜を知らせると、大喜びしてくれた。

指揮所へ行き、報告。コアル中尉が目撃証言を求めて出撃から戻った中隊のパイロットに呼びかけると、目撃者は定型書式の用紙に日時、場所、敵機の機種、その墜落の状況などを記入してサインをした。

目撃証言の得られない戦果については、空軍の撃墜確認委員会なるものに書類をまわし、同委員会がこれについて調査をする。残骸が見つかり、それが提出された文書の内容すべてに合致すると、撃墜確認ということになる。調査は確実を期して行なわれるので、長い日数がかかる場合や未確認戦果としか判定されない場合が、ままある。

複数のパイロットが敵一機に代わるがわる弾丸を射ち込んで撃墜した場合は、基地に帰ってコインを投げて裏・表に賭け、勝ち残った最後の一人が「撃墜」申告の権利を得る。したがって、米英仏の空軍などのように、一人のパイロットの撃墜機数に二分の一だの三分の一だのという数のつくことはない。

ヴァルテルは楽観的である。七機全部が確認戦果となることにして、夜、さっそく両親へ手紙を書く。元気で作戦に従事していることと、今日五十四機目の敵機を撃墜したことを述べて、「真心こめて、貴方がたのベンジ」と結ぶ。今回は便箋一枚。イラストなしである。明日も出撃の予定なので、休まなくては。

この日の空中戦は激戦であった。墜とした七機のうちの一機は英国製のスピットファイア。もう一機は米国製のP39エアラコブラで、共にレンドリースの戦闘機である。空中戦は大混戦になり、ヴァルテルは一人でソ連空軍の戦闘機十四機を相手に戦わざるを得ない破目になり、機体に何発も敵弾をうけ、命からがら帰投した。飛行服の膝の上に銃弾による破れ孔ができていたほかには、不思議なことに身体、装具に被弾がないという、信じられないような生還であった。

これに尾鰭《おひれ》がついて噂が流布し、ヴァルテルはシュヴァルム（四機編隊）でソ連の戦闘機六十機を相手に空中戦をし、三機撃墜したが多勢に無勢、被弾して炎上する愛機をあやつって生還し本人は無傷、という話となった。

こんな時期に戦死してなるものか。ドイツの軍人にとって、騎士鉄十字章（リッタークロイツ）は渇望の勲章である。いずれ戦死するにしても、ぜひとも受け取ってからにしたい。それにしても、勲章授与の話は今のところ、全くない。慎重に飛び、慎重に戦う。撃墜機数は増えない。

九月になってヴァルテルの確認撃墜戦果はやっと五十六機である。連日のように出撃し、好天の日には一日のうちに何回も出撃して約一ヵ月になる。あれからたった二機しか撃墜で

独軍人にとって渇望の騎士鉄十字章を佩用したヴァルテル

きていない。

突然、中隊長から勲章授与の件が伝えられて、九月四日、大隊の手空きの者全員が整列して見守るなか、この方面の航空作戦を取り仕切っている航空軍司令官フェルスター将軍がやって来て、ヴァルテルに騎士鉄十字章を授与してくれた。幅広のリボンの中心線が太い赤、その脇が白、一番外側が黒いのへ、騎士鉄十字章が吊り下げられている。

それをヴァルテルに見せてから後ろへまわり、リボンを首へ掛けてくれる。そして従えてきた部下の手から証書をとり、おめでとうを言って、それをヴァルテルに手渡してくれた。総統とドイツ軍最高司令部の名においてヴァルテル・ノヴォトニー少尉へ九月四日付で騎士鉄十字勲章を授与する旨が印刷されており、空軍総司令部人事部長のサインが入った証書であった。

ずんぐりしていて小柄な、丸顔でいかにも真面目な軍人という印象のフェルスター将軍は、授与式がすむと、さっさと車で航空軍司令部へ帰って行った。

晴れてリッタークロイツ佩用者となったヴァルテルのことは、空軍の広報新聞デルアドラーに掲載された。

紙面には十三名が顔写真に簡単な紹介文のついたかたちで並んでいたが、空軍の新規佩用者はヴァルテルと、これより十日余り前に騎士鉄十字章をもらった第五十二戦闘機連隊のゲルハルト・バルクホルン中尉で、一ランク上の柏葉付リッタークロイツを授与されたヴォルフガング・シェンク大尉、百機撃墜を達成したギュンター・ラル中尉、軍曹という低い階級でありながら目覚ましい活躍をしているヨゼフ・ツヴェルネマン等が一緒に掲載された。

6 犠牲者と未帰還者と転出者

一九四二年の夏は激戦のうちに過ぎ、秋がきた。

この夏には第三大隊の第七中隊長。あのやさ男、マックス・ヘルムート・オステルマン中尉が戦死した。彼は撃墜機数が百機を超えた六人目のパイロットである。百機目撃墜は五月十二日で、その後、記録が一〇二機にのびていたが、八月九日にアモッソヴォ方面へ出撃し、ソ連軍戦闘機の九機を相手に戦って撃墜されたのである。

この人は、剣と柏の葉のついたリッタークロイツ（ヴァルテルの勲章の二ランク上の勲章）の佩用者で、第五十四戦闘機連隊に二人しかいない剣柏葉付騎士鉄十字章佩用者の一人であった。もう一人は連隊一の撃墜王ハンス・フィリップ第一大隊長である。

この頃、第一中隊長ランゲ中尉が、あの有名なメルダース大佐が率いていた第五十一戦闘機連隊へ転出した。そして、その後任第一中隊長に何と、ヴァルテルが抜擢された。十月二

フランツ・エッケーレ大尉

十五日付で、まだ二十一歳の、しかも若い少尉が第一大隊の筆頭中隊の中隊長に任命されたのである。普通、ベテランの中尉がつとめるポストなのだが。
　つづいて二十七日に、第二大隊長ディートリッヒ・フラバク少佐が、戦線の南寄り、スターリングラード正面で戦っている第五十二戦闘機連隊の連隊長に栄転した。フラバク少佐はそこで、多くのすぐれた戦闘機パイロットを育成し、彼自身も撃墜戦果をかさね、昇進して中佐にもなった。
　話が若干前にさかのぼるが、第一大隊長のポストにハンス・フィリップ大尉が補任されたいきさつを説明しておこう。

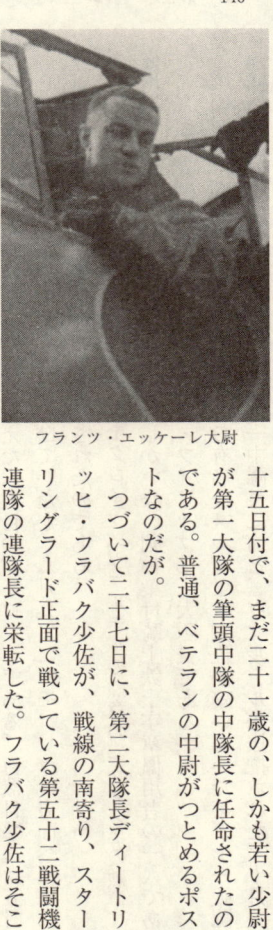

　ヴァルテルたちの大隊長であったフランツ・エッケーレ大尉が一九四二年二月十四日、高射砲に撃墜され、ソ連軍支配地域に不時着して消息を絶った。後に、大尉はソ連軍兵士に捕えられ殺害されたことが判明した、と伝えられた。
　エッケーレ大尉は戦前の有名な曲技飛行家である。新生空軍に入り、戦闘機パイロットの道へと進んで六十二機を撃墜し、リッタークロイツを受けた勇士でもある。六十二機撃墜という功績と大隊長としての立派な業績が評価されて、死後、一ランク上の柏葉付騎士鉄十字章が授与された。

エッケーレ大尉の後任者は、連隊の撃墜王である第二大隊第四中隊長ハンス・フィリップ大尉。この人の、その後を紹介しておくと、第一大隊長在職は一九四三年四月一日までで、つぎに第一戦闘機連隊の連隊長に栄転し、西部戦線で米軍や英軍と戦った。そして同年十月八日、オランダとの国境近くノルドホルン（ライネ北西）上空における米軍P47サンダーボルトの編隊との空中戦で、この撃墜機数二〇六機のエキスパートは撃墜され戦死した。

ヴァルテルの前任第一中隊長ランゲ中尉のその後についても触れておこう。この人はメルダース戦闘機連隊の中隊長として活躍し、中隊長から大隊長に、大隊長から連隊長にまで昇進し、終戦までこの第五十一戦闘機連隊を統率した。彼は戦闘爆撃の任務で六十三回、近接航空支援の任務で八十五回出撃した。これに戦闘機掃討など純粋に戦闘機の任務による出撃をあわせると計六三八回出撃、個人としての撃墜戦果は七十機である。そして一九四四年十一月十八日にリッタークロイツを授与された。終戦時は連隊長であったが、階級は少佐であった。

7　機種更新フォッケウルフFw190

一九四二年十一月になると、連隊の機種更新がはじまった。まずは第一大隊から。こういうとき、連隊長機や連隊本部中隊の使用機を一番あと廻しにするのがトラウトロフト連隊長

帰投するフォッケウルフFw190。低空旋回飛行して撃墜戦果を知らせている

のやり方である。

昨年十一月ごろ、第五十四戦闘機連隊にも他の連隊にも、実戦テストのために少数だけ持ち込まれて、エンジンにトラブル続出の結果、製造元へ返された新戦闘機があった。この空冷星型エンジン付き戦闘機が大幅に改善改修されて面目一新し、あちこちの戦闘機連隊に配備されることになったのである。

その戦闘機はフォッケウルフFw190A4型で、ヴァルテルたちは第一大隊の先頭を切って新機種の慣熟飛行をし、さっさと液冷エンジンのメッサーシュミットBf109型から空冷星型エンジンの新戦闘機へ乗りかえた。乗って見た感じとしては、何となく相性が良いように思えた。

連隊の全機がフォッケウルフFw190A4型機になるのは、年明け早々ごろになる見込みだと伝えられた。戦闘機連隊の装備機数は約一二〇機、大隊を四つもつ連隊では約一六〇機であるから、戦争中の機種更新のペースは大体このようなものであろうか。

メッサーシュミットBf109Fは優雅な姿をした低翼単葉の全金属製で、液冷のダイムラーベンツDB601型エンジンがついている。エンジンは十二気筒で約千四百馬力。プロペラは金属製の三翅ペラ。ガソリン四百リットルで満タンである。

これで飛べるのは約一・二時間とされているが、だいたい七十二分飛ぶと計器板下端中央の赤ランプが点灯する。これが点灯したら、あと数分で燃料切れになる。

一人乗りで風防は密閉式。主車輪も尾輪も引込式になっている。離陸滑走距離は三百メートル。着陸滑走距離は約六百メートルで、離陸時の重量は約三トン。着陸速度は時速一五〇キロである。地表付近での最大速度は時速五四〇キロ。高度六千メートルでは五二五キロ。航続距離は五二五キロぐらいである。

武装は標準的な機体でエンジンカウリング上にMG17型機銃（口径七・九ミリ）が二梃とプロペラのスピンナー中央から射撃できるように取り付けられたMG151型が一梃の合計三梃であった。なお、スピンナー中央から射撃できるMG151型には口径が十五ミリのものと二十ミリのものがあった。

さらに武装を強化する必要のある、たとえば対地攻撃を主目的とした近接航空支援のような場合は、左右主翼下面に一梃ずつ吊下式マウントに入れたMG151型を取り付けることができた。

空中戦に使用する場合は銃三梃のものが好まれ、スピンナーの中心から射つ銃はパイロットの好みや部隊のそのときの状況などで、十五ミリの場合と二十ミリの場合があった。実用上昇限度は高度一万一八〇〇メートルである。

戦争後期に使われたメッサーシュミットBf109G型機ではエンジンカウリング上の銃がMG131型（口径十三ミリ）二梃となったが、基本武装が三梃であることに変わりはない。G型のエンジンカウリングは十三ミリ機銃二梃をおさめるために膨らみが二つできて、このため、ボイレ（たんこぶ）というニックネームがつけられた。

新機種フォッケウルフFw190A4型機はやがてA5型になり、長く第五十四戦闘機連隊の標準装備機種として使われた。

機体は小ぢんまりとまとめられたガッチリとした姿の、BMW801型空冷星型エンジン、金属製三翅プロペラ付きの全金属製低翼単葉機である。

エンジン出力は千七百馬力。ガソリンは四百リットル積めて航続時間は一・三時間。航続距離は燃料消費を押さえて飛んだ場合六五〇キロ。高度六五〇〇メートルでの最大速度は時速六六〇キロ。実用上昇限度は高度一万一五〇〇メートルである。離陸滑走距離は三七〇メートル、着陸滑走距離は五百メートル。離陸時の総重量は約四トン。着陸速度は時速一五〇キロである。

武装はエンジンカバー上に二梃のMG131型機銃（口径十三ミリ）、両主翼付け根近くにMG151／20型二十ミリ機関砲が各一門（これらの四梃はプロペラ回転にシンクロナイズされている）と、さらに外側のプロペラ回転圏外に同じ二十ミリ機関砲が一門ずつ取り付けられている。合計六梃あるわけで、メッサーシュミットBf109F型の二倍の火力である。

照準器は、どちらの戦闘機もレフレクスヴィツェル、略してレヴィと呼ばれる光学式のものを搭載していて、銃の弾道は前方四百メートルのところに集中するよう調節されている。射った弾丸は、そこに集中するわけである。

必要に応じて落下増槽（ドロップタンク）をつけて、航続力を増すことはできた。メッサーシュミットBf109は胴体の下に三百リットル入りのドロップタンクを一個、フォッケウルフFw190は両方の翼の下に一つずつ取りつけることができ、これにより、どちらも航続距離が千キロ余に伸びた。

こうして両機種のデータを比べてみると、性能には大差がなく、武装には大きな差があることがわかる。そして機体重量が約一トンちがうので、銃砲の数だけでこれほどの差が出るわけはないから、フォッケウルフFw190のほうがゴツい機体だろうと想像される。これを実戦でつかう場合、次のような長所があった。

まず、左右主車輪どうしの距離、つまり轍間距離が大きいので、メッサーシュミットBf109とちがってグランドループを起こすことが非常に少ない。

二番目に、キャノピーに余計な枠がなく、胴体の上に盛りあがった型になっているので、メッサーシュミットBf109より視界が広い。視界が広くなったということは、空中戦が格段にやりやすくなったということである。

三番目に座席のレイアウトの良いことが、挙げられる。背もたれの角度がやや大きくて後

雪に覆われた飛行場を発進すべくFw190に搭乗。すぐにエンジン始動、暖機運転を行なう

ろへ寄りかかって座り、方向舵を操作するためのラダーペダル、もしくはフットバーの位置が高目のところにあるので、両足を高めに上げた姿勢で操縦席におさまることができるのである。大げさに言えば、仰向けに寝た格好に近い。このため、頭と心臓、心臓と足それぞれの落差が小さくて、猛烈な急旋回や、急降下から急上昇に移るとき、足のほうに血液がさがって頭部の血液が減ってしまうということが起きにくい。

頭部の血液が減ると目の前が真っ暗になる。空中戦の最中に目の前が真っ暗になって、せっかく追いつめた敵機を逃がしがちであったパイロットは、フォッケウルフFw190に乗れば、ぐんと空中戦に強くなれるわけである。

さて、新鋭機フォッケウルフFw190A4型で出撃しはじめてすぐ、新中隊長のヴァルテルは第一中隊の通算三百機目にあたる敵機を撃墜した。これを整備員たちが大変喜び、ささやかな祝いをしてくれた。手分けして「祝三百機目撃墜」と書いた縦六十センチ、横八十センチぐらいの白い板一枚と、常緑樹の枝を集めて大きめのリースを一つ作り、ヴァルテルの首に掛け、手に板を持たせ、囃《はや》し立ててから記念写真まで撮ったのである。

白い水性ペイントを吹きつけられて冬の装いになっている愛機、白の8番のコックピットの縁に腰かけて笑顔のヴァルテル。そして、その下には地面に立つ整備員六人の真ん中に二番機パイロット。背景は曇天の雪景色という写真ができた。

以前の愛機メッサーシュミットBf109F型には、方向舵に撃墜機数を示すバルケンと呼ばれる縦長の四角形を描き並べていたが、フォッケウルフFw190A4型機に乗りかえたのを機に、これを止めた。無用の危険を呼び寄せるらしいとわかったからである。

危険というのは、ソ連の戦闘機に体当たりされて叩き落とされる可能性が高まるということで、自分の命を捨ててもドイツ軍機を墜とすという戦法により、バルバロッサ作戦開始から五ヵ月ほどの間に三五〇機以上のドイツ空軍機が失われた。この戦法はロシア語で「タラン」といい、一九一四年（第一次世界大戦中）ネステロフというロシア航空隊の大尉が行なった体当たり撃墜に端を発するといわれる。

体当たりによる被撃墜は、その後もいくつか目撃されており、どうやら方向舵に撃墜マークを描いた戦闘機のパイロットを殺すほうが、そうでないのを殺すより祖国ソビエト連邦と国民に対する貢献度が高いと思われているらしい。敵編隊のなかの一機を撃墜して突き抜けていくとき、体当たりしようと狙われたくはないものである。

レニングラード正面では、零下四十二度を記録したあの厳しい冬から春にかけての期間、ソ連空軍の力の衰えは感じられなかった。活発に出撃して来るソ連空軍部隊と闘っていると、ソ連という国の底力に、気味悪さをおぼえた。

英軍、米軍を相手の西部戦線では、連合軍が総反撃に転じたというが、こちら東部戦線では戦い方の不器用なソ連空軍の部隊を相手に、気持のうえでは優勢のままで出撃を繰り返す。ソ連空軍機は墜とされても墜とされても出撃してくる。その機数は減ったようには見えない。これがソ連空軍のスゴ味であり持ち味である。

ヴァルテルが第一中隊の通算三百機目にあたる敵機撃墜を記録した日より少し前、十一月四日に第三大隊のハンス・ヨアヒム・ヘイヤー少尉が第五十四戦闘機連隊にとって通算三千機目となる敵機撃墜を果たした。

しかし残念なことに、その五日後、十一月九日にレニングラードの近くでソ連戦闘機と組んずほぐれつの旋回戦闘（ドッグファイト）をしていて、ソ連空軍機と空中衝突し、両方とも墜落した。メッサーシュミットBf109Fに乗っていたヘイヤー少尉は消息を断ち、ほどなく戦死と認定された。

8　空軍の配置と第五十四戦闘機連隊

ドイツ空軍には六つの航空軍集団（ルフトフロッテ）があり、次のように配置されていた。

第一航空軍集団……東部戦線の北地区

第二航空軍集団……本土北西および地中海地区
第三航空軍集団……本土南西部およびフランス地区
第四航空軍集団……ボヘミアおよび東部戦線の南地区
第五航空軍集団……北方地区（ノルウェー及びフィンランド方面）
第六航空軍集団……東部戦線の中央部

ヴァルテルの所属している第五十四戦闘機連隊は第一航空軍集団隷下にあり、作戦担当地域はレニングラード正面で、その幅は約七百キロに及んでいる。この北の端から南の端まで、航続力のあるフォッケウルフFw190A型機の燃料タンクを満タンにして飛んでも届かない。

戦闘機連隊の中味は、だいたい次のようになっている。戦闘機の数は、戦闘による損失や事故による損失のため、変動がある。

▽ロッテ（二機編隊であり当然二人で構成）
▽ケッテ（三機編隊。あまり使われない）
▽シュヴァルム（四機編隊）
▽シュタッフェル（中隊）一般的に十二機編成。

ヴァルテルの中隊も、これである。よその部隊によっては五機編成であったり、多いのでは十五機編成の中隊もあった。シュタッフェルを率いるのがシュタッフェル・カピテーン（中隊長）であり、建て前として少尉を充てることになっていたが、実際は大部分の中隊長が中尉であった。

▽グルッペ（大隊）三個中隊と大隊本部から成る。

大戦後期から末期にかけて四個中隊を持つ大隊が多くなっていき、大戦の末期ごろはほとんどの戦闘機連隊の各大隊が四個中隊編成になっていた。

大隊を統率するのはグルッペン・コマンダー（大隊長）で、これは通常、大尉である。大隊長とその幕僚は本部中隊（グルッペン・シュタブ）の飛行機で出撃するが、本部中隊の持つ機数は二機から多くて五機どまりであった。

なお、建て前として大尉のグルッペン・コマンダーは、その時、その時の状況により中尉が充てられたり少佐が充てられたりした。

▽ゲシュヴァーダー（連隊）三個大隊と連隊本部から成る。

連隊長は少佐、中佐、もしくは大佐であった。連隊長とその幕僚が出撃するときは、連隊本部の持っている飛行機を使う。連隊長用が二機と幕僚用が数機というのが普通の連隊本部の保有機数である。

作戦に出撃するのが大隊である場合、その機数はおよそ三十機から、多くて六十七機ぐらいまでである。

一個連隊全力出撃の場合、およそ九十四機から多くても一五〇機どまりである。

第五十四戦闘機連隊が総力あげて出撃する場合の戦闘機の数は、戦闘機、パイロットともに十分な数を持っていたときでも、百機前後であった。レニングラードに向いて左の端から右の端まで約七百キロもあるのを、この程度の機数で担当しているのである。

近代の空中戦は編隊で行なうのが基本。と言って、戦力をロッテやシュヴァルムに分けて等間隔にバラまくと、数的に優勢なソ連機に寄ってたかって攻撃される少数機編隊は損害が出やすい。あの編隊で一機、この編隊で一機というふうに損害があると思わなくてはならない。そうなれば日を追って見る見る戦力が低下していく。

第五十四戦闘機連隊が一五〇機でもって出撃できたことはなかったが、いま仮りに一五〇機をロッテ七十五個にしてバラまいたとする。ロッテとロッテの間隔は九・三キロになり、有名な帝国海軍零戦パイロット坂井三郎氏の視力で見える最大距離が十キロ（坂井氏の著書にそうあるし、筆者は直接お会いして聞いたこともある）であることを考えれば、普通のパイロットに、隣りの編隊の二機は見えないことになる。

撃墜されて煙をひいて落ちるのは遠くからでも見えるが、それが見えてからでは遅い。ではシュヴァルムで、ということにすれば、一個編隊に四機いて心強いかもしれないが、編隊の数は三十七ほどになり、隣りのシュヴァルムとの距離は二十キロに近くなる。二十キロ近い網の目をソ連の対地攻撃機が編隊を組んで抜けていったり、たったの四機にソ連戦闘機が二〜三十機むらがったりする可能性は大きい。

だから、網を張ったりせず、ここぞと思われる地区へ沢山のシュヴァルムを放つか、チャンスを摑んで敵の急所となりそうな所へグルッペかシュタッフェルを指向するか、とにかく主導性を強く発揮しなければ戦いにならない。勝てない。

敵機を撃墜できるパイロットを多く育て、上手に戦った第五十四戦闘機連隊は、戦争が終わってみると、東部戦線で最高の撃墜戦果をあげた戦闘機連隊になっていた。約三年の長きにわたり、この部隊を指揮統率したハンネス・トラウトロフト少佐の功績といえよう。

9 激闘の中で意気高きシュヴァルム

レニングラード軍区に配備されたソ連空軍機は、ソ連海軍の航空部隊からの増援航空機とともにドイツ軍に対抗した。その合計は約千七百機。これに対するドイツ空軍戦闘機部隊は第五十四戦闘機連隊ただ一つ。連隊は全力出撃でも百機前後の戦力でしかない。

数の上では圧倒的な劣勢であり、学理としてはランチェスターの法則を持ち出すまでもなく、何回も遭遇戦を繰り返すうちに急速に戦力が減り、ほどなく全滅するはずである。

しかし緒戦からの経験と実績にもとづく、第五十四戦闘機連隊所属パイロットの自信には、いささかのゆらぎもなかった。戦意旺盛に出撃し、戦いつづけた。昼間戦闘機の部隊だからといって、昼間だけ出撃していたのではない。

夜の短かい五月、六月頃は夜になると軽爆撃機が襲ってきた。第五十四戦闘機連隊はメッサーシュミットBf109の夜間戦闘機隊を編成して、来襲するソ連空軍機を要撃した。

当時、第三大隊長であったラインハルト・ザイラー大尉などは、夜間戦闘による撃墜戦果十六機を数え、これは連隊のトップスコアである。ザイラー大尉につぐ成果はフィンク中尉の九機、レイカウフ少尉の八機、ヘイエル少尉の六機あたりが目立つところである。なかでもレイカウフ少尉は六月二十二日から二十三日にかけての一夜だけで六機も撃墜して勇名を馳せた。

連隊としての夜間撃墜戦果は五十六機にのぼり、夜間戦闘機隊のメッサーシュミットBf109には全く損失がなかった。

一九四二年が暮れ、一九四三年が明ける。

この頃、スターリングラード正面では陸軍の大きな部隊がソ連軍に包囲されて苦戦していた。冬の寒さと悪天候。空輸による物資の補給は国家元帥ヘルマン・ゲーリングがどれほど大声で叱咤《しった》激励しても、この天然現象の力には勝てず、輸送機部隊は死力を尽くして努力したが、不如意《ふにょい》な成果しか得られず、もちろん陸上輸送が思うように出来るはずもなかった。

ラインハルト・ザイラー大尉

ドイツ第六軍パウルス元帥以下将官十七名をふくむ約九万人のドイツ軍人軍属が、ソ連軍の捕虜になったのは二月二日のことであった。ドイツの全軍はもとより、ドイツ国民のほとんどが失望落胆した大敗北であった。

この負け戦さを巻き返そうという意図でおこなわれたのが一九四三年夏のクルスク

経験を積み、成長していったヴァルテル(ノヴィ)のシュヴァルム——左よりアントン・デベレ伍長(3番機トニ)、カール・シュネラー伍長(2番機クァックス)、ルドルフ・ラデマッヒャー伍長(4番機ルディ)

における戦いで、大戦車戦が行なわれたことで戦史に残っている。クルスクは第五十四戦闘機連隊の担当地域より南方にあったが、連隊はクルスク大戦車戦の際の航空支援に第一航空軍の命令により、第二大隊を差し出し、オリヨール近郊へ進出させた。

このような状況の中で戦うヴァルテルは、第一中隊長として自分のシュヴァルムのメンバーを指定する権利を得た。

新しい中隊長が直接つれて飛ぶことにしたのは、二番機にクァックス。三番機に教導飛行隊で教官をしていた、ヴァルテルより十歳ほども年上のアントン・デベレ。四番機にデベレとともに教官をしていたルドルフ・ラデマッヒャーで、ヴァルテルより七つほど年上である。

この三人は伍長の階級である。最も軍歴の長いのはデベレ伍長。彼らはヴァルテルを「中隊長殿」などとは呼ばない。クァックスが「ノヴィ」

と呼ぶのにならって、三人ともに中隊長をノヴィと呼ぶようになった。ノヴィは三番機をアントンの後半をもじって「トニ」。四番機をルドルフの前半をとって「ルディ」と呼ぶことにした。

ノヴィ、クァックス、トニ、ルディの四人組は戦闘経験を積んでいきながらチームワークのとり方を工夫して、良きシュヴァルムに成長する。そして伍長たちは軍の人事規定にしたがって、逐次、昇任し軍曹の階級になった。

ノヴィの四機編隊は良きシュヴァルムになって行った、と書けば簡単だが、当人たちは油汗を絞り出すような努力をかさねて、そうなって行ったのである。

一日のうちに数回出撃し、ほぼ毎回、敵と交戦するのが普通で、それが連日、休みなしに近い状態。若いヴァルテルとその列機は、帰ってくるたびごとに顔を合わせて話し合い、戦い方を反省し、より良い戦い方を工夫する。

命をかけた空中戦をして帰ってすぐに集まり、検討会をするのは、疲れ切ってヘトヘトになっている戦闘機パイロットにとって、非常にきついことである。これをあえて行なうのは、ノヴィの考えからである。

ノヴィは整備員に深い敬意を抱いているが、自分の列機の安全にも強い関心を抱いている。列機の安全を確保したい。だから苦しくても辛くても、飛行後の話し合いをして、つぎの出撃ではノヴィの後ろにいる三機がより安全に飛び、より安全な状況のもとで戦果をあげることができるようにするのだ、というのがノヴィの考え方である。

これに加えて、敵機に遭遇した瞬間に、ノヴィは「退け時」を判断して腹案をつくる。そして次の瞬間に空中戦に入る。このやり方が四人の無事生還の確率を一層高める。

冬の日は、明るい時間が短かくて、雲が低く雪の降ることも多い。

ヴァルテルたちは戦闘機掃討に出撃をくり返す。これを整備員たちと地上勤務者たちが支える。第五十四戦闘機連隊の戦闘機の稼動率は高い水準を保つ。

一月が過ぎ二月になった。

一月二十六日には隣りの大隊といっても第一大隊から一番遠い基地にいる第二大隊の大隊長ハンス・アッシ・ハーン少佐が彼の百機目の戦果を、彼の部下マックス・シュトッツ少尉が一五〇機目の戦果をあげた。

少しうらやましい。

ハンス・アッシ・ハーン少佐(左)とマックス・シュトッツ少尉

そして二月一日。ヴァルテルは中尉に昇任した。

出撃を繰り返すヴァルテルのシュヴァルムは、毎回四機揃って帰投するが、戦果はほとんど無い。

この月の十九日、隣りの中隊のオットー・キッテル軍曹が第五十四戦闘機連隊の通算四千機目にあたる敵機撃墜を果たした。昨年（一九四二）十一月四日に連隊の通算三千機目が記録されたが、あれから三ヵ月半ほどで千機を撃墜したとはすごい。

第五十四戦闘機連隊が昼間の短かい、しかも天候のあまりよくない冬の間に、これほどの成果をあげたのは驚くべきことと言えるが、反面、ソ連空軍が力を振りしぼって反撃した証拠でもある。

連隊本部から伝えられたところによれば、第五十四戦闘機連隊の大戦始まって以来の累計出撃数は二万一四五三出撃、そのソーティ数（延べ出撃機数）は五万八三七八ソーティ、飛行時間は六万四八四六時間を計上しているとのことである。

戦闘機部隊の戦力が手薄なレニングラード正面ではあるが、米英の航空部隊と戦っている西部戦線の戦況も厳しいらしく、空軍総司令部は二月二十一日付で第五十四戦闘機連隊の第三大隊全部と、第二大隊の第四中隊を引き抜いて西部戦線に移した。

代わりに西部戦線から第二十六戦闘機連隊の第一大隊を第五十四戦闘機連隊の指揮下に入れた。引きぬかれて西部戦線へ持っていかれた隊が、東部戦線へ戻って来ることはなかった。

一九四三年の春頃から東部戦線にも、ほころびそうな所が目立つようになり、第五十四戦闘機連隊の部隊は、ヴァルテルたちのいる第一大隊も、第四中隊がいなくなって第五および第六中隊から成る第二大隊も、よく一時的に引き抜かれてそのような所に差し向けられた。

連隊の者に言わせれば、「うちの部隊は北はフィンランドから南は東部戦線の中央部、さらに南のウクライナやクリミア半島まで、火消し役として走り廻っている」のであった。

これをいま少し具体的に言えば、次のようになる。(一二頁&六四頁地図参照)

春の間は主としてヴィヤズマからオリヨールにかけて陸軍部隊の上空掩護にあたった。四月から五月にかけては、クリミア半島方面から撤退する陸軍部隊の上空掩護にあたっていたが、その四月一日には連隊生え抜きともいえる第一大隊長ハンス・フィリップ少佐が、三年もの長期間にわたる第五十四戦闘機連隊勤務を終えたかたちで栄転し、西部戦線の第一戦闘機連隊の連隊長になった。

第一大隊長の職をついだのは連隊の第三大隊長、あの夜間戦闘の名手ザイラー少佐である。空席となった第三大隊長のポストには、西部戦線において米英の航空部隊を相手に九十機近くの撃墜戦果をあげていた、名パイロットのジークフリード・シュネル大尉が発令され、五月早々に着任した。

七月五日からはドイツ陸軍最後の大攻勢といわれることになったチッタデーレ(城砦)作戦を支援し、とくにその作戦のなかで生起したクルスクの大戦車戦の戦場上空へ連日、休みなく出撃した。

この作戦は七月十五日におおむね結着がつき、ドイツ陸軍部隊はソ連軍に押され押されて七月十七日から八月二十六日にかけて後退してきたので、引きつづき休みなく連日、上空からの掩護のために出撃しなければならなかった。

八月から翌年(一九四四)五月にかけては、クリミア半島やウクライナ方面から撤退する陸軍部隊を支援したが、これもまた、ほとんど連日の出撃であった。

ヴァルテルたちは、今日はあちら、明日はこちらと、東部戦線を広く飛びまわったが、その主たる行き先は次のようであった。

オリヨール、ヴィヤズマ、ドゥジノ（モスクワ西北近郊）、ブリヤンスク、シャタロフカ、ヴィテフスク、キエフ、クラカウ、ポルタヴァ、ママヤ、オルシャ（ヴィテフスク南方）、ネヴァル、ヴィニツア、イドゥリツア（デュナブルグ東北東）、チトミール、ラクヴェーレとも呼ばれるヴェセンベルグ、ポロツク（ヴィテフスク西北方）、デュナブルグ、ドルパトなどである。

このような戦いの中で、疲れた心身に鞭打ち気力を振りしぼって毎飛行後、一連の戦闘行動を四人で思い出し再構築して反省をくわえ、誤った行動や無駄な飛び方を拾い出し、次回の戦闘で注意すべきことや着眼すべき点を明確にする努力をかさねたヴァルテルのシュヴァルムは、明らかに進歩したように思われた。

第六章　撃墜マシン始動

1　戦闘機連隊のエキスパートたち

　戦闘機の搭載する無線機は、使用周波数帯がＨＦからＶＨＦになり、機能がぐんとよくなった。しかし、空中であれこれお喋《しゃべ》りするのは禁物である。電波が飛び交うと、こちらが出撃しているのを察知されやすくなり、不意討ちがしにくくなる。交信内容を敵に知られれば、なおさらである。

　発見した敵機に対して初一撃をかけるまでは、電波を出さずに黙って飛ぶ。そして一撃をかけ終わったら簡潔明瞭な無線交信で、チームワークを最大限に発揮して戦うのだが、そのように心懸けていても、猟場で猪《いのしし》などを追う猟犬の群れが吠えたてるのに似た状態になることが多い。それが普通だと言ってよいかもしれない。

ヴァルテルのシュヴァルムは、黙って飛んでいても必要なことが伝えられる工夫をしている。

主翼をゆっくり振るのは敵発見。編隊長機が上下動をするのは第二ロッテであるトニ（アントン・デベレ）とルディ（ルドルフ・ラデマッヒャー）のペアに高めに上がった隊形をとり、いざというときに第一ロッテ、ヴァルテルとクァックス（カール・シュネラー）の救援に舞い降りることができるようにせよとの命令。短節《たんせつ》に主翼をピシピシと振るのは攻撃下令。尾部を左右に振るのは隊形をいま少し横広にせよという指示である。

互いにメンバーの手信号が見える隊形のときには、これこれの手信号はこういう意味、というふうに申し合わせができている。中隊長のシュヴァルムがこうだから、第一中隊の中の各シュヴァルムもこれを見習っている。離陸のときから戦闘を開始して敵に第二攻撃をかけるまで、電波の発信はまず、ない。じつに静かな飛行中隊である。

離陸するときからガヤガヤと交信し、飛行中も無線でペチャクチャ話し合ったり編隊長があれこれ命令や指示を発している飛行隊は、戦闘に弱い飛行隊と相場が決まっている。これは世界中、どこの国の戦闘機隊にもあてはまることなのである。

部下を死なせてはならない。生還してこそ明日があり、生還して意見交換することにより進歩して戦果が上がるようになる。これがヴァルテルの信念である。この信念ゆえに空中戦でくたくたに疲れて帰ってきても、必ず四人が顔を合わせて話し合いをする。誰もがすぐに、ゆっくり休みたいので、話し合いなど、とても億劫《おっくう》なのだが気力をふり絞って話し合いをする。

この頃、悲しいことにヴァルテルの次兄フーベルトがスターリングラード方面で戦死したという知らせがあった。両親はどれほど気落ちし悲しんでいることであろうか。戦争はしかし、個々の家族や個人の悲しみとは無関係に進んで行く。

二月二十一日（一九四三年）、第二大隊長ハンス・アッシ・ハーン少佐がイルメニ湖南東デミヤンスク付近でエンジンが故障し、敵地に不時着して捕虜にされた。

三月六日には同大隊のエキスパート、ハンス・バイスヴェンガー中尉がイルメニ湖方面へ出撃したまま未帰還となった。バイスヴェンガー中尉はソ連機十機を相手に奮戦しているのを目撃されたのが最後で、プロペラが力なく空転している状態で低空に下がって行ったと伝えられた。激戦の中、部下はここまでしか見届けることができなかったのである。こうして出撃回数は五百回を超え、撃墜機数一五二機を誇った第六中隊長はいなくなった。

ハンス・バイスヴェンガー中尉

バイスヴェンガー中尉の相手十機は彼を上方から襲ったというから、ドイツ空軍戦闘機パイロットなら誰もが知っている「敵を攻撃する時は、敵より高い所から太陽を背にして突進せよ」をソ連戦闘機隊にやられたわけである。

クラスノヴァルデイスクのガッチーナ宮殿は壮大な建物である。連隊長や連隊本部のメンバーが訪れたときに使えるように、連隊長用の部屋も事務室も休憩室や会議室も用意されている。これらは玄関を入った右側のほうにある。

入って左側のほうにはヴァルテルたち第一中隊のパイロット控室や寝室、休憩室兼食堂、第二中隊と第三中隊のための部屋、そして第一大隊本部用事務室はじめハンス・フィリップ大隊長の部屋などが連なっている。整備員はじめ地上勤務者の宿舎や休憩室は宮殿のそばの別棟にある。

数回出撃して一日の戦闘が終わり、帰投後の検討会をすませると夕食。休憩室を兼ねた食堂で将校も下士官たちとともに食事をする。ヴァルテルの傍には、そのシュヴァルムのメンバーが着席する。通常、ガラスのコップに一杯の水と、一皿に盛りつけた料理が各々の前に置かれ、テーブルの真ん中あたりに人数分の食パンが、一つの容器に盛られている。

はじめの頃はヴァルテルのほうから楽しい話題を出して愉快に会話を盛り上げるようにしていたが、今ではうちとけて、下士官のほうからも面白い話題が出てくるようになってきている。なごやかな談笑のうちに質素な食事を摂るこの時だけは、空中戦の話をしないのが不文律になっている。

夕食後は、シュヴァルムのメンバーとトランプでゲームをすることも多い。

三月十七日、ヴァルテルたちの大隊長ハンス・フィリップ少佐が彼の二百機目にあたるソ連機を撃墜して帰投。ドイツ空軍戦闘機部隊で二百機撃墜という、ものすごい戦果を記録したパイロットは、これで二人になった。

最初に二百機撃墜を達成したのはスターリングラード正面にいる第五十二戦闘機連隊の第三大隊に属している第九中隊の中隊長ヘルマン・グラーフ中尉で、それは昨年の十月二日のことであった。グラーフ中尉の二百機撃墜は空軍内部だけでなく、広くドイツ国民にも知らされた。

痩せぎすで、逆三角形に見える面長な顔に大きな目玉と高い鼻が目立つグラーフ中尉は、鍛冶屋《かじや》の丁稚《でっち》小僧あがりの戦闘機乗り。鍛冶屋の丁稚が空軍に入り、最高の勲章であるダイヤモンドを散りばめた柏の葉と剣二本をあしらった飾りがついた騎士鉄十字章をヒトラー総統から直接授与されたというニュースは、ナチスの宣伝大臣ゲッベルスによって、チュートン民族（ドイツ人）の優秀性を宣伝する材料として最大限に利用された。グラーフ中尉はドイツ人青年の華として催しや集会に引っ張り出され、何度も新聞の紙面を飾った。

しかし二番目に二百機撃墜へ到達した、ドイツ東部ザクセンのマイセン（ドレスデン北西）生まれの将校フィリップ少佐は、ナチス中央部からとくに目をかけられることがなかった。何の世界でもトップは脚光を浴びるが二番手はあまり、もてはやされないものである。グラーフとフィリップの場合もまさにそれであった。フィリップ少佐は二〇六機撃墜を達成したにもかかわらず、ダイヤモンドのついていない剣と柏の葉がついた、騎士鉄十字章を授与されたままに終わった。

付言すれば丁稚小僧から空軍に入り、兵隊から叩き上げのグラーフは、あれよあれよという間に中尉から大尉に、少佐へと昇進して行き、終戦時は大佐で、古巣の第五十二戦闘機連隊の連隊長になっていた。

グラーフ連隊長のもとで、連合国ジャーナリズムの言うスーパーエースのトップ三人、三五二機撃墜のエリッヒ・ハルトマン大尉、三〇一機撃墜のゲルハルト・バルクホルン少佐、二七五機撃墜のギュンター・ラル少佐が大活躍したのであった。

2 部下の安全を最優先に

ヴァルテルにとって百機撃墜は遠い遠い夢であった。それが小刻みにではあるが近づいてくるように思われはじめた。しかし、焦りは禁物。無理をしてはならない。

戦闘機パイロットの中には無理を承知で強引な空中戦をやり、一機か二機を撃墜して、自分のほうは列機を一人か二人失って戻る人がいないわけではない。が、空中戦は熱情をもって行なうものではなく、冷静に計算ずくで行なうものだ。

もう少し操縦桿を引けば敵機を正しく照準できて撃墜に成功だと思っても、今の状態が失速ぎりぎりならば、引いてはならない。引けば自分が失速して敵機をとり逃すだけでなく、下手をすれば自分が撃墜される形になるかもしれない。

あと三十秒か一分たらず敵機を追いつめれば撃墜できると思っても、残燃料が帰投に必要なぎりぎりになっていたら、諦めて帰投を開始しなければならない。

編隊長について飛ぶ二、三、四番機は、編隊の形を保つため、飛行中つねにスロットルレバーを動かしている。そのため編隊長と一緒に飛んで帰っても、残燃料は少ない。逆にいえば、編隊の中で自分の位置を保つためにはエンジン出力をつねに調節している必要があり、編隊長より燃料消費率が大きいのである。編隊長が列機のエンジン管制能力を把握していないと、帰り道で列機がつぎつぎと燃料切れになって、不時着してしまうような事態になりかねない。

ヴァルテルはシュヴァルムのメンバーを指定して出撃した初回と、二回目と、三回目、帰投してエンジンを止めるとすぐに列機三機の燃料計を見てまわった。その結果、残燃料の一番少ないのがクァックス、一番多いのがトニだとわかった。普通、四番機が一番大きくしかも激しくエンジン出力を調節しなければならないので燃料を多く消費するものだが、ルディは予想外に燃料を残していた。ルディは編隊飛行に鋭敏で優れたセンスを持っているにちがいない。

こうしてヴァルテルは、引け時をはかる要素のひとつである列機の残燃料をイメージすることができるようになり、空中戦であと四十五秒ほど敵を追って行ってもよいか、一分間追っても大丈夫かの判断がつく編隊長となった。

普通の人はもっと大雑把で、自分の残燃料がこれくらいだから、そろそろ戦闘を切り上げるという編隊長がほとんどなのである。このあたりが、列機三人からの信頼を集めた理由のひとつに数えられるかもしれない。

三月十六日、ヴァルテルは四機撃墜の戦果をあげた。これで個人としてのスコアは七十二機になった。初撃墜は一昨年の、忘れもしない七月十九日。あれからもう二年近くたっている。本当に能力のある戦闘機パイロットなら、もっと、もっと撃墜できているはずである。

昨年（一九四二）九月末日にアフリカ戦線で事故死したアフリカの星マルセイユ大尉は、その戦線に着任してから一年と五ヵ月の間に一五〇機も撃墜しているし、ヘルマン・グラーフ中尉は初撃墜の日からたったの十ヵ月で一〇四機を撃墜している。

ヴァルテルは、超エキスパートたちの三分の一にも足りない能力しかないのである。しかしヴァルテルは、このことを強く意識して焦ったり無理をしたりすることはない。なぜなら、撃墜戦果をあげるより列機三人を無事に空中戦の修羅場から連れて帰ることのほうが、はるかに大切なことなのだから。

三月末日に大隊長ハンス・フィリップ少佐が転出した。本土防空の任にあたっている第一戦闘機連隊、フォッケウルフFw190のエンジンカウリングを黒白のチェッカー模様で飾っていることで知られている連隊の連隊長に栄転となったのである。

エンジンが三つ付いたユンカースJu52型輸送機の乗客となって本国へ旅立つ少佐を、第一大隊の本部中隊と第一、第二、第三中隊の全員が整列して見送る。

ヴァルテルは第一中隊長なので、隊列の最右翼に立ち、「頭《かしら》ー中《なか》」と大きな声で号令をかける。この号令で各中隊長は挙手の敬礼をし、その他の者は一斉にフィリップ少佐に顔を向けて注目する。

ドイツ空軍の軍人は一般的に制帽を少し右に傾けてかぶっているが、ヴァルテルは左に傾けてかぶる癖がある。本部中隊長を入れて四人の中隊長が並んでいる、その右端の人物の帽子だけが左に傾いていて、わざとらしくさえ見える。それがヴァルテルである。ピシッと気を付けをしている将校の脚はみなよく揃っているが、最右翼に立っているのだけは膝が大きく離れていて、脚の間から向こうの草地がすけて見える。ヴァルテルはO脚なのである。

フィリップ少佐の転出後、四月十五日付で第一大隊長にラインハルト・ザイラー少佐が発令された。これについては前章の最後で述べた。ザイラー少佐はスペイン内戦にも参加して九機撃墜が確認されており、これを含めて個人スコアは百機に近い大ベテランである。

この大隊長のもとで戦うヴァルテルは、第一中隊長なのに白8番のフォッケウルフFw190A4型で飛んでいる。よその部隊のように白1番ではない。これはヴァルテルが8を自分のラッキーナンバーだと思っているからで、その個人的な好みの数字を使うことが許された結果なのである。二番機のクァックスはノヴィの二番機だからと、白9番を使いたいと申し出て、これも許されている。

飛行機に定期修理はつきもの。そのうえ戦闘機は被弾箇所の修理、故障にたいする処置なども避けられない。ヴァルテルの白8番が整備に入っていて使えなかったある日、ヴァッフェンSS（ドイツ軍のナチス親衛隊）の陣地へソ連のSB2型爆撃機が来襲して、第一中隊に出動命令が下った。

ヴァルテルは白の5番に乗って緊急発進し、ヴァッフェンSSの隊員たちの目の前で一機を撃墜。この時は久しぶりに基地を超低空で飛び抜けながら、大きく翼を振ったのちに着陸した。

これから数日たって、エムガ方面へ出撃したが、この時は二番機クァックスが左主翼に高射砲弾を喰った。翼端と黒十字の国籍マークの中間、前側主桁のすぐ後ろに、人の肩幅ほどもある大穴があき、外鈑がめくれたが、クァックスはこの白9番を操って、辛うじて帰り着き無事に着陸した。

ヴァルテルのシュヴァルムはソ連機を追っていて、うかつにもソ連高射砲陣地上空に誘い込まれて、この始末となったのである。この時はソ連機に逃げられてしまった。

このようなことがあって、一九四三年も五月になった。陽ざしが暖かくなり、またもや泥《でい》濘《ねい》の季節。毒虫や蚊や蠅がたくさん出てくる。食中毒にもその他の病気にも、気をつけなくてはならない。

ヴァルテルたちの乗る機体はA4型から、改良を加えられたA5型に変わった。そして第一中隊は一時的に、少し南のリエルビジに移駐した。整備小隊の兵士がそこで、縦横約一メートルの旗をつくり、木の棒の先に掲げた。

旗の地の色は黄色。その中央に大きな緑色のハートがあり、そのハートは白で縁どりがしてある。そのハートの中に、二つのマークが並んでいる。向かって右が第一大隊のエンブレムであるニュルンベルグ市の市章、左側が第一中隊のエンブレムで、中隊のエンブレムはニュルンベルグ市の市章と同じような楯のような形をしており、その楯の中の図柄は梯子（はしご）と道具をかついだ煙突掃除屋の姿である。

この旗のそばを通って少し行くと、第一中隊が使っている建物がある。その建物には、誰がつけたのか「ノヴォトニーハウス」と大書した看板が打ちつけてある。

リエルビジから出撃する間に母へ手紙を書いた。空軍に入ってから毎年五月、母の日の少し前に書くことにしているのである。書き出しは「リーベ・ムッター」（愛する母上様）で、日付は五月十日。本文は、もうすぐ母の日がくること、息子たちは大戦争に出征して、これまで敵を打ち破りドイツ国民の自由を確立するため日夜戦ってきたことなどを述べ、締めくくりは「母さんの幸せと健康を祈っています」「心を込めて。あなたのヴァルテルより」とした。

便箋一枚の便りだが、左上五センチ四方ぐらいにイラストを入れた。それはガッチーナ宮殿の正面部分を少し斜めに見る構図で、いつものように遠近法を使い、壮麗な宮殿を表現したものである。入口も、その両側にならぶ縦長の窓も、一つひとつ丁寧に、きれいに描いた。宮殿の右上を覆うように、近景として桃の木に花が満開となっているところを、その下四分の一ぐらいには桃の花の一枝をややクローズアップで、花びら一枚一枚、雌しべ、雄しべも一本一本きっちりと描いた。

この手紙にはクァックスが撮ってくれた自分の写真を一枚添えることにする。飛行服に飛行帽（ヘルメット）。飛行帽の額のあたりにゴーグルをして微笑している。とても気に入っ

手紙に添えられたヴァルテルの笑顔

た写真である。

これで母にたいするヴァルテルの思いを伝えることができる。

この月の二十日、ヴァルテルはソ連のイ16型戦闘機を一機撃墜した。その方向舵には大きく黄色の12という数字が書かれていた。パイロットは車輪を出さずに、広い平らな草地に胴体着陸し、助かった。もちろんドイツ軍の捕虜になった。

ロシアの地では、平らな草地と見えても沼であることが多く、上空からは固い地面と沼地の判別が非常にむずかしい。それなのにロシア人パイロットは、ちゃんと固い地面の草地に胴体着陸した。よく見分けられたものである。

この黄12番のイ16はヴァルテルにとって八十二機目の撃墜戦果であるが、ここまで来ても百機という大台は、ずっと遠くに感じられる。

ここ、リエルビジに来てもヴァルテルは、中隊の車輛を自分で運転して動きまわることが多い。係の下士官や兵に運転させてどこかへ行くということは、まずない。リエルビジの基地とその周辺では、中尉の中隊長がハンドルを握って、下士官や兵を乗せて走る姿がよく見かけられたものである。

3　遂に達成した百機撃墜

レニングラード近辺では、出撃しても敵機に出会わないことが時々あった。リエルビジに来てからは、出撃して会敵しないことがないと言ってもよいほどである。ガッチーナにいた頃より空中戦の機会が増した。

ロシアの地に攻め込んだドイツ軍の陣地が苦戦におちいり、ずらりと陣地がつらなった線が破られそうになる所が、ドイツ軍の陣地が苦戦におちいり、ドイツ軍はいま、押し返されそうになっている。防禦につとめるあちこちに出来る。そこへ救援に駆けつける火消し役なのだから、敵機編隊と遭遇戦になることが多いのは、当然といえば当然である。

百機まで、あと十八機。遠い道のりに思えていた。しかし五月から六月にかけて一回の出撃で二機、三機と、まとめて撃墜することが多くなってきた。

これは、ヴァルテルのシュヴァルム四人のチームワークが良くなったことと、ヴァルテル自身の敵機を撃墜できる位置へ至短時間におどり込む「機眼」が磨かれてきたこと、そして無駄弾丸の少ない射撃の腕前の、三点が大きく作用している。

六月十五日、前進基地のニコルスコエ（モスクワ北東）から出撃して戦い、ついに百機撃墜を達成した。浮き立つ気持をぐっと押さえ、静かにニコルスコエに帰投して余計なことはせず、すっと着陸した。

フランツ・アイゼナッハ中尉

整備員たちは柏の枝で大きなリースを作った。豊かに柏の葉のついたそのリースは、首にかけると輪の下端が膝小僧にくる。これと黄色い板の楯を作ったが、これは縦横ともに一メートルを優に超える大きなもので、その左上の部分に第一中隊のシンボルである煙突掃除屋が描かれた楯の形のエンブレム、右上部分には第一大隊のニュルンベルグ市章、その二つのエンブレムの下、大きな楯の中央あたりに緑色のハートを配してある。

その緑色のハートの中に白い字で100と書いてあって、大隊と中隊のエンブレムと、このハートが構成する逆三角形の真ん中を横切るかたちで「貴官の部下の黒装束一同、祝百機撃墜」と黒い文字で大書されている。黒装束とは整備員のことで、黒い作業服をきて整備作業にあたる彼らは、ドイツ空軍内で、こう呼ばれている。

ヴァルテルは、この前、中隊の三百機目を撃墜したときと同じようにリースを首にかけ、大きな楯の形の板を持って愛機のキャノピーレールに腰かけて記念写真におさまった。そして写真撮影が終わり地面に降りてリースをはずしたところへ、第三中隊長のフランツ・アイゼナッハ中尉が「祝百」と書いた紙を巻いた花束を持って駆けつけてくれた。空中戦の疲れを、すっかり忘れるひと時である。

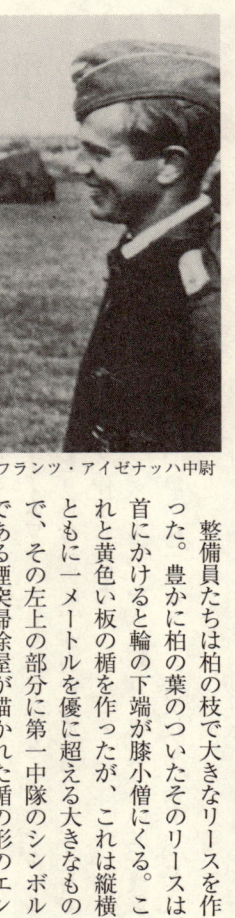

この百機目の撃墜はノヴァロドガ上空での戦果で、三四四回目の出撃の獲物であるが、この東部戦線で戦っているドイツ空軍の戦闘機パイロットとして三百回をはるかに超える出撃を重ねて、やっと百機撃墜というのは、目立たない、つつましやかな数字である。

それでも何となく調子が上向いてきたような気がするヴァルテルであった。シュヴァルムの結束とチームワークに自信が持てるようになったし、フォッケウルフFw190の飛行特性や操縦操作への反応の具合もよくわかってきて、この飛行機を存分に使いこなせる自信のようなものも湧いてきた。

あのアフリカの星マルセイユ大尉のような、毎回一機撃墜につき弾丸十五発しか消費しないという高水準には及びもつかないが、無駄弾丸が減ったという感じは持っている。

この月のある日、トラウトロフト連隊長が第一大隊の状態を見に訪れた。その時、第一戦闘機連隊の連隊長になっているハンス・フィリップ少佐のことを話してくれた。

米英の航空部隊が、この三、四、五月あたりからドイツ本土爆撃を強化してきており、大きな四発重爆撃機の大編隊が沢山の戦闘機に護られて来襲する。それを毎日のように要撃しているのだそうである。

東部戦線とちがって、本土防空の要撃戦は、少なくとも中隊が一団となって、普通一個大隊がひとまとまりになって敵機の編隊を攻撃する。ソ連戦闘機を相手にメッサーシュミットBf109Fを操縦して戦う旋回戦闘が本領であったハンス・フィリップ少佐には、ずいぶん勝手のちがう戦場の様相である。少佐は転出の一年あまり前の一九四二年三月三十一日に百機撃墜を達成しており、ドイツ空軍戦闘機パイロット百機到達者の四番目であった。

百機撃墜のトップは第五十一戦闘機連隊長であったヴェルネル・メルダース大佐、二番手が第三戦闘機連隊長であったギュンター・リュッツォウ少佐、三番手が第二戦闘機連隊長であったヴァルテル・エサウ少佐、四番手がハンス・フィリップ少佐、五番手があちこちの戦闘機連隊を転々としていたヘルベルト・イーレフェルト大尉である。

六番目に百機撃墜を達成したのは第五十四戦闘機連隊の第三大隊に所属する第七中隊の中隊長であったマックス・ヘルムート・オステルマン中尉で、この人もメッサーシュミットBf109F型に乗る旋回戦闘の名手であった。今ヴァルテルが所属している第五十四戦闘機連隊には、メッサーシュミットBf109F型に乗る旋回戦闘の名手が二人いたわけである。フィリップ少佐にちょっとした憧れを抱いていたヴァルテルではあったが、旋回戦闘は嫌いである。

ともあれ、ハンス・フィリップ少佐は今年三月、彼の二十六歳の誕生日に二機撃墜したことにより個人スコア二〇三機となり、グラーフ中尉を抜いて空軍のエキスパートの首位に立った。

トラウトロフト連隊長はフィリップ少佐のことを、敏感で神経質だが狩猟の天才のようなところがあり、敵より賢く抜け目なく狡猾に戦い、戦いの技では絶対に敵を上まわりたいという燃えるような欲求に衝き動かされていて、戦闘機相手の取っ組み合いである旋回戦闘を、ことのほか好んだように思うと語った。

また、フィリップ少佐が人生の歓びも満喫したがる男だったとも言い、フランス北東部のリールの町やラトヴィアのリガの町でも遊びまわっていたと回想して、ポケットから手紙を取り出した。フィリップ少佐がオランダからよこした手紙で、第一大隊のパイロットには見せてもよいと追伸がある、と言って読んでくれた。

「年寄りは後ろに引っこんでいて、こちらは前へ出され、口先でうまいことを言われている気分です。第一戦闘機連隊の連隊長に任命されて手腕を振るえることになって、良かった、遅過ぎなかったと思っています。私がここで、どういうふうに振舞わなくてはならないか、おわかりでしょうか。

　ここには可愛らしい女が大勢いるし、いろんな物が豊富にあります。しかし空の戦いは、とても厳しくて、敵は数的優勢にあり、しかもボーイングの防禦火網は、ものすごい。そして、待機所のソファにくつろいで音楽を聴いている時、いきなり戦闘のために発進しなければなりません。

　二十機ぐらいのソ連機相手の空中戦もスピットファイアの大群相手の空中戦も楽しいものですが、多少ひやひやすることは、あります。ところが空の要塞の大編隊に立ち向かって行く時は、自分がこれまでに犯した、あらゆる罪が眼の前に現われる思いがします。このような戦いに連隊のパイロットを、新人もふくめて全員投入しなければならない。これは本当に辛いことです」

　西部戦線と本土上空の戦いの厳しさが、ひしひしと感じられた。が、ここ東部戦線の戦いも厳しいと思う。ソ連機の数は墜としても墜としても減るどころか、じわじわと増えてくる。

こちらの機数の六倍ぐらいのソ連戦闘機と交戦するのは、ごく普通のことになってきた。それでもソ連軍パイロットには戦いに不慣れな者が多いように見え、ヴァルテルたちは機数で大幅な劣勢にありながらも、気持の面ではまだ絶対といってよいほどの優勢を保っている。しかし油断はできない。バイスヴェンガー中尉を撃墜したソ連戦闘機編隊長のように、優れた腕前のパイロットが、時たま見かけられるようになってきたからである。去年は激戦の年であったが今年一九四三年は、さらに激戦の年となってきている。

六月は中旬から下旬にかけても、陸軍が苦戦している戦線の上空で、空の戦いは続いた。二十四日には一日でヴァルテルの撃墜機数は十機増加した。一日に十機撃墜は初めてである。三番機のトニは、第五十四戦闘機連隊に着任したときの個人スコアが四機であったが、ヴァルテルのシュヴァルムに入ってから徐々に戦果を増やしはじめた。四番機のルディは派手に戦果をあげることはないのだが、与えられたチャンスはピシッと捕えて敵機を仕止める。

ヴァルテルの背後を直接守っているクァックスは、ほとんど撃墜機数が増えていない。だが、連日の猛烈な遭遇戦の渦の中で、しっかりとノヴィを守っている。ノヴィのフォッケウルフFw190Aを後ろから視野の端にとらえた状態で、激しく動きまわるノヴィの後方、適正な距離のところに横に少し開いた隊形を保って飛び、主として後方と上下方と側方の警戒に神経をくばる。

二番機の位置は左斜め後方とか右斜め後下方とか決まってはおらず、敵と編隊長の位置関係に、編隊長がつぎの瞬間どのように動くかという予測をあわせて、編隊長が振り返ればすぐ見えて、しかも後方象限《しょうげん》を警戒するのに最適なところにいつもいるよう心懸けるので、ノヴィの乗機の後ろに見えない糸でくっついている振り子同然である。

「魚のなかには片方の目で前を、もう片方の目で後ろを見ることのできる種類があるそうですな。ワシも、そいつにあやかりたいもんでさあ」と言ってクァックスは笑う。

ヴァルテルは、できることなら追いつめた敵機をクァックスに射撃させたいのだが、何ぶんにも圧倒的に数の多い敵機との空中戦なので、なかなか二番機に獲物をゆずってやるチャンスが掴めない。

二番機に、行けと命じてから、編隊長の後ろ、真近にいる二番機が敵機を射てる位置に出て照準を定め、射撃するまでには少なくとも十秒近くはかかる。いかに下手くそが多いソ連戦闘機隊が相手とはいえ、モタモタしていては危ない。

十秒ほど二番機の様子を見守るのは、命取りだと思わなくてはならない。別の敵機に射たれるかもしれず、体当たりで叩き落とされるかもしれない。だから素早く敵機の群れへ躍《おど》り込み、至短時間に照準を定めて正確に狙い、ほんの〇・三秒から〇・五秒ぐらい銃の発射ボタンを押したら、それを放して離脱操作をする。

敵機編隊に跳びかかる直前、すぐに自分の編隊を攻撃できる位置に敵機がおらず、自分が射撃するときに攻撃してくることのできる敵機がくっついていない一機を選ぶ。この時から、狙った一機を射って銃の発射ボタンから右手親指を放した瞬間に、離脱操作を開始する。これだけのことをする間、自分の背後を見ることはできない。この時点では一度後ろを振り返っただけで、敵機を取り逃がすことになるからである。

この六月二十四日の十機は、二回の出撃であげた戦果であった。一回目はシュヴァルムで出撃し、二回目はクァックスだけ連れたロッテでの出撃であった。

月末になり集計されたヴァルテルの六月分の撃墜機数は四十一機にもなって、中隊ではもちろん、第一大隊の中でも話題になった。七十機台の撃墜機数に到達するのに二年ほどもかかったことを思えば、これは嬉しい進歩である。

ヴァルテルの個人撃墜戦果はこの六月末で合計一二四機になった。ゴルドン・ゴロブ大佐、マルセイユ大尉、グラーフ中尉などは、個人撃墜機数が百を超えたときに、騎士鉄十字章の二つ上のランクである剣と柏の葉の飾りがついた騎士鉄十字章を授与されている。ヴァルテルは一二四機で騎士鉄十字章のまま。一ランク上の柏の葉の飾りのついた騎士鉄十字章のことさえ、噂にならない。

飛行日誌の六月のページをしめくくると、少し余白ができたので、つい「柏葉付騎士鉄十字章を授与されてよい戦果をあげているのに、何の音沙汰もない」と書いてしまった。空中戦の腕前に自信がついてきたが、気持が浮わついてしまわないように自戒し自制する。

激烈なクルスクの戦車戦がくり広げられているその上空で、猛烈な空中戦が展開され、ヴァルテルたちも、これに参加した。

一日に三回も四回も出撃し、そのつど会敵して激しい空中戦をする。ヘトヘトに疲れて帰ってくるとすぐ四人集まって意見交換をする。それが終わるか終わらないかで、次の出撃。この繰り返しである。

クルスク上空の戦いにつづき、ソ連が行なった巻き返しの作戦「クツーゾフ作戦」にともなう空中戦のあった七月、ヴァルテルのシュヴァルムは空中戦の回数が多かったにもかかわらず、あまり戦果があがらなかった。撃墜機数はもっぱらヴァルテルが稼いだ観があり、七月のヴァルテルの戦果は先月につづき、また四十一機撃墜であった。

この月、第五十四戦闘機連隊を三年の長きにわたり連隊長として統率し、精鋭な部隊に鍛え上げ、育て上げたトラウトロフト少佐が、東部戦線戦闘機部隊監察官に任命されて連隊を去った。大抜擢の栄転であったが、トラウトロフト少佐自身は、あまり嬉しくなかったという。

フォン・ボーニン少佐

前述のチッタデーレ作戦にともなう第五十四戦闘機連隊の作戦戦闘の準備を整え終わって、作戦の発動を待つところでの転出となったからであった。

新しい連隊長はフーベルタス・フォン・ボーニン少佐で、第五十二戦闘機連隊から着任した。この人はスペイン内戦に参加して四機撃墜を確認されたベテランで、この大戦のはじめころは第二十六戦闘機連隊に所属して各地を転戦した。そして一九四〇年に第五十二戦闘機連隊の第一大隊長、第二大隊長を歴任し、ロシアの地に進出する前までに九機を撃墜している。また、ここロシアの空ですでに五十機ばかり撃墜戦果が確認されている古強者で、騎士鉄十字章の佩用者でもある。

この人の弟も戦闘機パイロットであるが、夜間戦闘機に乗っていて、いまは第一夜間戦闘機連隊の第二大隊副官兼中隊長職にあり、困難な夜間戦闘で英軍の爆撃機を二十機ほども撃墜しているという噂である。

新連隊長の着任と相前後して、七月六日にヴァルテルたちの大隊長ラインハルト・ザイラー少佐の個人撃墜戦果が百機に到達した。ところが、その数日後の空中戦で重傷を負って血まみれになって帰投したが、連隊の医官の手に余るということで、本国の病院へ後送されてしまった。

スペインで九機、この大戦では東部戦線におけるメッサーシュミットBf109昼間戦闘機による夜間戦闘の十六機撃墜をふくむ九十六機撃墜が確認された猛者は、ドイツ本国で病院暮らしをする身となったのである。

大隊長不在のまま八月になった。八月一日、ブルガリアの首都ソフィアのドイツ大使館付武官ゲルハルト・ホームート少佐が、ザイラー少佐の後任大隊長に発令された。ホームート少佐は北アフリカの第二十七戦闘機連隊でアフリカの星マルセイユ大尉とともに活躍したエキスパートで、しぶとい英空軍を相手の戦いで六十三機撃墜を公認されている。もちろん騎士鉄十字章の佩用者である。

4 大隊長は二十二歳の中尉

新しい大隊長のホームート少佐は、着任して第一大隊の状態をさっと把握すると、早くも八月二日には一回出撃した。つづいて三日にオリヨール方面へ出撃したが、そのまま未帰還となってしまった。エンジン故障で不時着したのか撃墜されたのか、はっきりせず未だに消息不明のままである。こうして、また第一大隊長が不在となった。

臨時の大隊長に第二中隊長ハンス・ゲーツ中尉が発令されたが、その次の日、八月四日に彼自身の八十二機目の獲物を撃墜して戦死した。この獲物はイリューシンIℓ2型爆撃機で、シュツルモヴィクと呼ばれる防弾装備のすぐれた機種で、なかなか撃墜できない。それを粘ってねばって至近距離に迫り撃墜したが、彼自身はシュツルモヴィクの後部射手の返り討ちにあったのである。ゲーツ中尉のフォッケウルフFw190Aは射たれて裏返しになり、森の中へ墜落炎上した。

第一大隊長の代理に、とりあえずヴィンツェント中尉が指名され、八月十日になって正式につぎの大隊長が発令された。新しい第一大隊長はヴァルテル・ノヴォトニー中尉である。

二十二歳の中尉が、三個中隊からなる戦闘機大隊を指揮することになった。パイロット四十人前後、戦闘機約四十機と大隊本部の連絡機や雑用機を数機、整備員はじめ地上勤務者百数十名、車輛二十四輛余を指揮管理しなくてはならない。連隊長へ提出する書類も決まっていて、毎晩、きちんと作って提出しなくてはならない。

平時では二十二歳の中尉が大隊長のポストに正式発令されるなどということは、あり得ないことであったが、激戦のつづく中でパイロットが多く失われていくため、やむを得ない処置であったと思われる。ヴァルテルのあとの第一中隊長にはヴェットシュタイン中尉が任命された。

ホームート大隊長のような空中戦のエキスパートが着任三日後に未帰還となり、この大隊長の代理となった中尉は翌日戦死という状況からも察せられるとおり、この夏は戦闘機パイロットの損耗が最も激しかった時期である。若いパイロットについては、その生還率が最初の四回の出撃につき四分の一という調査結果が出ていた。

新人パイロットは、東部戦線教導飛行団で教育訓練を受けてから各戦闘機連隊に配属される。ヴァルテルが新人だった頃は各戦闘機連隊に教導飛行隊があって、その戦闘機連隊がいる戦場の特性に応じた教育、連隊の戦い方の手ほどき、そして実際の戦場を飛びながらの訓練を行なっていた。

戦況が厳しくなってくると、各連隊がそれぞれに教導飛行隊を持ち、教導飛行隊勤務の人員、戦闘機、資器材を持っているのを、東部戦線は東部戦線専門の、西部戦線は西部戦線専門の教導飛行団を作って、新人をそれぞれ、まとめて教育訓練することとして各連隊の教導飛行隊を廃止し、この措置によって浮いた人員と航空機、資器材などを第一線で使えるように、組織が改められたのである。

　こうして育成された新人パイロットがたどる運命を、最初の四出撃につき生還率四分の一という言い方で表現されているのである。

　たとえば昨日、第五十四戦闘機連隊に新人パイロットが四人着任して、今日が初出撃の日だとすれば、一日に四回出撃するぐらいはあたり前のこの時期なので、今日のうちに四回出撃するが、今日の一日が終わったときには新人パイロットが多分、一人だけ生きているだろうということになる。着任した四人のうち三人は初出撃の、その日のうちに戦死なのである。

　緯度の高いレニングラード正面の夏は、昼が長く夜は短かい。一日に四出撃どころか、五回も六回も、時には七回も出撃する。槿花《きんか》一日《いちじつ》の栄《えい》のたとえではないが、新人パイロットは第五十四戦闘機連隊に配属されたりすれば、初めて出撃したその日のうちに、人生の幕を閉じることになると覚悟しなければならない。戦争とは非情なものである。

　愛国の至情に燃える勇敢で戦意旺盛な若いパイロットが、つぎつぎに着任する。そして一日か二日のうちに大部分が戦場に散り、消えていく。

ソ連軍の総反撃に立ち向かっている戦闘機連隊のパイロットのうち、ヴァルテルのシュヴァルムのように、しぶとく生き残り、腕を磨き上げた者にとって、この夏のレニングラード正面は絶好の稼ぎ場所、稼ぎ時であった。

　隣りの第二大隊の第五中隊長マックス・シュトッツ大尉などは、この典型である。この人はヴァルテルより九つ近く年上で、一九三五年にオーストリア空軍に入ってアクロバットチームの一員にもなっていたベテランである。第五十四戦闘機連隊発足の時から第二大隊に所属して戦いつづけている。

昨年の十二月三十日にはイルメニ湖方面へ出撃し、この日だけで一挙にソ連機を十機撃墜した。そして今年の一月二十六日には個人の撃墜戦果が一五〇機を超えた。引きつづき大活躍してスコアを一八九機まで伸ばしていたが、八月十九日にデュナブルグ東南方ヴィテフスクの近くの空中戦で撃墜され、ソ連軍支配地域に落下傘降下するのが目撃され、それ以後全く消息がない。

マックス・シュトッツ大尉が未帰還となる少し前、ヴァルテルは彼と一緒に休暇をもらい旅行をした想い出がある。個人スコアが一八〇機近くに達したシュトッツ大尉と、やっと一三〇機を超えたヴァルテルに、フォン・ボーニン連隊長が慰労の意味で短期間の休暇をくれたのである。

ヴァルテルはシュトッツ大尉を兄貴のように慕い、シュトッツ大尉は先輩としてヴァルテルに目をかけてくれている。フォン・ボーニン少佐は、そのような二人の間柄を知っていたので、二人揃って骨休めができるよう計らったのかもしれない。

二人はウイーンの遥か西方、ミュンヘンに近いヴェルデンまで足をのばして、ゆっくりとくつろいだ。ヴェルデン行きは、シュトッツ大尉の提案であった。

そして八月十日に帰隊した。翌日からまた連日の反復出撃がはじまる。ヴァルテルは八月十三日に一三七機目の撃墜戦果をあげた。この数日後、シュトッツ大尉の出撃回数が五百回を超えたと騒がれたが、それから間もなくの十九日に彼は撃墜され、未帰還となったのであった。

地上の戦線は押されて西へ西へと動いている。ソ連陸軍の西進をソ連爆撃機が支援する。その爆撃機隊をドイツ戦闘機隊の襲撃から守るため戦闘機隊がついて来る。ソ連戦闘機隊はドイツの戦闘機の戦い方を真似て、戦闘機掃討もやるようになった。これに対してドイツ側は一日に何回も出撃する。ほとんど毎回、激しい空中戦になる。時にはシュトッツ大尉のように二百機撃墜を目の前にして撃墜される超エキスパートもある。

昨日の栄光は、本日、只今、この瞬間の栄光ではない。油断するな。うかつな飛び方をすると、過去の栄光とともにこの世から消されてしまうぞ。発見し攻撃しようとして狙っている、この敵機のパイロットは世界一の名戦闘機パイロットかもしれない。そうでないことを自分の技量でもって証明するまでは、自分の能力を総動員して戦わなくてはならない。

誰もが、このような気持でエンジンをかけ、離陸滑走のスロットルレバーを押す。神経の細いパイロットには耐えがたい試練。そうでない者にとっても歯を喰いしばって突破しなければならない空中戦の修羅場。ストレスをやわらげ、大隊全員の気持を引き立てて明るい雰囲気をつくっていくことも、大隊長の大事な仕事である。ヴァルテルは、持ち前の明るくて前向きな性格と、品のよいユーモアで大隊を引っ張っていく。

多忙な中ではあったが、ヴァルテルは八月下旬に両親宛の手紙を二通も書いた。二十二日の手紙には自分個人の総撃墜機数が一六一機に達したことと、そのうち三十七機はたったの十日間であげた戦果であることを、まず書いた。それに続いて、先輩のマックス・シュトッツ大尉が一八九機撃墜をなしとげて、敵機に撃墜され未帰還となっていることを伝え、「撃墜！　貴方がたのヴァルテルより」と結んだ。

三十日にしたためた手紙にはイラストを入れた。自分たちが水着姿で湖畔で遊んでいる様子をペンで描いた。一人は樹のかげで着替え中、一人は準備体操中、二人が水際に向かって砂浜を走っていて、もう一人は湖水で泳いでいる。木の枝にはズボンのサスペンダーやベルトが掛けてあり、その下には服が乱雑に脱ぎ捨てられている。

一枚目の便箋の左上に、横幅約五センチ、縦が約三センチのスペースをとって、この絵を描き、文面にはアントン・デベレが自分のシュヴァルムの一員として飛んでおり、五十三機を撃墜していることと、本来なら一四〇機撃墜が柏葉付騎士鉄十字章授与の基準のはずなのに、自分には全く授与の話がないこと、そのうち授与の通知が来るものと期待していることの三点を述べた。今度の結びは「撃墜！　貴方がたのベンジャミンより」とした。

アントン・デベレ軍曹はヴァルテルのシュヴァルムの三番機になってスコアを伸ばしている。ヴァルテルが五十六機撃墜で騎士鉄十字章をもらったことを思えば、とっくに七十機撃墜を過ぎているトニは騎士鉄十字章を授与されてよい戦功をあげているのに、騎士鉄十字章の話は、これまた全くないのである。

5　連日の出撃で一五〇機突破

戦線のあちらこちら、ほころびそうになった所へ転々と差し廻されて出撃を重ね、そのぶん戦果もあがった。この八月十二日から九月一日までのヴァルテルの敵機撃墜状況は、次のとおりである。

八月十二日＝一二五機目～一二八機目　　八月十八日＝一五一機目
八月十三日＝一二九機目～一三七機目　　八月二十一日＝一五五機目～一六一機目
八月十四日＝一三八機目～一四〇機目　　九月一日＝一七四機目～一八三機目
八月十五日＝一四一機目

　このような結果が出る裏側には連日の出撃と、その一日一日に複数回の出撃があり、さらに、それを支える第一大隊の整備員はじめ地上勤務者の献身的な活動がある。一日に九機を撃墜した八月十三日や、十機を墜とした九月一日などには地上勤務者たちが大喜びしてくれるが、それほどの戦果がなくて一機か二機しか撃墜できない時でも喜んでくれる。

　それに対しヴァルテルは従来どおり、にこやかに感謝の気持を伝え、地上勤務者たちがそれぞれの持ち場でしっかり働いてくれるおかげで戦果があがるのだと話す。

　はや一年前のことになるが、操縦技量だけでなく、航空兵器の開発運用にもすぐれた知識と能力を持っていることで定評のあるゴルドン・ゴロブ大佐が、一五〇機撃墜を達成して、ダイヤモンドを散りばめた剣と柏の葉の飾りがついた騎士鉄十字章を授与されている。これは一五〇機撃墜第一号であったためであろう。

ゴロブ大佐は双発複座の戦闘機メッサーシュミットBf110型機から単発単座のメッサーシュミットBf109型に転じたパイロットで、東部戦線の一番南の地区にいた第七十七戦闘機連隊の連隊長のときに一五〇機撃墜を達成した。

出撃回数は三四〇回でこの記録を達成し、その間に直接つれて飛んだ部下を一人しか失っていない。その部下一人の死亡は編隊長の責任ではない状況下での死であったと伝えられている。

ヴァルテルは一六一機を撃墜し、シュヴァルムを組んで飛ぶ部下は、これまで毎回、無事につれて帰っている。しかしダイヤモンドを散りばめた飾りのついた騎士鉄十字章の二ランク下にあたる柏の葉の形の飾りがついた騎士鉄十字章の授与についてさえ、何の音沙汰もない。

ゲルマンの血を受けついでいる戦士として、栄誉を望まないわけではないが、勲章を貰《もら》うために戦闘機パイロットになったわけではない。いまは激戦のさ中にいて、大隊のパイロットを死なせずに連れて帰り、無事に着陸させることと、地上勤務者たちの働く環境や条件を少しでもよくすることが最優先である。第一大隊を率いて、ひたすら戦いつづけるのが、つとめである。

大隊長になったので、ヴァルテルはもはや白の8番で飛ぶわけには行かなくなった。大隊長は、大隊長マークの付いた機体で飛ぶ決まりだからである。

番号数字の書かれていたあたりに黒い二重シェブロンと呼ばれる、横倒しの正三角型に似

ラッキーナンバー13と大隊長マークを描いたFw190に搭乗するヴァルテル

たマークが描かれ、それが大隊長マークである。Ｖの字を横倒しにし、尖った先を機首方向に向けた形を描いた、その横向きのＶの字の中にもう一つ小さなＶの字を横向きにして入れる。Ｖの字の大と小が重なっている形。これが二重シェブロンである。

ヴァルテルは二重シェブロンの小さい方のＶ字の中に白字で8という数字を書き入れた。さらにコックピットの下あたりに優雅な形の13という数字を書く。どちらも自分のラッキーナンバーである。13の3の字は日本の平仮名のろの字に似ていて、1の字は上端から小さく左下へ出ている部分が普通よりも長く左下へ伸び、その伸びた先が丸くなっている。ちょっと見ると73とまちがえそうな形である。

方向舵には何も書かない。メルダース大佐、ガーランド将軍、グラーフ中尉、マルセイユ大尉。いずれも方向舵に華やかな撃墜マークを描いていたが、ヴァルテルは、そういうことはしない。

ヴァルテルたちレニングラード正面を担当する部隊はヤクYak1型、ミグ3型、イ16ラタ等の戦闘機や、ペトリヤコフPe2型やイリューシンIℓ2型等の爆撃機に出会うことが多かった。クルスクの戦いの頃、改良されたタイプ、ヤクYak9型が出現した。そしてスターリングラード正面で昨年秋頃からラヴォーチキンLa5型が出現したと伝えられた。ラヴォーチキンLa5型は空冷星型エンジンの戦闘機で、フォッケウルフFw190型機にちょっと似ているらしい。

ヴァルテルは、まだ出会ったことがない。

第五十二戦闘機連隊あたりから伝わってくる話では、空中戦で取っ組んでみると、かなり手ごわいということである。

ソ連空軍は数のみならず航空機の性能の面でも優勢に立つ勢いを見せてきている。

ヴァルテルの周囲で有能な戦闘機パイロットがつぎつぎと撃墜される激戦が展開されているが、ソ連空軍にとっても優れたパイロットがつぎつぎと戦死する激戦であることは、同様である。

この年、この夏、ソ連空軍戦闘機部隊は女性エース首位と第二位を失っているので、このことに少し触れておこう。

ドイツ空軍戦闘機部隊に関与した女性パイロットとしては、メッサーシュミットMe163型ロケット戦闘機にたずさわったハンナ・ライッチュ女史と、メッサーシュミットMe262型ジェット戦闘機のフェリーパイロットをつとめたヴェラ・フォン・ビッシング女史あたりがよく知られている程度で、数は多くない。

これに対しソ連空軍は女性パイロットで編成した爆撃機隊と戦闘機隊を持っていた。女性パイロットの戦闘機隊はスターリングラード正面に展開していたので、ヴァルテルたちは遭遇していない。ことによると、クルスク上空あたりで遭遇したかもしれないが、確認はできない。

戦中から戦後長く、女性パイロットのトップエースとされてきたのはリディア・ウラジミーロヴナ・リトヴィアク准尉で、十六機撃墜を認められた小柄な金髪美人。戦果の大部分がメッサーシュミットBf109で、観測気球一個をふくむ。簡単に墜とされては敵情の観察も味方砲兵隊の射った弾丸の着弾観測もできないので、観測気球は強力かつ濃密な対空火網で守られている。墜とすのは非常に困難なターゲットである。

リディアは八月一日、この日の三回目の出撃でメッサーシュミットBf109を二機撃墜した直後、自らも被弾し撃墜された。遺体はすぐには発見されず、叙勲の上申は、捕虜になっている可能性があるからとスターリンに却下され、そのままになった。

しかし、リディアのヤクYak1M型機の機付長であった女性整備員インナ・パスポルトニコヴァ曹長が執念ぶかく戦後もなお遺体を探しつづけ、金属探知機まで使って捜索した結果、一九八九年になって、やっとリディアの乗機の残骸の一部を発見し、付近の村人に葬られていたリディアの遺体をも探し出した。

翌年の一九九〇年五月六日、リディアにはミハイル・ゴルバチョフから「ソ連英雄金星勲章」が正式に授与された。余談ながらリディアは同じ基地のソロマチンという男性パイロットと恋仲であったとされるが、そうではなかったようである。母親への手紙の中に、ソロマチンが自分に好意を寄せているが、彼は私のタイプではない、と書いている。

もう一人。イェカテリーナ・ヴァシリエヴナ・ブダノヴァ中尉は、前記リディアに次ぐナンバーツーのエースとされていたが、のちの調査で二十二機撃墜が認められ、ソ連空軍女性パイロットのトップエースである。戦死したのはリディアより早くて、六月十九日であった。イエカテリーナは戦友から「カーチャ」と呼ばれていたが、カーチャの場合も撃墜されたのは目撃されたが遺体が発見されず、これまた捕虜になっているのかもしれないからと、叙勲申請が却下された。そして一九八八年に遺体が発見され、一九九三年になってエリツィン大統領により正式に叙勲のはこびとなった。

カーチャは二番機にリディアを連れて出撃することが多かったと言われる。濃い栗色の髪で丸顔の平凡な顔立ち。がっちりした体格の女性であった。

さて、ヴァルテルはこの八月、一ヵ月のうちに四十九機撃墜の戦果をあげた。聞けば、やや南にいる第五十二戦闘機連隊のエリッヒ・ハルトマン少尉も同じく、この月の戦果が四十九機だったということであった。

第七章　戦闘機隊の猛者も人間

1　ペットや遊び、スラングなど

戦闘機連隊の面々は、ただ、ひたすらに戦うだけの機械ではない。ナチス・ドイツの軍人であり戦闘機連隊に所属する戦闘員であるが、血がかよい心のある「人間」である。ペットも飼えばゲームや遊びもする。

分散待機所へ行けば、いろいろなペットが見られる。一番多いのが犬。連隊が転戦し前進してきた飛行基地で入手したものがほとんどで、ダックスフント、マスチフ、シュナウザー、テリア、その他雑種犬もあり種類も多い。呼び名はペテーレ、ヘクセ、イワン、チカ、ソンシャなどで、大部分がロシア系の名で、ロシア生まれの犬たちである。ドイツ軍戦闘機連隊の捕虜か？　ガッチーナ、リエルビジあるいはジーヴェルスカヤまでは飼い主の乗機の胴体にある狭い荷物室に入れられ、空路運ばれてきた。

犬以外のペットは、鵞鳥《がちょう》や鶏、豚に牛までいて、これらは地上勤務員たちが陸路、連れてきた。それぞれに名前がつけられている。これらは個人のペットではなく、中隊のペットで、やがては中隊の食卓にのぼる運命にある。

分散待機所では、安楽椅子に横になってうたた寝をしたり、トランプに興じたりチェスをしたり、愛犬とたわむれたり。よその連隊には、虎の子やライオンの子をペットにしているパイロットもいるが、第五十四戦闘機連隊にはペットの虎やライオンはいない。そしてヴァルテルはペットを持っていない。

緊急発進が下令されると、トランプであれチェス盤であれ犬であれ、放っぽり出して戦闘機に跳び乗って、数分後には森の梢すれすれの低空を高速で飛んでいるか、高度四千メートルあたりを上昇中である。精神的にも身体的にも、つねに空中戦への備えが整っていなくてはならない。

そうでなければ猟場で狩り立てられ追い込まれる野獣のように哀れな死を迎える。それが戦闘機パイロットというものである。生まれて初めてのやり損じは、空中戦の世界では被撃墜、すなわち死に直結すると思わなくてはならない。空中戦では何かのはずみでやった大したこともなさそうなやりそこないが、命取りになるのが、ごくあたり前のことなのである。

高度の変化に応じて適切に酸素を吸わなくてはならない。生き延びるためだけにでも旋回し転回し、情け容赦のない闘争をくぐり抜けねばならず、ましてや敵機を仕止めるのであれば心身共にベストコンディションにし、しかも殺意に満ち満ちていなければならない。満々たる殺意をいだいていても力が入り過ぎていたり、何が何でもやっつけてやろうという一心に凝り固まっていては駄目である。心に一点のひっ掛かりもなく、冷静かつ融通無碍《ゆうづうむげ》の心境でなければ、連続して空中戦に勝つことはできない。

戦闘機パイロットの飛行は、あらかじめ計画された作戦に参加する出撃や、修理または整備の終わった機体の試験飛行をする場合以外、緊急発進か戦闘機掃討への発進となる。ペットとたわむれている気持のよい草地から、あるいは食卓について旨《うま》そうな料理を口へ運ぼうとした席から、あるいは芝生《しばふ》の上か安楽椅子の上のまどろみから、そして冬には心地よく暖房された待機室から、いきなり生きるか死ぬかの空中戦へと飛び上がって行くのである。

運命なのか何なのか。厳しい戦いの中で戦闘機連隊のメンバーの誰かが不思議な状態でいなくなることがある。

緊急発進して編隊を組み、敵を発見して旋回を始めた時、スーッと編隊から離れて行き、近くにあった低い雲にゆっくり入って行ったまま帰って来なかった者、爆撃機編隊を攻撃中、敵の防禦火器の集中射撃をうけて、いきなり火の玉となった数秒後にあとかたもなく消え去った者。やられて落下傘降下したものの、海に落ち、あるいはロシア近辺の涯《はて》しない沼地に落ちてそのまま未帰還となった者は何人もある。

このような者がいつも座っていた夕食の席は空席となって、テーブルの上に用意された料理は手つかずで残り、生還したパイロットたちの心をさいなむのである。

生きて戻り、皆につづいて着陸し駐機位置へ来てエンジンを停めると、黙って飛行機から降りて何も言わずにじっと飛行場に咲いている野草の花を見つめていたり、草の葉を歩いていく虫をいつまでも目で追っていたりする者は、よく見かけられた。誰もが死ぬまで空で戦うか、戦争が終わって平和が来るまで死にものぐるいで戦いつづけるかしなければならないことを十分にわかっていたが、それを口にする者はなかった。アフリカ戦線あたりでは夕方になると、ユーゴスラヴィア(現セルビア)のベオグラード放送局から送られる、あの哀愁にみちたリリーマルレーンという題名の歌に耳を傾ける兵士が多かったと言われるが、ここレニングラード正面に展開している部隊のあたりには残念ながら電波が届かない。マルレーネ・ディートリヒの、あの歌声に心癒《いや》されることはないのである。

この地では午後の九時半になっても太陽が明るく照り輝いている。もう少し北の、第二大隊がときどき派遣されるフィンランドでは、この頃の午後十一時過ぎに夕陽に照らされながら飛行機から降り、宿舎へ歩いて帰るのが普通であった。

戦闘機パイロットの間には独得の用語があった。他愛もないスラングである。たとえば、古株とか老いた兎《うさぎ》とかはベテラン戦闘機部隊長のこと。木製の目玉とは戦闘機編隊の二番機のことであった。

整備員たちにも目を向けて見よう。だいたい十八歳から五十歳ぐらいの年齢で、ドイツ・オーストリアの各地から来ている。

部隊の持っている連絡機など雑用機には、冬になると車輪のかわりにスキーを付ける。フィーゼラー・シュトルヒFi156型機、アラドAr68型機、クレムKℓ35型機などは全機スキー姿となり、戦闘機同様に白い水性ペイントを吹き付けられて冬化粧になる。

新しく受け入れた戦闘機には部隊のマーキングを入れ、空軍の規則に従った塗装の上に、冬は白くカムフラージュをする。古くなって傷んだ機体は丁寧に塗装を補修し、汚れをきれいに拭いとってから飛ばすならわしであった。油で汚れたままの飛行機を飛ばせるなど、もってのほか。これが第五十四戦闘機連隊の整備員たちの心意気であった。パイロットたちも、これを整備員たちのファイティングスピリットの表徴であり、高いプライドの表現として受け止めていた。

整備員たちは決まった勤務時間帯というものがなく、二十四時間勤務があたり前であった。仕事に区切りがつき少し時間があれば、飛行機のそばで横になり、しばしの睡眠をとった。つぎの仕事が入ると、チーフが笛を吹き鳴らして知らせ、これを聞くと起き上がって整備作業をはじめる。

これが日課といえば日課で、戦場にいる整備隊の普通の状態と受け止められていて、誰ひとり文句を言う者はいなかった。

2　個人スコアは二百機を越えた

一九四三年も八月が過ぎ、九月になった。九月一日、ヴァルテルは一挙に十機を撃墜した。午前中の出撃で十七分間に七機を、午後の出撃で九分間に三機を撃墜することができたのである。さい先のよい初日であった。

つぎの日、また次の日とさらに撃墜機数を六機ふやして個人としての敵機撃墜数が一八九機に達したところで、もう気にしないことにしていた柏葉付騎士鉄十字章が授与された。

これについて、六日に両親へ便りをしたためた。激戦のつづく中で大隊長としての仕事が沢山あり、夜になってからでないと手をつけることのできないペーパーワークも大変なこと、全軍で二九三人目の柏葉付騎士鉄十字章を受けたこと、一八九機撃墜の功績にたいする叙勲とされているが、手紙を書いている本日六日、すでに撃墜機数は一九一機になっていること、大隊長に任命されたのはハンス・フィリップ少佐が栄転した後、間もなくであったことを走り書きで便箋二枚に書いて、ヴァルテルより、としめくくった。イラストなど描き入れる余裕は全くない。

最上級の、ダイヤモンドを散りばめた剣柏葉付騎士鉄十字章から三番目の勲章の、柏葉付騎士鉄十字章をもらったことは、空軍の広報紙デルアドラーに顔写真入りで掲載されたが、ある部隊の中隊長で中尉だと書かれている。

ヴァルテルが中尉だが大隊長であるとは編集担当者たち上から下まで信じておらず、部隊から空軍総司令部への報告文書の文面が誤っていると決めつけられ、「訂正」をされたわけである。

デルアドラー紙の第一面に並んでいる顔ぶれは、北アフリカ戦線で一〇三機撃墜を達成したヴェルネル・メルダース大佐の副官であったハルトマン・グラッサー少佐、デンマーク貴族の息子で夜間戦闘機隊のエキスパートとして名高いプリンツ・ツ・ザイン・ヴィットゲンシュタイン少佐、シシリー島のカタニア上空で対空砲弾の直撃をうけて戦死した一二四機撃墜の記録を持つヴォルフ・エッテル中尉。その次に、おとなしく控え目にヴァルテルが載っている。

顔写真は前に騎士鉄十字章をもらったときに撮られたものが、そのまま使われている。四人の中でヴァルテルだけが制帽をかぶり、首からベターッと騎士鉄十字章を吊す赤、白、黒三色の幅広いリボンが下がっている。このページの下段には爆撃機隊関係の受章者が十六名並んでいる。

柏葉付騎士鉄十字章を受章した日、第六航空軍司令官リッター・フォン・グライム中将から直々に祝電をもらった。

受章は受章。すでに過去のことであり、只今この瞬間の栄光ではない。連日の反復出撃は続いた。

一日のうちに何回も出撃し、出撃のつど空中戦の日々である。それができるのは整備員たちの頑張りがあるからである。柏葉付騎士鉄十字章を授与されたのが九月四日であったが、九月八日に、この日だけで五機撃墜してヴァルテルの個人スコアは二百機になった。

整備員たちは、また大きな柏のリースをつくり、今回はヴァルテルにではなく、大隊長機

撃墜スコア200機突破を祝すプレッスラー中佐と握手をかわすヴァルテル

のスピンナーに掛け、二百と数字を大書した看板をリースに添えた。

ヴァルテルは？　黒一色に塗られているスピンナーのすぐ上。エンジンカウリングに機付長のヴァルト軍曹と並んで座った。滑り落ちないよう、お互いに相手の後ろへ手をまわし、ズボンのベルトの後ろを掴んで、ニッコリ笑って写真におさまる。

この二百機撃墜達成には、常日頃からヴァルテルたちが掩護にあたっている第五十三爆撃機連隊（通称レジョンコンドル連隊）の連隊長からすぐに祝電が来た。「在シャタロフカ、第五十四戦闘機連隊第一大隊長ノヴォトニー中尉殿。祝二百機目撃墜。第五十三爆撃機連隊（レジョンコンドル）連隊長」という文面である。

九月十五日にはまた、一日のうちに五機撃墜できた。この時の空中戦もクルスク東南シャタロフカの近くでの戦いであったが、この五機で個人としての敵機撃墜機数が二一五機となった。ドイツ空軍戦闘機パイロットの、三番か四番かにあたる撃墜機数だと思う。もしかしたら二番ぐらいか。

着陸して駐機位置へもどってみると、ヴァルテルたちがよく掩護して跳ぶ第二スツーカ連隊（通称インメルマン連隊）の第三大隊長グスタフ・プレッスラー中佐が来ている。戦争報道員ヒュブナー中尉を連れていて、中佐が笑顔で、おめでとうと言ってくれた。

その時、中佐の視線がヴァルテルの左膝の中ほどに止まった。ズボンのそこに孔があいているのに気がついたのである。この破れ穴は繕《つくろ》わないまま、二年余り経過している。説明せずばなるまい。ヴァルテルは言った。

「プレッスラー中佐。これは私が初めてボルシェヴィキを三人射ち墜としたときの空中戦で被弾したときにできた破孔です。まあ、撃墜穴とでも言いますか。エーゼル島の近くに不時着水して、バルト海をまる三日三晩、素手で水を掻いて岸へたどり着きました。それ以来、出撃の際はできるだけ、このズボンをはくことにしているのです。撃墜穴はつねに我と共にあり、というわけです」

3　ラヴォーチキンLa5との遭遇

さて、スターリングラード正面で昨年暮れ頃から見られるようになり、この春からは多数出てきたというラヴォーチキンLa5型戦闘機を、ヴァルテルたちも時折り目撃するようになった。そして九月十五日、手強いという噂のラヴォーチキンLa5を撃墜する機会を得た。

この日、一回目の出撃は戦闘機掃討であった。発進すると超低空で東北東へ進み、しばらく飛んでから緩やかな左旋回で高度を上げる。

真っすぐ北進もしくは北々東進していくのが普通の飛び方ではあるが、その場合は自分たちの右真横あたりに太陽がある。敵がもし、こちらに向かって飛んでいれば左真横あたりに太陽を見ているはず。太陽は敵味方を平等に照らしているので、あとは敵発見後の戦い方が問題になる。

腕前の勝負か、機数の差に物を言わせるか言わせないかの勝負。クァックス（二番機カール・シュネラー）は右側やや遠めの位置、少しだけ下方にいる。トニ（三番機アントン・デベレ）は左後上方に、しっかり遠めに開いた隊形をとり、ルディ（四番機ルドルフ・ラデマッヒャー）はトニのさらに左側の遠めの位置に、トニよりほんの少し低い高度をたもつ。空中にシュヴァルムの四機がバラバラに広く散らばり、秋の午前の太陽を背にして飛びながら敵を探す。

朝日に向かって進撃するとか、夕日に向かって帰投するとかは、第五十四戦闘機連隊の猛者だけでなく、他の戦闘機連隊のパイロットでも少し戦場に馴れた者なら決してしないことであり、ヴァルテルは、あたり前のことをあたり前にやっているだけである。

La 5 戦闘機。9月15日、ヴァルテルのシュヴァルムは初めて5機を撃墜

戦闘機に搭乗したら、どこでどうしていようと前方に注意力の一〇パーセント足らずを向け、後方に九〇パーセント以上の注意力を向けているのが戦闘機パイロットというものである。操縦席にデンとおさまって「隊形を崩すな」などと無線で送信しながら前方を注視しているのは、まともな編隊長ではない。一方、編隊長機を注視していて、それでよしと思っているとすれば、それはまともな「カチュマレク」(列機)――つまり二、三、四番機ではない。

飛ぶことしばし。ルディの主翼が、ゆっくりと左右に揺れた。「ン！　どちらへ旋回するだろうか?」とヴァルテルが見ていると、ルディは旋回しない。そのまま直進する。トニも彼の列機であるルディの様子を見ているはずである。

ヴァルテルは理解した。トニも、わかっているはず。敵機は正面の少し下方にいるのだ。おちついて前方遠くの地平線に目を移すと、居た。地平線沿いに編隊が見える。小さな点々が八つか九つ。機種の判別などつきようもない。

この遠さで相手が地平線上に見えるということは、自分たちのほうが優位だということである。自分たちの方が、高度が高い。そして太陽を背にした状態で敵編隊に接近しているので、発見されにくい。

小さな点々を敵編隊と確信できるのは、その点々の広がり具合、点々の位置関係が、ドイツ空軍のロッテともシュヴァルムとも、シュタッフェル（中隊）ともちがっているからである。明らかにソ連空軍戦闘機の編隊なのだが、いつもなら彼らが直接掩護している爆撃機編隊が見えない。敵も戦闘機掃討に出て来たらしい。

距離がせばまる。ややだらしなく見える斜め後ろへ間伸びのした隊形。戦闘機は機首がとがったヤクではなく、フォッケウルフFw190に似た丸い頭のラヴォーチキンLa5である。

攻撃開始の位置へと進みながら、タイミングをはかって反転操作に入る。急反転とまではいかぬ運動エネルギーの損失が少ない反転操作が終わり、敵機と同じ方向に機首が向くが、敵はまだ気づかない。

一番後ろの一機を、おちついて撃墜。その前にいた一機を、これは急いで照準し、狙い射って撃墜する。その前方にいた一機は大急ぎで射たなくてはならない。反転操作からの急降下。エンジンはほぼ全開のままなので速度が大きい。

操縦桿と方向舵ペダルを満身の力で操作して照準開始位置へフォッケウルフFw190A型機を捻じ込み、照準開始とともに手足の力をぬく。素早く照準して機体を安定させ、射つ。命中の手ごたえとも言えるその敵機のガクッとした揺れを見て、離脱操作をはじめた時やっと敵編隊長がヴァルテルの存在に気づいた。そして、驚くほどの急旋回で反撃しようとした。

これに対しヴァルテルは応戦することなくクァックスを連れて、こちらへ機首を向け終わる寸前の敵編隊長機の腹の下を真っすぐ向こうへ突き抜け、シュヴァルムをまとめて帰途についた。トニもルディもそれぞれ一機ずつ仕止めたらしい。後ろを振り返ると、地面につながった煙が五本見えた。

　四周をくまなく警戒しながら帰途につく。この、基地へ帰るコースでは、太陽が前方の少し左寄りの位置になる。警戒の目を届かせにくい自分たちの乗機の胴体下方を気にしなくてよいように、低空を飛ぶ。

　速度は落とさず、四機が横広がりの隊形をとる。片手をひろげ手の甲を見おろせば、人差指から小指までの指の爪が見えるが、その中指の爪がヴァルテル、人差指の爪がクァックス。薬指がトニ、小指がルディにあたる。この隊形で飛んでいると、斜め前方に小さな編隊が見えた。ヴァルテルは、ゆっくり翼を振る。

　敵機の編隊は、操縦席のヴァルテルから見えている位置が変わらず、点々が機影になり機影がヤクYak９型機となった。敵もこちらの編隊を見ているらしい。ヴァルテルはすでにスロットルレバーを全開からほんの少し絞った位置に進めている。そして敵編隊の後方に占位するためパッと翼を傾けて旋回に入ったのと同時に、相手も同じように一斉に翼を傾け、こちらへ向かって来た。

　水メタノール噴射装置を作動させながら互いに真正面から向き合う、正反航の形に持っていく。まだ背中の見えているヤクは皆、緑色と黒のまだらで主翼上面に赤い星は描かれていない。空色をしているはずの主翼裏側には、大きな赤い星のマークがついているにちがいない。

正反航の態勢だが、こちらは斜めに突き上げるかたちである。フォッケウルフFw190Ａ５型は機首が十五センチ前へ伸びているのが外見上Ａ４型とちがうところである。そして中味のちがいは、水メタノール噴射装置が付き、これによって一時的にエンジン出力を強めることができる点である。

真正面に向き合った。軸線を敵編隊長機のわずか左下に向け、すれ違いざまに右旋回に入り、滑らかな操作でスパイラルを描きながら上昇する。敵機は彼らの右下を通ってすれ違うドイツ機の後方にとりつくため、右下方へ急旋回する。そして上昇して行くヴァルテルを追うために右急旋回をつづけながら上昇に移る。さらに、ヴァルテルの真後ろに喰いつくため、補助翼と方向舵を大きく使って旋転する。

フォッケウルフFw190Ａ５はあまり運動エネルギーを失わずに上へ向かっているが、急操作に急操作を重ねたヤクYak９はエネルギーを大きく失って上昇旋回をしているのが、今の状況。いましばらく滑《なめ》らかに操縦しながら待っていれば、ヤクの方が先に失速して機首が下がるはず。そうなれば、速度を取り戻すまでは自由に動きまわれないヤクを、捕えることができる。もし失速を誘う罠に気づいて上昇をやめれば、これもヴァルテルのチャンスである。普通、水メタノール噴射装置は、敵機に追われて逃げるときに使うものだが、いまは攻撃成功を確実にするために使っている。

斜め後ろを振り返りながら見ていると、ヤクが失速した。すとんと機首が地面へ向くのを見た瞬間、ヴァルテルは右側方向舵ペダルを一杯に踏み込み、操縦桿を左一杯に倒す。愛機は失速の気配すら見せずに、機首をいきなりヤクの方へ向ける。

操縦桿の操作により右主翼の空気抵抗が大きくなり、機首は右へ向こうとする。方向舵の操作により機体は右へ向こうとする。高速で右回転している直径三・三メートルのプロペラは、この操作によりジャイロの働きをして機首を右へ向けようとする。

つまり右旋回中で右主翼が地面の方を向き、機首高の上昇姿勢であった戦闘機が、三つの力が合わさって作用することによって素早く皿廻しの皿のように右回転して、下にいる敵機のほうへ向くのである。失速していないから、操縦は自由で、難なく近距離にヤクを捕え撃墜することができた。

残燃料は少ない。まだ計器板の右下隅にある赤の警報灯は、シュヴァルムのだれの乗機でも点灯はしていないはずだが、退け時だ。ためらうことなく離脱を命じ、水メタノール噴射装置を止めて基地の方向に機首を向ける。少数機どうしの遭遇戦。信号弾を発射して戦闘離脱、集合を命じる必要はない。

シュヴァルムの四機は横一列と言ってもよい隊形になる。ほぼ等間隔の横に広い編隊である。こうして、敵機がだれかの後方に迫ってきたら隣りにいる者がその敵機の後方へ行って追い払うか撃墜するかする。一時追跡するそぶりを見せていた生き残りのヤクは、諦めて帰って行った。

このような経過であったため、ラヴォーチキンLa５型戦闘機の空中戦能力は、わからずじ

Pe２爆撃機。敵弾をかいくぐってヴァルテルはこの日、１機を撃墜

まいに終わった。

この日の、次の出撃は陸軍部隊の支援で、戦闘中の部隊の上空を守る任務であった。四十分足らずの時間帯と、守るべき部隊の位置が指定され、あとは編隊長所定である。飛ぶ経路も高度も編隊長が考える。

このあたりの高度がよかろうと、張り込んでいると、来た来た。ペトリヤコフPe２型爆撃機編隊をラヴォーチキンLa５型戦闘機編隊が護衛している。それを、太陽を背にして攻撃できるように動き、ほどよい位置に来たところで短節《たんせつ》に主翼をピシピシと振る。攻撃下令。

突っ込んでいって、まず敵の側方やや高い位置にいたラヴォーチキンLa５を後上方から迫って狙い射つ。その戦闘機の木製の主翼が根元から折れて飛散した。

その時の突進の勢いを保ったまま、液冷双発、複座で水平尾翼に少し上反角があり、その両端に丸い垂直尾翼がついている爆撃機に向かう。編隊の一番手前の一機を選び斜めに接近。そして追尾曲線をえがく旋回をしながら照準し、じっくりと一秒間ほどの射撃を加えてから向こう側へ飛び抜ける。

周囲には敵爆撃機の後方射手たちが二連装の銃座から射つ弾丸が無数に飛んでくる。飛んできているはず。見えるのは曳光弾だけなのだが、それでも「無数」に見える。光の尾を曳かない普通の弾丸は、その十倍近い数であるはず。その中を、よけいな旋回操作はせずに一直線に飛び抜ける。

そうしながら振り返ると、狙い射った爆撃機がグラリと左に傾き、太い煙の尾を曳きながら地面へ向かっていく。その煙はすぐに炎に変わった。

いけない！　撃墜した敵機を目で追ってはならない。すぐに次の攻撃のため、ちょうどよい相対位置を占めるように行動する。クァックスは斜め後方のやや下方にくっついて来ている。彼は今、膝当て板のメモ用紙に、何時何分シャタロフカ東方何キロの地点にPe２×１と書きつけているところであろう。敵機墜落の具体的な確認記録は彼にまかせておけばよい。

4　ドイツ戦闘機パイロットの頂点

ドイツ空軍戦闘機部隊には、米軍航空部隊や英空軍のように、一定期間を戦場で戦うと後方へ退げられて休息が与えられるというような慣例も規則もない。

戦闘機の補充もパイロットの補充も、前線で戦っている部隊へおこなわれる。後方の比較的安全な基地で休養し、補充された新しい戦闘機をテストしたり、新機種へ機種更新してその慣熟飛行をしたり、ということは、ほとんど無い。大戦初期の、気持のうえで余裕のあった頃でさえ、滅多にないことであった。

ヴァルテルは戦いつづけて、今は連隊の第一大隊を任《まか》せられている。第五十四戦闘機連隊に配属されたのは一九四〇年の十二月であったが、それ以来ずっと戦場暮らしである。そしてこの一九四三年九月十九日には、ラヴォーチキンLa5型機を二機、ヤクYak9型機を一機撃墜したことにより撃墜機数が二一八機となり、この数はドイツ空軍戦闘機パイロットの首位であることがわかった。

ヒトラー総統の軍総司令部も空軍首位のパイロットを柏葉付騎士鉄十字章佩用者のまま放っておくわけには行かなかったはずで、総統の本営へ出頭せよとの命令がヴァルテルに届いた。

九月二十三日、総統の本営に出頭すると、ヒトラー総統から直接「ヴァルテル・ノヴォトニー大尉に剣柏葉付騎士鉄十字章を授与する」と記された証書と勲章とが手渡された。その際、この勲章を授与されたのは陸海空軍の軍人の三十七人目であると聞かされた。が、証書の日付は二十二日で、ヴァルテルはまだ中尉なのに大尉と記されている。

部隊に帰ってフォン・ボーニン連隊長に報告すると喜んでくれて、御苦労であったと十五日間の休暇を与えてくれた。しかしヴァルテルは戦況を思うと、のんびりしていられなくなり、休みを切り上げて十月四日に帰隊した。

フォン・ボーニン少佐は驚きかつ喜び、一通の辞令書を渡してくれた。その文書は空軍総司令官であるヘルマン・ゲーリング元帥の署名のある「総統の名においてヴァルテル・ノヴォトニー中尉を一九四三年十月一日付をもって空軍大尉に昇任させる」と記された辞令であった。大隊長にふさわしい階級への昇任ではあるが、まだ二十二歳。少し面はゆいが、元気が湧いてくる。

九月の撃墜機数は合計四十五機となった。そして四日と二十三日と、二回ヒトラー総統から直接、勲章をもらった。何と忙しい月であったことか。

二一八機撃墜で戦闘機パイロットの首位と知らされたが、この時の二番手は先輩の元第一大隊長ハンス・フィリップ少佐で二〇三機。三番手はあの有名になったヘルマン・グラーフ大尉で二〇二機。四番手が五十二戦闘機連隊の第三大隊長ギュンター・ラル大尉で二百機ちょうどである。

十月五日にはさっそく出撃して、ヤクYak9を一機撃墜して帰った。

以後の個人戦果は、次のとおりである。

十月七日＝P39エアラコブラ三機とP40一機

十月九日＝エアラコブラ六機とIl2型二機

九日の戦果は、この日三回出撃した成果である。これで総撃墜機数が二三一機になった。

そして、この撃墜八機により第五十四戦闘機連隊の累計撃墜戦果が六千機を突破したが、これを祝うようなイベントは何もなかった。
十月十一日＝P40二機とエアラコブラ一機およびラグ3型一機
十月十二日＝ラグ3型三機
十月十三日＝ラヴォーチキンLa5型四機とラグ3型一機およびIℓ2型一機
この日の六機撃墜で個人としての総撃墜機数が二四四となった。
十月十四日＝P40二機とラグ3型二機およびラヴォーチキンLa5型二機
このときP40に乗っていたソ連のパイロットは、とても手強くて、撃墜するのにかなり手間どった。この、ブリヤンスク東南東カラチェフ上空で勝ちとった戦果により、個人としての総撃墜機数が二五〇機となった。
十月十三日と十四日は夕方に帰投、着陸して駐機位置に戻ると心身ともにガックリと疲れを覚えた。ゴーグルを外《はず》しヘルメットを脱ぎ、座席のベルトを外して大きく息を吸う。そして手足と腹筋に力を入れてコックピットに立ち上がる。できるだけ元気そうに見えるように、颯爽と飛行機から降りる。整備員たちが見ている。弱々しさを見せてはならない。
草地に降り立つと、まずは紙巻煙草に火をつけて一服。やっと人心地がつき、会話をする気力がよみがえってくる。
飛行機のそばで煙草を吸うことは禁止されていない。コックピットの中に灰皿をしつらえて煙草を吸おうと、機体に寄りかかりながら煙草に火をつけようと、自由である。そんなことをしてはならないという規則はない。ドイツ・オーストリア人のプロフェショナルであるから、燃料補給のために馬橇《うまぞり》か給油車がきて作業をはじめる時に煙草に火をつけるような馬鹿なことはしない。

飛行機のまわりで立ち働くのはプロフェショナルの人間だから、プロペラというものは回転するものだと認識しているのが当然だという考え方もある。諸外国の飛行機は事故防止のためといって、プロペラの先端部分を白く塗ったり黄色く塗ったりしてあるが、ドイツ軍用機のプロペラは根元から先端まで一色で、先端を目立たせる塗装はない。

ところで、朝から晩まで何回も出撃して空中戦をする日がずっと続いているせいかどうか、よくわからないが、この月のはじめ頃からヴァルテルは変な夢を見て夜中に目が覚めるようになった。

10月13日、疲労困憊の態で帰投してきたヴァルテル・ノヴォトニー大尉

その夢は空中戦の夢である。空中戦の相手は戦闘機ではなく、大きな爆撃機で、狙いをつけた大型爆撃機に追尾曲線を描いて接近し照準を定めて操縦桿の頭にある銃の発射ボタンを押そうとすると、巨大な手が現われて前方をさえぎり射たせない。そして、どこからともなく低く響くおごそかな

声が「お前は二八一機撃墜したら、それで生命が終わる」と言うのが聞こえてくるのである。同じ夢を二度見たあと、クァックスや大隊本部の勤務者たちに夢の内容を話した。大隊長は二晩つづけて同じ夢を見て、その夢は……と、すぐに噂がひろがり、部下たちは面白がって笑った。

しかしヴァルテルは、その次の夜も、そのまた次の夜も同じ夢を見て目がさめ、不愉快で眠りにくくなった。嫌な夢である。この十三日、十四日と戦闘を終えたときに疲労感が強かったのは、そのせいかもしれない。

ヴァルテル自身の二五〇機撃墜達成の時、二番機のクァックスが彼の二十八機目を仕止めたのは喜ばしいことであったが、それで疲れがやわらぐことはなかった。なお、トニとルディはそれぞれ八十機近い撃墜機数を稼いでいる。

このような時、悲しい知らせが届いて、第一大隊だけでなく第五十四戦闘機連隊のほとんどの者がシュンとなった。元第一大隊長、第一戦闘機連隊長のハンス・フィリップ中佐が戦死したのである。あの鮮やかな黒白のチェッカー模様のエンジンカウリングで知られたフォッケウルフFw190A5装備の第一戦闘機連隊へ赴任して、まだ半年ほどであった。

十月八日、ドイツ北部ブレーメンとオランダのアムステルダムの中間あたり、ノルドホルン付近での本土防空戦で、米重爆撃機編隊を護衛していたP47サンダーボルト戦闘機と交戦し、二〇六機撃墜の記録を持つフィリップ中佐は二十六歳の生涯を閉じた。

さて、ヴァルテルの二五〇機撃墜達成の時は、出撃した編隊の無線交信をいつもモニター

10月14日、250機撃墜を達成して帰投したヴァルテルの笑顔

している通信小隊がこれをいち早く大隊内に伝えた。対空機関砲隊はヴァルテルの編隊が帰って来ると、色とりどりの信号弾や曳光弾を盛大に射ち上げて祝った。地上に降り立つと、第一大隊の部下たちが前人未踏の二五〇機撃墜を祝うため、厨房《ちゅうぼう》からシャンペンを一本もらって来て、大隊長機フォッケウルフFw190A6型機の脇で祝杯をあげさせてくれた。

普通、Fw190A6型にはエンジンカウリング上面の機銃二梃と主翼に計四門の二十ミリ機関砲が取り付けられているが、この時のヴァルテルの乗機は主翼のプロペラ回転圏外にあるはずの二門が取り外されていて、翼根近くにある二十ミリ機関砲二門となっていた。

確証はないが、機体重量軽減のため二十ミリ機関砲二門を取り外してあったのではないかと思われ、これにあわせ、射撃の技術に自信を持ったヴァルテルが、武器は機銃二梃と機関砲二門で十分と考えたようにも感じられる。なお、この機体の製造番号は四一〇〇〇四番である。

ほどなく前連隊長ハンネス・トラウトロフト大佐から「在ヴィテフスクJG54第一大隊ノヴォトニー大尉

へ。二五〇機目の撃墜、心より御祝い申し上げる」という文面の祝電がきた。その翌日午後二時に「出頭すべき日、十月十九日。ヴァルテル・ノヴォトニー大尉、JG54第一大隊。貴官の二五〇機撃墜の功績をたたえ、わが国民の名においてダイヤモンド剣柏葉付騎士鉄十字章第八号を授与する。アドルフ・ヒトラー」という電報がきた。

積りにつもったストレスを解消したくなったヴァルテルは、フォン・ボーニン連隊長にことわってメッサーシュミットBf108型機、通称タイフーンという連絡機を操縦してヴィルナへ飛んだ。

夕方の短かい飛行で町に着き、そこのリアというバーで飲んで騒いでいると、店の人から電話だと告げられた。部隊の医官を同伴して来ていたので、病人か怪我人が出て医官に電話がきたのかと思ったら、そうではなく、ヴァルテルに電話だという。出てみると東プロシァにあるヒトラー総統の軍総司令部からで、電話の主はヒトラー総統その人であった。「二五〇機撃墜おめでとう。よくやった。ついてはダイヤモンド勲章を授与するから、この十九日にラステンブルグにある総司令部へ出頭しなさい」という直々の命令を受けて、酔いも半分さめたような気分だった。

ヒトラー総統はダイヤモンド勲章（ドイツ語では単にブリランテンと言いダイヤモンドを意味する）と言ったが、和訳してもダイヤモンド剣柏葉付騎士鉄十字章となり、ドイツ語でもシュヴェルテルン・ミット・アイヒエンラウプ云々と、ずいぶん長ったらしい正式名称は、日常の会話では短縮されるのが普通であった。総統は、ブリランテンを授与するという言い方をしたのである。ラステンブルグはケーニヒスベルグの南東約七十キロほどの所にある。ラステンブルグとは今のケトゥルツィン。ケーニヒスベルグとは今のカリーニングラードのことだ。ガッチーナやリエルビジ、ヴィテフスク（デュナブルグ東南方）等から南西へ約七百キロの所にあるラステンブルグへは、ハインケルHe111型爆撃機で飛べば二時間二十分ほどで着ける。十八日の夕方、第六航空軍司令官リッター・フォン・グライム中将差しまわしのハインケルHe111が来てヴァルテルをラステンブルグへ運んでくれる。

5　総統からの出撃停止命令

十月十九日当日は、軍総司令部でヒトラー総統からダイヤモンドを散りばめた剣と柏の葉の飾りがついた騎士鉄十字章を授与された。

この最高勲章を授与された陸海空の軍人の八人目。前回は柏葉付騎士鉄十字章を受ける者たちをふくむ十名ほどが横一列に並んで勲章をもらったが、今回はヴァルテル一人がヒトラー総統の前に立っての受章である。総統は握手してくれて、ねんごろに祝いとねぎらいの言葉をかけてくれたが、最後に、もはや十分に働いたのだから、以後は出撃しないように、と一言つけ加えた。

ごたごたと自分の考えを述べるわけにも行かず、「ヤー・ヴォール！」（はい。わかりました）と真っすぐ総統の目を見て答えたが、本当は自分たちが出撃して戦い一機でも多くの敵機を撃墜することこそがドイツの勝利への道ですと言いたかった。総統から言われるままに、戦いの場面から身を引くことはできないと思う。

ともあれドイツの最高勲章を授与されたことにともない、休暇が与えられて、ウイーンの両親のもとへ帰省することができる。気分よく退室し、またハインケルHe111の乗客となって、ウイーンのシュヴェハト飛行場へ運ばれた。

読者の中には、ドイツ第三帝国の最高勲章、黄金のダイヤモンド剣柏葉付騎士鉄十字章の存在を御存知の方が多いと思う。スツーカ大佐とよばれた急降下爆撃の超エキスパート、ハンス・ウルリッヒ・ルデル大佐が唯一の受章者となったこの勲章は、一九四四年十二月二十九日に制定され、ルデル大佐には一九四五年一月一日付で授与された。この勲章は、ヴァルテルがブリランテンを授与された時に、まだ存在しなかったのである。

さて、ウイーンでは両親がとても喜んでくれたし、市民が大勢集まって祝福してくれた。そして宵になると、気の置けないオペラ鑑賞会に招待され、両親とともに小さなホールに行き、いくつか置かれている四角いテーブルのうちの一つを囲んで席についた。

それぞれのテーブルの中央には花が活けてある。木の椅子に座って五～六人ずつがテーブルを囲んでいて、飲みたい人にはビールが配られる。中ジョッキを三つ貰《もら》ったヴァルテルは、並んで着席した両親の前にジョッキを置き、自分はその右側に座る。

ヴァルテルの右側には、このオペラの曲をつくったハインリヒ・シュトレッカー氏が着席した。シュトレッカー氏はヴァルテルの父と同じぐらいの年恰好で、眼鏡をかけた中背の太り気味の人で、猫背を一層丸くするような姿勢でオペラについて解説をしてくれた。

翌日、またその次の日と、最高勲章を授与された国民的英雄のヴァルテルを歓迎するウィーン市民のいろいろな団体が企画したイベントに引っ張り出された。四日目にも引っ張り出され五日目にも。帰省したものの、ゆっくり休める余裕は、ほとんど無い。

そうこうするうちに休暇が終わり戦いの第一線部隊へと出発。沿道を埋めるウィーン市民が見送ってくれる中をシュヴェハト飛行場へ歩くことになり、幾人もの人がナチス・ドイツの旗を打ちふる前を進む。真紅のバラの花がいくつも入った大きな花束を抱えた市民の代表とかいう若い女性が途中に待っていて、その立派な花束を渡してくれたりした。

にこやかに笑顔をつくり、背すじを伸ばし、O脚が目立たないように颯爽と歩いて、やっとの思いでシュヴェハト飛行場で待ってくれているハインケルHe111型爆撃機にたどり着く。父親に別れの言葉をかけ、母親のキスを右頬に受けて、爆撃機に乗る。座席右側の窓をひらき、見送りの人々に顔を見せる頃、操縦士は早くもスロットルレバーを押し、爆撃機は誘導路へと動きはじめる。

滑走路端につく前に窓をしめ、座席のベルトを緩くして制服の上着のボタンを全部はずす。ネクタイをゆるめワイシャツの一番上のボタンもはずす。やれやれ。勝手知ったる自分の世界にもどれた。主操縦士の右側の席に座り、久しぶりに伸びやかな気持を味わう。この席は副操縦士席。この機の副操縦士は、二つの操縦席のすぐ後ろの補助席にいる。

離陸滑走をして爆撃機が浮揚し、優しい大気に抱き上げられると、緊張がすべて解けて眠気に身をまかせる。きちんと整備されているはずの爆撃機に経験豊かな正と副の操縦士。ヴァルテルにとって安心できる場所である。

目がさめたのは、爆撃機が着陸滑走を終わり、駐機位置へと向きを帰るさいの遠心力を感じた時であった。飛行場は薄い雪化粧である。

爆撃機から降りると、一足先に帰隊していた大隊付医官のフォスバー医師と、留守番をしていたクァックス、トニ、そしてルディはじめ戦友たちが出迎えてくれていた。そこには戦場報道員のヒュブナー中尉もいた。

つぎの日から、また出撃。粉雪が時折り舞う曇天である。クァックスを二番機につけたロッテで離陸。第一大隊の中隊もつぎつぎと離陸する。索敵コースに入るとき、クァックスを前に出しヴァルテルは二番機の位置につく。各中隊はそれぞれ予定のコースへ散っていく。大隊本部の二機も、各中隊とは別の予定針路をとる。

しばらく飛ぶと、クァックスとヴァルテルはほぼ同時にヤクYak9型の編隊を前方に発見。クァックスはスロットルレバーを全開位置よりわずかに絞った位置へ進め、増速する。ヴァルテルは、これに続く。敵機の揺れ具合で、彼らもクァックスの率いるロッテを発見したらしいとわかる。敵機編隊はあまり急激でない旋回をして、こちらへ向かって来た。

クァックスは、相手を真正面よりわずかに右側に見るかたちで進んでいく。そして、すれ違いざま右旋回に入る。相手も同様に右急旋回に入る。しかしクァックスは、そのままグルグルまわる旋回戦闘には入らず、緩やかな右旋回で、ぐんぐん上昇する。

ヤクYak９型の編隊は、懸命に急旋回してクァックスのロッテを自分たちの前方に見る形をとろうとする。そのため、今やクァックスとヴァルテルを前方に見る状態で上昇するソ連機は速度が落ちて、ドイツ機に追いつけない。

Yak ９戦闘機。高速単座で長大な航続力をもっていた

クァックスはタイミングを測りながらフォッケウルフFw190が百八十度向きを変える秒数が一番小さくなる速度へ持っていき、操縦桿と方向舵ペダルを大きく操作してソ連機へと向きを変える。

このような操作をする時は、いくら熟練したパイロットが二番機をつとめていても一番機の動きに対し少しずれた動きになり、一、二番機の間の距離がひらく。距離がひらいた二番機は、一番機の飛行方向が安定するときに追いついて隊形を正しく保たなくてはならない。このため一番機はエンジンを全開せず、出力を少し絞って二番機に追いつく余力を与えているのである。

グルグル廻るドッグファイトではヤクYak９に分があるので、グルグル廻りはしない。上昇姿勢でいるソ連機に向かってクァックスは緩降下する。そして彼我編隊はまたすれ違う。そしてまた、なるべく速度を殺さないように上昇し、再度、反転。クァックスは、なかなかチャンスを作り出すことができない。

燃料は減るが、らちが明かない。ヴァルテルの二番機として飛び空中戦を見習ったクァックスではあるが、まだ師匠には遠く及ばず、今日のこの場面では、どうにもならない。もう退け時である。ヴァルテルは無線で、退けと命令する。

クァックスは、ソ連機が彼らの基地から遠ざかる方向へ、しかも二人のロッテに容易なことでは追いつけない態勢をうまくつくって戦闘を離脱する。クァックスについて飛びながら、後ろからやって来る敵編隊を見ていると、やがて諦めて引き返して行った。そこでクァックスを二番機の位置へ退らせて、飛行場へ帰ってきた。

つぎの回の出撃では終始ヴァルテルが一番機で飛び、その次の出撃ではクァックスを一番機にして飛ぶ。このようなやり方を繰り返すうち、クァックスは敵機を一機、また一機と撃墜するようになった。

そうこうするうち、大隊の第二中隊に所属するオットー・キッテル曹長が十月二十九日、彼の一二三機目の敵機を撃墜した功績により騎士鉄十字章を授与された。ロイフル大佐という人が勲章授与のために来隊し、第一大隊の手の空く者全員を整列させてフォン・ボーニン連隊長とノヴォトニー大隊長が立会する授与式で、例の赤、白、黒に染め分けたリボンに吊された騎士鉄十字章をキッテル曹長の首に懸けた。

慣例のとおり、受章後のキッテルに整列している第一大隊の各中隊を閲兵して歩かせ、その左側にヴァルテルとロイフル大佐が挙手の敬礼をしながら、ついて歩く。

これが終わるとロイフル大佐にはお帰りいただいて、パイロット控室へ。控室には四角いテーブルに白いシーツが被せられて縦長に置かれている。一番上座にあたるところにキッテルを座らせ、その右に大隊長のヴァルテル、左側には連隊長のフォン・ボーニンが着席する。この両者のつぎの席には中隊長たちである。

そして各人の前に、マグカップ一杯ずつのコーヒーが出される。テーブルの中央あたりにシュガーポットと小皿に乗せたクッキーが少々。そして灰皿も。連隊長もヴァルテルも、もちろんキッテルも煙草を吸うのである。

ところで、オットー・キッテルは戦闘機部隊の猛者ではあるが、ちょっと変わっている。一二三機撃墜の戦功でもわかるように、彼自身、努力に努力をかさねて現在に至《いた》っているのだが、第五十四戦闘機連隊に配属されてしばらくは敵機を撃墜することができず、キッテルにとって敵機撃墜の方法は永遠にとくことのできない謎だ、などと馬鹿にされていた。

オットー・キッテル曹長

ヴァルテルは、キッテルに空中戦の手ほどきをやりかけたこともあったが、本来キッテルを教育し指導すべき立場の中隊長にゆだねた。そのうちキッテルはソ連軍支配地域の、かなり奥深いところに撃墜されたが、胴体着陸したにもかかわらず怪我はなく、何日もかけて歩いてドイツ陸軍の陣地まで帰ったというタフな男である。

中隊で一番小さいと言えそうな小柄な曹長で、その人柄は世間一般の思い浮かべるであろう戦闘機パイロットのイメージから、大きくかけ離れている。人をかき分けて前へ出ようとは、全くしない。何人かが協力して敵機を撃墜した時にはコインを投げ上げて、撃墜申告を誰がするかを決めるが、それに加わろうとしない。

会話するときは、ためらいがちに、ゆっくり話す。そして騎士鉄十字章は、なまやさしいことで獲得することのできない、ドイツ軍人なら誰もが憧れる勲章であるが、それを授与されるにあたり、はしゃぐわけでもなく相好《そうごう》を崩して笑うわけでもない。実に淡々としている。

なお、オットー・キッテルはやがて敵機撃墜数で第五十四戦闘機連隊パイロットの首位に立つ。公認撃墜機数は二六七機で、大戦の終わり近くに戦死した。

さて、クァックスは月末にイリューシンIℓ2型爆撃機を一機撃墜した。この爆撃機はシュツルモヴィクと呼ばれる液冷、単発、二人乗りの、機銃掃射もできる飛行機で、乗組員席や燃料タンクなど大切な部位には、ものすごい装甲がしてあり、フォッケウルフFw190やメッサーシュミットBf109が命中弾を射ち込んでも弾丸が跳ね返って、撃墜困難な機種である。

これを墜とすには後下方の至近距離から、機首下面やや後方に少しだけ膨らんで見えるラジエター部分を狙い射ちする。しかし、そこまで行くにはシュツルモヴィク編隊の後方銃座から降りそそぐ弾丸の雨をくぐって行かねばならない。非常に危険な仕事だが、国民のため、

Iℓ２シュツルモヴィク爆撃機。液冷単発で２人乗り

親兄弟のため飛び込んで行く。

クァックスは速度をつけて編隊の斜め後方からシュツルモヴィクの腹の下へと突進して行く。ヴァルテルはそれに続くようにして飛ぶが、ほどほどの横開きの隊形をとる。二機は横並びに近い形で編隊の後下方へ入って行く。

敵弾がクァックスだけに集中しないようにする配慮であるが、自分のことよりもクァックスのことが気になる。

彼は狙う一機の下で上昇姿勢へと変化を見せたかと思うと、射撃をはじめる。ヴァルテルは自分の前方を飛ぶ一機に向けて、狙いもつけずに銃を発射する。クァックスの機関砲とカウリング上の機銃から噴き出していた煙が消えると同時に射撃をやめて、二機は編隊を上へ突きぬけて離脱する。

敵編隊の銃の射程圏外へ出たとき、クァックスの射ったシュツルモヴィクのエンジンが停止したらしく、プロペラを空転させながら煙を長くひいて墜ちて行きはじめた。ヴァルテルの乗るフォッケウルフFw190A6型は外翼の二十ミリ機関砲を取り外してあるが、クァックスの乗機はＡ６型本来の武装なので、カウリング上面の十三ミリ機銃二梃に主翼の二十ミリ砲が四門ある。打撃力は強い。

撃破されたシュツルモヴィクは、胴体着陸した。その場所は基地の近くだったので、あとでその獲物を見に行くことができたが、クァックスは自分のカメラを持って行き、プロペラが後ろへひん曲がり、方向舵の羽布がほとんど燃えてなくなっている腹這《はらば》いのシュツルモヴィクを何枚も写真に撮っていた。

一九四三年も十一月に入る。ヴァルテルは、ヒトラー総統から出撃停止の口頭命令を受けていることを誰にも言わず、出撃を繰り返す。

6　出撃回数と撃墜機数

人間がすることなので、回数多く出撃すれば撃墜機数が多くなるのは当然であるが、出撃回数のわりに撃墜機数の多い人と少ない人が出る。腕がよければ出撃回数のわりに撃墜機数が多いという傾向があるが、腕がよくても戦う環境条件によっては、あまり撃墜機数が多くない場合がある。

それは会敵のチャンスが少ない戦場。出撃しても空振りが多い戦線にいる場合である。それでも超エキスパートについて、どこの戦場にいたか、いつごろ戦場にいたかを度外視して、出撃回数に対する撃墜機数はどうであるかを覗いて見たいむきもあろうかと思うので、入手できた資料により算出した結果を少し、お見せしよう。

ヴァルテル・ノヴォトニーが二五〇機を撃墜するのに要した出撃回数は四四二回で、出撃回数に対する撃墜機数の割合は五六・五六パーセントになる。そして有名なエキスパートたちの数値は次のようである。

撃墜数	姓名	パーセンテージ	撃墜数	姓名	パーセンテージ
三五二	ハルトマン	四四・〇	二一二	グラーフ	二五・五
三〇一	バルクホルン	二七・二	一〇四	ガーランド	一四・七
二七五	ラル	四四・二	一〇五	メルダース	三八・三
二六七	キッテル	四五・七	一五八	マルセイユ	四一・四
二三七	バッツ	五三・三	一五〇	ゴロブ	四四・一

こうしてみると、ヴァルテル・ノヴォトニーの数値は最高である。出撃すればほとんど毎回、敵機に出会って空中戦になった東部戦線の状況と、一回の空中戦で何機も撃墜する腕前とが合わさった結果と言えよう。

　このような戦い方は「一機撃墜。帰ってコーヒーブレーク」というエリッヒ・ハルトマンの戦い方とは全くちがう。第一次世界大戦における撃墜機数世界一（八十一機）のレッドバロンことマンフレット・フォン・リヒトホーフェンは、このハルトマンと同じような戦い方をしており、第一次世界大戦、第二次世界大戦とも世界一の撃墜王はコーヒーブレークのタイプであったのは、面白い。

なお、マンフレット・フォン・リヒトホーフェンの弟も第一次世界大戦の戦闘機パイロットで、こちらは一回の空中戦で二機も三機も撃墜してくることが、よくあった。レッドバロンは自分のことをハンター（猟犬）タイプ、弟のロタールのことをブッチャー（皆殺し）タイプだと言っていたが、ヴァルテル・ノヴォトニーはまさにブッチャータイプである。

出撃回数と撃墜機数の関係を調べていたところ、超エキスパートではないが短命に終わった若手に一人、百パーセントを超す人がいた。それはヴァルテル・ノヴォトニーの大隊の第三中隊へ一九四三年春に着任し、同年七月十六日に戦死したギュンター・シール少尉である。

シール少尉はエルベのほとりのタンネンベルグで一九二一年十一月二十五日に誕生というから、ノヴォトニーより一歳年下である。彼は出撃するたびに敵機を撃墜することで中隊のメンバーの注目するところとなったが、七十回目の出撃でヤクYak９と空中戦をしていて、これと空中衝突し墜死した。公認撃墜機数は七十一機である。

ブッチャータイプについて見れば、一九四三年六月二十四日に二回出撃して合計十機を撃墜する等まさにブッチャータイプのヴァルテル・ノヴォトニーを、さらに上まわるブッチャータイプが三人いる。

エリッヒ・ルードルファー少佐は一九四三年八月一日に第二戦闘機連隊から第五十四戦闘機連隊に着任し、第二大隊長に任命されて戦い抜き生き抜いた人で、一日に十一機撃墜が二回あった。

アフリカの星マルセイユが一日に三回出撃して合計十七機撃墜したことは有名で、これを疑った連合軍側がのちに時間をかけ入念に調査した結果、まちがいなく十七機であったというエピソードは、よく知られている。

一九三六年のベルリンオリンピック大会の近代五種競技にドイツ代表として出場した元ルフトハンザのパイロット、エミール・ラング大尉は一九四三年十月二十一日に十二機を撃墜し、その後に何月何日かは不明ながら、一日十八機撃墜の戦果をあげたと伝えられている。

この人は一九四二年、トラウトロフト少佐の第五十四戦闘機連隊に着任し第三大隊の第九中隊所属となったが、東部戦線から本土防空のために引き抜かれ、大隊長として活躍していた。

一九四四年九月三日、緊急発進したさいにラング大尉は乗機フォッケウルフFw190の主脚が引っ込まず、速度が出せないままサントロント付近を高度二百メートルぐらいで飛んでいるところを、米軍P47サンダーボルトの一隊に襲われて、抵抗も及ばず撃墜され戦死した。個人スコア一七三機のエキスパートであった。

7　落日の戦場に友が逝く

いよいよ寒さが強まり、昼は短かく夜は長くなってきた。ドイツを東西から、そして南からも連合軍が反撃し、徐々に締め付けてくる。六月にはフランスから英国へ脱出していたドゴール大佐がフランス解放委員会を発足させた。七月には連合軍がシシリー島に上陸した。イタリアではファシスト党が解散となり、九月にはムッソリーニのもとにあったイタリアが連合国に降服した。

ここ、東部戦線でドイツ軍は、じわじわと押し返され続けている。ヴァルテルは出撃を繰り返している。そしてクァックスは徐々に個人スコアを伸ばしている。

この頃、撃墜されて捕虜になったロシア人パイロットが、こんなことを言ったと伝わり、語り草となって残った。

「機体に緑色のハートのマークを描いた戦闘機の編隊にときどき出会ったが、あれはエースばかり集めた編隊だろう。非常に手強くて危険な相手だった」

緑色のハートは第五十四戦闘機連隊の戦闘機以外にない。手強い編隊というのはヴァルテルの編隊であったかもしれず、第二大隊長エリッヒ・ルードルファー少佐の編隊であったかもしれない。

この頃のヴァルテルのシュヴァルムは合計四六〇機余の撃墜機数を記録していた。ノヴィ二五〇、クァックス三十五、トニとルディがそれぞれ九十機ぐらいである。超エキスパートがごろごろいるドイツ空軍戦闘機部隊でも、一個シュヴァルムで、これほど多くの敵機を撃墜したものはない。

なお、四人の終身撃墜機数を合計すれば、五二四機となる。ヴァルテルの編隊長としての力量とチームで空中戦をおこなう技法が、とび抜けて優れていたことを示す数字であるが、当時これに気づいた人は、ほとんどいなかったので話題にもならず、驚きと称讃の目で見られるようになったのは、戦争が終わり年月がたってからのことである。

アフリカの星マルセイユと、東部戦線でも西部戦線でも優れた能力を示したギュンター・ラルは、自分自身の撃墜方法に開眼して他人に真似のできない、いわば曲射ちで多くの敵機を撃墜したが、この二人それぞれの撃墜の「こつ」は、その二番機にも伝えようがなかった。

ヴァルテルのいた第五十四戦闘機連隊の中で首位の撃墜王となったオットー・キッテルは、その人柄ゆえにひたすら職務に専念し黙って撃墜戦果を重ねていたが、一九四五年二月十四日、エストニア方面でイリューシンIℓ2型シュツルモヴィクの編隊を攻撃中、返り討ちにあってその後方射手に撃墜され、戦死した。

エリッヒ・ハルトマンは第五十二戦闘機連隊に着任してからというもの、しばらくの間ベテランのエドアルド「ポール」ロスマン軍曹を二番機にして飛んだ。この時のハルトマンの大隊長は後に第五十四戦闘機連隊長になったフォン・ボーニン。彼らの連隊長が緑色のハートの第五十四戦闘機連隊から栄転して行ったディートリヒ・フラバクという陣容。そして部隊の気風は、いったん空に上がったら腕の立つ者、撃墜機数の多い者、戦闘経験豊富な者がリーダーであり、そうでない将校は、ベテラン下士官の言うことを聞け、というものであった。

エドアルド・ロスマンは戦友の間で「ポール」というのが通り名で、すでに八十機ばかり撃墜しており、空中戦で左手を失っていて、義手をつけている。歌が上手で、とても良い声をしている。

ロスマンを従えて勇ましく離陸したエリッヒ・ハルトマンは、空中では二番機の軍曹に教育され指導され、時には口汚く怒鳴りつけられる少尉殿であった。このような経験をしたため、自分の二番機を教え、育てる気が、あまり見られない。

世界第二位の撃墜王ゲルハルト・バルクホルンは、誰からも認められる立派な部隊長であった。この人は自分の部隊と部下を強くしようと、自分の編隊よりも大きく広く目配り、心配りをした。連れて飛ぶ二、三、四番機を育てチームワークを……というよりも、中隊を、大隊を全体として強くしようという姿勢であった。

シュヴァルムで、あるいはロッテで出撃を繰り返し、ヴァルテルのシュヴァルムは十一月十一日、独ソ陸軍部隊が対峙しているヴィテフスク（デュナブルグ東南方）の上空で敵編隊に出会い、空中戦となった。陸上の戦線はヴァルテルの第一大隊が使っているヴィテフスク飛行場に迫ってきているのである。

この空中戦の最中、何ということか。第一大隊の戦闘機同士が空中衝突し、二機とも墜落したが、一人は脱出し落下傘が地面すれすれで開いて助かった。

もう一機のパイロットは脱出できなかった。それがトニ（アントン・デベレ曹長）であった。基地から車が出て、すぐにトニの遺体を収容し帰って来た。敵機来襲のあい間を選んで、部隊で葬儀をする。この戦線の部隊では、それが、ならわしなのである。

味方同士の空中衝突の場合、二機とも墜ち二人とも死ぬことはあるが、どういうわけか、ぶつかった方が助かり、ぶつけられた方が死ぬことが多い。

トニはぶつけられたのだろうと思われるが、陸上の戦いがすぐそばへ押し寄せている前線基地では、きちんとした原因調査など、とてもできない。

棺桶は十分にある。ソ連空軍が使っていた格納庫をヴァルテルたちも使っていて、あちこち破損してはいるが、それほどひどい状態ではない。これを部隊葬の場所にしよう。棺側の衛士四名は曹長にしよう。曹長四名は、クァックスはシュヴァルムの一員だが階級が一つ下なので、別の役目を割り振ろう。曹長四名は、オットー・キッテル、ウルリッヒ・ヴェーネルト、そして四番機ルドルフ・ラデマッヒャー（ルディ）、棺の足のほうの向かって右にはフリッツ・テグマイヤーをつける。

葬儀の手はずを決め、連隊長ボーニン少佐に報告する。

アントン・デベレ（トニ）曹長

おんボロ格納庫から連絡機、整備中の戦闘機などを外へ押し出して、中央にドイツ軍旗をかぶせたトニの柩をすえる。その上にトニのヘルメットを置く。

クァックスが進行係をつとめ、大隊本部の地上勤務者から渡されたメモを見て読み上げ、式を進める。格納庫の扉は大きく開けてあり、第一大隊の隊列は、そちらが空いたコの字形で、コの字の底の、柩の足のほうに連隊長と大隊長が立つ。

まずヴァルテルが弔辞を述べる。書いたものを読み上げるのではない。これにつづいて連隊長フォン・ボーニン少佐がスピーチをする。めり張りの効いた、短かいスピーチである。これが終わると代わってヴァルテルが進み出て号令をかけ、敬礼で棺を送り出し、一応の式は終わる。

近くの雑木林の中に埋葬して白木の墓標を立てて戻ると、もう日が暮れた。

ヴァルテルはトニの御両親へ、戦死の知らせと慰めの言葉をしたためる。そして大隊長の日常業務にとりかかる。

やがて書類相手の格闘が終わり、ほっとして顔を上げると、クァックスがいるのに気がついた。

一緒に食堂へ行き、質素な夕食をとりながら雑談をする。心の休まるひと時ではあるが、明日の出撃を控えており、長談義はできない。ほどほどに切り上げて、クァックスを休ませる。

明くる十一月十二日は、クァックスを二番機にしてロッテで出撃。デュナブルグとヴィテフスクの中間あたり、ネヴェル付近で敵の六機編隊を発見したヴァルテルはクァックスと二機でこれに接近し、空中戦を開始する。

まずヴァルテルが一機撃墜した。続いてクァックスも一機撃墜し、ヴァルテルはクァックスの通算三十五機目の戦果を確認した。その時、クァックスの後方に廻り込もうとしているソ連戦闘機が見えたので、ヴァルテルはうまく上昇、反転、降下、上昇と機動してこれを撃墜したが、後ろについて来ているクァックスを振り返って見ると、彼を狙って左のほうから突進してくる敵機がいる。

ヴァルテルがクァックスを連れて左急旋回して、その攻撃をかわすことができるかどうかの際《きわ》どい位置関係、速度関係である。とっさにクァックスだけ全力あげて回避操作するのがよいと判断したヴァルテルは、「クァックス！　左、急旋回」と無線で怒鳴る。

素早く左急旋回するクァックスを捕えることができず、その敵機は、旋回する二人が描く円弧の外側へ、つまりクァックスの右のほうへ突き抜けていった。一難去った感じである。

ところが、まずいことに二人は高射機関砲陣地の上空に来てしまったようである。高射機関砲弾の弾幕を見たソ連機は引き返していったが、まずいことにクァックスが高射機関砲弾を喰った。

彼の乗機は燃えはじめ、エンジンが停止した。ヴァルテルが助言するまでもなくクァックスは速度の余勢をかって高度を上げる。が、まだ高度は低くて、下は一面の森林地帯であり、胴体着陸することはできない。落下傘降下して間にあうかどうかわからないが、生きる道はこれしかない。

「脱出しろ。落下傘を使え！」と怒鳴るヴァルテルの声に従ってクァックスは、さらに高度をとってから脱出しようとする。が、しかし速度の落ちた戦闘機はもう上昇しない。右コンソルの少し上にある射出レバーを引いてキャノピーを飛ばし、座席のベルトをはずして機外へ跳び出す。

その時、チラリと高度計を見て、対地高度が七十メートルほどしかないのがわかったので、すぐパラシュートを開くリップコードを引いた。誘導傘が開き、主傘が引き出されるのが感じられたが、主傘が開ききらないうちに森に落ちた。

クァックスはドイツ陸軍歩兵部隊の兵士たちに救出され、陣地へ運ばれた。頭部打撲、肋骨を数本骨折、両腕とも骨折、両方のすねも骨折という、ひどい状態であった。

その歩兵陣地からヴィテフスクの基地までは連絡機フィーゼラー・シュトルヒに乗せられて帰って来た。ヴァルテルはボーニン連隊長に断わってユンカースJu52型輸送機を手配し、クァックスに付き添ってハッレデラウという空軍病院へ行く。

機内に横たえられたクァックスは、気を失ったり眠ったりはせず、痛みに耐えていた。頭部の打撲については頭蓋骨の骨折ありと部隊の医官が言っていたが、意識は、しっかりしていた。

ヴァルテルのポケットには、ヴィテフスクの基地で大隊本部の係員につくらせた、クァックスの戦傷証明書が入っている。証明する者は大隊長のヴァルテルであり、きちんとサインもしてある。

こうしてクァックスは撃墜機数三十五機で入院生活に入った。以後、クァックスの記憶では、少なくとも三週間に一回はヴァルテルが煙草や菓子や飲み物をもって見舞いに訪れたという。

8 慌しき年末のスケジュール

トニとクァックスがいなくなったヴァルテルは、ルディを連れて飛ぶかと思いきや、大隊本部の若い者を連れて飛び、ルディを助っ人が必要な中隊に差し向けた。ルディの腕前は確かだから、良い助っ人になる。ヴァルテルは戦闘経験の少ない者を教育して腕を磨かせることに力を入れるのである。

十一月十五日、エルンスト・リヒター伍長を二番機につけ、ロッテで出撃。これが第五十四戦闘機連隊の第一大隊長として最後の出撃となった。戦闘機掃討に予定した経路を飛ぶうち、ソ連戦闘機の編隊を発見。ヤクYak９型戦闘機の群れに二機で果敢な攻撃をかけた。そして続けざまに二機を撃墜して、さっと離脱する。

ヴァルテルのよしとする空中戦の形に非常に近い戦い方と離脱ができたので、帰ってからリヒター伍長に教えるよい教材となる実例ができた。

振り返ると、撃墜した敵機から立ち昇る二本の煙が見える。リヒター伍長にしても撃墜確定の証人になるのは、たやすいことであろう。これがヴァルテルの二五四番目と二五五番目の確認撃墜戦果である。

このほかに撃墜と申告したのが五十機ほどあるが、認定してもらえず未確認戦果となっている。これら未確認戦果のうち二十三機はヴァルテル自身、絶対確実に撃墜できたと思って

11月15日、リヒター伍長(右端)と共に帰投したノヴォトニー大尉

いるが、敵地の奥深くで撃墜し、確定することのできる目撃証言や物的証拠が得られなかっただけのこと。初撃墜をした日のように戦場に一機だけ残ってしまい、しかも敵機を沖合い遥かに撃墜して、それが未確認戦果となっているのもある。この期に及んで、たかが二十三機ぐらいのことで、あれこれ言う気は全くない。

リヒター伍長を連れて帰投し着陸すると、ついにフォン・ボーニン連隊長から直接、出撃停止を申し渡された。ヒトラー総統から口頭で出撃するなと言われていながら図々しく出撃を繰り返していたが、いよいよ連隊長から直接言われたので、仕方がない。

それにしても、淋しい。生きのびて平和を迎え、定年で退官する時も、このような気持になるものであろうか。

ともあれ、大隊のことをとり仕切り、空中勤務者と地上勤務者の面倒を見る責任は、これまでと変わらないのである。気をとり直して大隊長室に戻り、書類を相手の仕事にとりかかる。

部隊全般の活動に関する日報は要点を押さえて簡潔に書く。時間をかけ熟考して書かねばならないのが人事関係書類で、人事係の将校に作らせるが、ヴァルテルはそれに必ず、じっくり目を通し、手を入れる。

職上は四十歳をとっくに過ぎた大隊本部の事務官から、下は十七歳の兵まで、年齢の幅は広いし、一人ひとりが大切な人間である。姓名を一目見ただけで、その人物の特徴、特技、人となりなどが頭に浮かんでくる。

パイロットたちはいずれも上昇志向の強い若者で、あの物静かな小男オットー・キッテルも表には出さないが烈々たる闘志と向上心を内に秘めている。各人に強い弱いの差はあるが、共通して言えることは、放胆な攻撃精神、機知、ユーモア、何か言われるとすかさず言い返す若さ、決断力、独立心などがあって、これらが性格的な特徴と言える。

マイナス思考で取越苦労するタイプも時に配属されてくるが、これは長く生きない。早い時期に戦死か事故死でこの世を去る。

手軽な気分転換と元気づけには音楽がいい。ヴァルテルは歌を唄うが楽器はできない。大隊のパイロットにはアコーディオンやトランペットの上手な者が数人いて、バイオリンやヴィオラをたしなむ者もある。持ち運びの大変なチェロやベースをやる者はおらず、不思議なことにフルートやピッコロをやる者もいない。

レニングラードの南西に貼りついて戦うこと、すでに二年。その間に野菜をつくったり花を咲かせたりする者もあり、絵を描く者、木工をやったり部屋の内装をみごとにやった者もいて、多士済済である。

大隊の作戦任務が軽くなった時、狩猟に出かけたり運動競技会を催したりしたこともあったが、今はもう、できない。バルバロッサ作戦の初期は、こちら一に対し相手六ぐらいの機数の比率であったのが、いまは一対二十ぐらいが普通になってきたし、来襲の頻度も高くなっている。今日明日の戦いのための心配りと諸々の手配をせねばならず、もはや大隊の楽しいイベントを行なう余裕がなくなってしまった。

ここ東部戦線では戦闘機のコックピットに背負い式の袋が入れてある。中味は短かいスキーにスキーのストック、そして磁石などである。この時期には防寒飛行服上下に、ぶ厚い手袋、毛皮の内張りがされた飛行靴を着用して飛ぶ。

バルト海やフィンランド湾あたりを飛ぶこともあるので、救命胴衣、ゴムボート、海面を染めるための黄色い染色剤なども携行する。小さな袋に入れた応急処置のキットもパラシュートの袋に添える。

普通、大隊長はこのような物が正しく備えられたり着用されたりしているかどうか点検することはなく、中隊長以下にまかせるが、ヴァルテルはバルト海不時着水のときの経験から、頻繁にスポットチェックをしている。

そうこうするうち、スターリングラード正面で戦っている第五十二戦闘機連隊のギュンター・ラル大尉が十一月二十八日に彼の二五〇機目にあたるソ連機を撃墜したという情報が伝わってきた。ヴァルテルに続く二人目の二五〇機撃墜達成者である。

三人目となりうるのは、戦死したり負傷して長期入院となったりしなければ、ラル大尉と同じ連隊のゲルハルト・バルクホルン大尉であろうか。

十二月、ヴァルテルたちの連隊長フーベルタス・フォン・ボーニン少佐が中佐に昇任した。昇任祝いは、連隊の主要幹部が集まりコーヒー一杯にクッキーを少しという、あまり盛り上がらないかたちで簡単に終わった。

連隊長が少佐になったころ二百機達成第一号のグラーフは中尉になったばかりであったのが、すでに少佐になっている。二階級上がっているが、出撃するチャンスがほとんどない配置に補職されており、撃墜機数はあまり増えていない。

さて、十二月七日にウイーンの方でドイツの鉄道記念日行事があるということで、ヴァルテルが名指しで行事に参加させられることになった。記念行事の場所がウイーンで、ヴァルテルはオーストリア出身の、最高勲章を受けた名士であるということで指名されたのかどうか。父が鉄道会社の職員だということとは、あまり関係がなさそうである。

行ってみると、行事は広いホールで行なわれ、ヴァルテルには功労章のメダルを渡す役目が割り振られていた。そして式次第が戦時功労章授与の段になると、キンデルファーターという鉄道技士が進み出てヴァルテルの前に立った。功労章は第一次世界大戦の頃の勲章、プール・ル・メリットに似たデザインで、人の頭がどうにか通るぐらいの環にしたリボンに吊り下げられている。これをキンデルファーター氏の首にかけ、おめでとうを言って握手をし役目は無事終了である。

ホールでの行事が終わると、ちょっとこちらへ、と言われ、ついて行くと資料保管場所兼閲覧室のような小部屋へ案内された。

そこには部屋の中央に置かれた円《まる》いテーブルを囲んで椅子が六脚あり、中年の男性二人と女性二人がいた。これはホールで行なわれた行事の実行委員たちで、ヴァルテルを案内したのも実行委員であった。どうぞと勧められて着席する。

円卓の中央に置かれていたのはシンプルな形のデコレーションケーキ。テーブルを囲んで着席した六人には、それぞれ取り皿、スプーン、そしてソーサーに乗ったコーヒーカップ。ケーキは円《まる》いスポンジケーキの上面にジャムを平らに塗って縁を白いクリームで飾ったもの。ケーキの中心部には四枚の木の葉の形が同じく白いクリームで作ってあり、その上にオレンジ色がかった黄色のジャムか何かで23という数字が乗せられている。その周囲に「誕生日おめでとう」という文字が白いクリームで、きれいに書かれている。

五人の委員たちは声をそろえて、おめでとうと言ってくれて、一人の男性がカメラを取り出し、ヴァルテルが直径三十センチほどのケーキの中央、2の字と3の字の間へナイフを入れるところを撮ってくれた。

全く思いがけない誕生日の祝いであった。嬉しいイベントを考え出してくれたものである。

この記念行事に出席するついでのような形になってしまったが、ウイーンの北東約五十キロの所にあるミステルバッハの町で、幼な友達のクルト・ギンドルが挙げる結婚式に出席した。クルト・ギンドルは陸軍に入り中尉になっていた。

花嫁は白いベールの頭のところにピンクの花を三つ飾って、普通の白っぽいウエディングドレス姿でクルトのそばに立った。クルトよりも鼻が高く、顔立ちも整った可愛らしい人である。見るからに似合いの夫婦の、新婚姿であった。

さらに、ヴァルテルがウィーンに来ているのを知った小学校時代の友人がクラスメートに声をかけ、ケールンテンの町でクラス会をしてくれた。これにも出席して楽しいひと時を過ごしたその足で、戦線への帰途についた。

部隊へ帰ってみれば戦況はますます厳しくなっている。ソ連空軍は数で押してくる。戦い方も進歩している。地上では陸軍が力の限り戦ってはいるのだが、押され押され前線は少しずつ、しかも確実に西へ西へと動いていく。

第五十四戦闘機連隊は第三大隊を西部戦線へ持っていかれたままになっていたが、この七月、東プロシァのケーニヒスベルグで第四大隊の編成がはじまった。これがやっと戦列に加わったが、この大隊はメッサーシュミットBf109G型を装備していて、実質的に戦闘に参加しているのは三十六機前後であった。

第五十四戦闘機連隊はやっと東部戦線において三個大隊をもって戦えるようになったが、ソ連空軍にとってメッサーシュミットBf109Gがたったの三十六機ぐらい増勢されても、もはや痛くも痒くもない情勢になっている。

いまのところ連隊本部に三機、第一大隊と第二大隊にそれぞれ二十七機のフォッケウルフFw190Aと、第四大隊のメッサーシュミットBf109G三十六機の合計九十三機が第五十四戦闘機連隊が東部戦線に保有している戦闘機である。西部戦線へ引き抜かれてしまった第三大隊はフォッケウルフFw190A装備であるが、その保有機数は現在たったの十六機になっている。

このような状況で、連合軍に締めつけられているが、戦闘や事故によって減少した戦闘機は本国から補充され続けていて、機数はあまり減少しない。ただパイロットは中間レベルの者がほとんどいなくなり、超エキスパートをふくむ古狐と素人に毛の生えた程度の、愛国心と勇敢さだけがとりえのパイロットの二層になってしまっている。

ヴァルテルはもはや出撃が許されていないが、他のパイロットは連隊長以下、来る日も来る日も、一日に何回となく出撃を繰り返している。ソ連空軍は数をたのんで、天候がかなり悪くても、かまわず進攻して来るからである。

ヴァルテルがあわただしいウイーン出張から帰隊して、ほんの数日後、連隊にとって痛い損失が生じた。十二月十五日、部隊を率いてヴィテフスク方面へ出撃した連隊長フーベルタス・フォン・ボーニン中佐がソ連機との空中戦で撃墜され戦死したのである。スペイン内戦に参加して四機撃墜の公認戦果があり、帰国後も戦闘機部隊で第一線において戦い続け、七十七機撃墜の騎士鉄十字章佩用者となっていた超々古狐も、ついに墜ちた。

ソ連空軍戦闘機の概況を見ると、およそ次のようである。

バルバロッサ作戦開始のころの戦闘機はイ16（ラタ）とイ153（チャイカ）が主力であったが、これらに取って代わるミグ3型が約三千機、ヤクYak7b型が六千三百機生産され前線の部隊へ送られた。以後、改良の加えられたヤクYak9D型が一万六千七百機、さらに性能のよいラヴォーチキンLa5FN他が一万機生産され戦場へ送り出された。

さらに高性能のラヴォーチキンLa7他を五千機以上生産して、これを戦いに投入しようとしているが、米国と英国からのレンドリース（貸与）の軍用機をも受け入れて戦場で使っている。レンドリース機のうち九千四百機が戦闘機である。これらを合計すれば優に五万機を超える。

荒っぽい仮定であるが、その五万機の十分の一がレニングラード正面に持ってこられたとすれば、五千機になる。これらのほかにソ連空軍は爆撃機も襲撃機も差し向けてくるのであるが、レニングラード正面に配置されているドイツ空軍戦闘機部隊は第五十四戦闘機連隊だけである。

その戦力は、最近になって三十六機ほど増強されて、やっと九十三機。五十対一以下の劣勢である。ソ連空軍の戦闘機パイロットが「時たま」緑色のハートのマークがついたドイツの戦闘機に出会うことがあったと言うのも、うなずける。

さて、撃墜されて戦死したフォン・ボーニン中佐の遺体は収容され、その柩には軍旗がかぶせられた。柩の上には中佐のヘルメットと一振りの剣が置かれた形で針葉樹林の中にしつらえられた軍の墓地へ運ばれ、そこで部隊葬が行なわれた。

葬儀には連隊の大部分の者が参列した。墓地には沢山の白木の十字架が立ち並んでいて、それぞれに階級、氏名が書いてある。十字架は人の腰ぐらいの高さである。

ここに墓地があることを示すためか、出入口となっている通路を入ってすぐの所に高さ六

クルト・タンク技師

メートル余りの大きな十字架が立っている。柱は樹皮を取り除いた太い丸太で、十字架の横木は上から一メートルほど下がったところに打ちつけられている。横木の長さは二メートルぐらいか。

参列した隊員は全員ヘルメットに外套着用で、外套は幅広の革のベルトを腰のところに締める。ベルトのバックルは爪が二本になっていて、そのためベルトには穴が二列に並んでいる。

連隊長の葬儀がすんで一週間もたたないうちに、ヴァルテルはまた出張を命じられた。目的は航空機メーカー激励である。

ユンカースJu86E2型双発機でバドアイルゼンに飛ぶ。この型はJu86P型や高高度偵察機のR型の原型機にあたるタイプの飛行機で、連絡機兼人員輸送機として使われている。飛行場に降り立つと、フォッケウルフ社の主任設計技師クルト・タンク氏が出迎えてくれていて、さっそく工場へ案内された。クルト・タンク氏はヴァルテルの愛機となった戦闘機を設計製作し、その試験飛行も自ら行なった人である。

ヴァルテルとタンク氏は初対面であったが、すぐにうちとけ、意気投合した。ヴァルテルの戦功の大部分がフォッケウルフFw190A型によるものであることを、タンク技師は知っているにちがいない。ヴァルテルの撃墜二五五機のうち、メッサーシュミットBf109による撃墜は六十五機前後である。

四十五歳ぐらいのこの設計技師にヴァルテルは、フォッケウルフFw190A型の、自分の感覚にぴたりとくる操縦応答と飛行特性について話し、武装のパンチ力も気に入っていることを告げる。ずんぐり、がっちりの体格をした丸顔で眉が太く、いかつい顔に頭はかなり禿げ上がっているタンク技師の顔がほころぶ。

彼は会社のテストパイロットたちと話し合える場を作ってくれたうえに、A6型よりさらに強力になったらしい新しいタイプのフォッケウルフFw190F7型を用意してくれていて、これを操縦して飛ぶ機会をも与えてくれた。

軽く一飛行を終えて着陸すると、今度はフォッケウルフFw189多用途機のところへ連れて行かれ、一緒に乗って飛ぼうというタンク氏と操縦室に乗り込む。この飛行機は双発双胴で、主翼の中央部にキャビンと貨物室がついている。偵察機として軽爆撃機として、そして連絡用や患者輸送用としても使われている現用機である。

技師が主操縦席に座りヴァルテルは副操縦席につく。技師の操縦で離陸しバドアイルゼンの町の上空を飛び、時々ヴァルテルが操縦桿を持たせてもらったりしながら時局のことや飛行のことを話し合って着陸すると、技師はプレゼントを用意しているので受け取ってくれと言う。

それは円《まる》い台座にCの字型の金属製の支えがついていて、そのCの頭が機体の腹に螺子《ねじ》でとめてある、縮尺が五十分の一と思われるフォッケウルフFw190A型のソリッドモデルであった。有難くいただいて帰った。

この模型は戦後も永く、長兄ルドルフの手でノヴォトニー家の居間に飾られていたが、いまではどうなっているか不明である。

第八章　世界初のジェット戦闘機隊

1　連隊長と学校長と操縦教官を兼任

一九四四年の一月になった。ウィーンの市長から要請を受けて、ヴァルテルはウィーンへ出張する。十八日、市庁舎へ出頭してみると、案内された部屋には少数の要人が集まっていて、その要人たちの中には、この地区の防衛責任者シュトゥンプル将軍の姿もあった。

その部屋で質素な式典が行なわれ、ヴァルテルは市長から名誉市民章を贈られた。名誉市民章はウィーン市の紋章が彫りこまれた金の太い指輪と、それに添えられた一枚の証書であった。証書には、ウィーン市がヴァルテル・ノヴォトニー大尉を名誉市民として迎え、その証しとして市の紋章を刻んだ指輪を一月十一日付で贈る旨が記されていて、ブランシュケ市長のサインがあった。

ヴァルテルは受け取った指輪を右手の中指にはめ、人々の祝福をうけた。そして誇らしい気持になり、生涯この指輪は手放すまいぞと心に誓うのであった。

明くる一月十九日、ドイツ軍は八九〇日に及んだレニングラードの包囲を解いた。ソ連軍の力に負けて解かざるを得なくなり、後退を始めたのである。

第五十四戦闘機連隊は、フォン・ボーニン中佐亡きあとの連隊長ポストが空席のままであるが、第一大隊長でありドイツの最高勲章を授与されているからと言ってヴァルテルが、しゃしゃり出る幕ではない。

第二大隊長エリッヒ・ルードルファー大尉、第三大隊長ジークフリート・シュネル大尉、第四大隊長ルドルフ・ジンナー大尉といった、軍歴でも大尉昇任時期でもヴァルテルのずっと先輩にあたる戦闘機隊のエキスパートたちがいて、中でもルードルファー大尉は敵機撃墜数が多いだけでなく、下士官からの叩き上げで軍歴が長い苦労人で人望がある。さしあたり、この人が連隊を取り仕切っている。

そうこうするうち、新しい連隊長はマデール中佐だという噂が聞こえてきたが、ヴァルテルは、また出張である。出撃を禁止されている大隊長は、国民との連携強化にエネルギーを使わなくてはならない。

第五十四戦闘機連隊はドイツ中部チューリンゲンのツェラメーリスという所にある事務器製造会社と従来から親密な交流があり、ヴァルテルの今回の出張はツェラメーリスを訪れて相互関係をいっそう深め、国民の戦意高揚に寄与するのが目的である。

メレッズ事務器製造株式会社へいってみると、社屋正面、二階の窓の下に大きな横断幕が掛けてあり「トラウトロフト戦闘機隊の皆様、ようこそ」と大書してあった。その文言の左右両端にはそれぞれ緑色のハートのマークがあり、そのマークの中にはトラウトロフトの頭文字、Tの字が入っている。

会社の人たちのみならず、近所の人々の認識として、まだハンネス・トラウトロフト大佐の名が緑のハートの戦闘機連隊と強く結びついているのである。

会社を訪問したのは三人の空軍将校。あの重傷を負って戦列をはなれた元第一大隊長ラインハルト・ザイラー少佐、ヴァルテル、そして元第三大隊第七中隊長の、音楽好きでユーモアに富むハイン・ヴュプケ大尉である。三人がまずアンシュッツ社長に挨拶すると、社長はヴァルテルに関心を示し、しばらく質問責めにした。

そのあと工場内を案内され、広い会議室へ通されてみると、そこには大勢の社員が集められており、演壇がしつらえてある。これは予想されていたことで、年長者であり経験も豊富なザイラー少佐が当然スピーチするものと思っていたところ、社長はいきなりヴァルテルを社員たちに紹介し、ではヴァルテル・ノヴォトニー大尉にスピーチをお願いします、と来た。

予期していなかったことで、どぎまぎしながら演壇に上ったヴァルテルであったが、「トラウトロフト戦闘機隊」と東部戦線の様子を話し、自分たちの連隊本部や大隊本部の事務室で、この会社の製品が非常に役に立っていて、部隊の作戦をしっかり支えてくれていると結んで、どうやら恰好をつけることができた。

チューリンゲンから部隊へもどると、ヴァルテルを転勤の内示が待っていた。ヒトラー総統じきじきの命令による人事だそうで、転出先は南フランスのポーという所にある第一〇一戦闘機連隊の連隊長のポスト。この戦闘機連隊は戦闘機の操縦教育が専門の部隊なので、連隊長と言っても操縦学校の校長のようなものである。

出撃を禁じられた戦闘機パイロットが、国のため国民のため一番役に立つことができるのは、考えてみれば、若人たちを良き戦闘機パイロットに育て上げる仕事である。

操縦コースを終えるとすぐに第五十四戦闘機連隊に配属され、他の部隊へ出ることなく、ずっとこの部隊で育てられ支えられて現在に至《いた》っているヴァルテルにとって、転出は淋しいことである。しかし新しい任務は良き新人パイロット、それも戦闘機のパイロットを育てることであり、その意義は大きい。

同じようなことを繰り返しながら教え導き、人の能力を開花させる教育という仕事は、大変な根気と忍耐心、それに個人を理解しようとする意欲を必要とし、教え導くやり方にも創造力と工夫の才能が必要である。

ヴァルテルは辛く苦しい戦いの中で、空中戦から帰って来るつど、自分のシュヴァルムのメンバーを集めて戦闘経過をたどり改善できる点を探し出し、次回の出撃で敵と交戦するときの着意すべき点を明らかにして皆に徹底するという、普通の編隊長にはできない根気の要ることをやり通してきた。

これによって世界一とも言える「ノヴィのシュヴァルム」が育ったのである。ヴァルテルは教育者としての力量もあるのは明らか。操縦学校長になるのも良いなと思うヴァルテルであった。

一月二十八日に、噂のとおりアントン・マデール中佐が第五十四戦闘機連隊の連隊長として着任した。この人は、有名な故メルダース大佐や戦闘機隊兵監ガーランド少将と同年輩で、敵機を五十機ばかり撃墜している騎士鉄十字章佩用者である。部隊経験は第二戦闘機連隊（リヒトホーフェン連隊）を振り出しに、第七十七戦闘機連隊では大隊長にまでなって第十一戦闘機連隊長へ栄転した。戦闘経験豊富な古狐である。

ヴァルテルはこのアントン・マデール中佐から正式に異動の命令を伝達され、二月四日、南フランスのポーへ転勤した。

ポーはピレネー山脈の北側にあり、古くからフランスとスペインを結ぶ街道沿いの町として栄えてきた。街道はソンポール峠でピレネーを越え、南へ行けばスペインの地。峠を北へ五十キロほど下ればポーの町である。ポーからさらに北へ一八〇キロばかり行ったところにワインで有名なボルドーがある。

ヴァルテルの転勤にともない第一大隊長に任命されたのは、第五十四戦闘機連隊生え抜きのホルスト・アデマイト大尉である。軍曹の一つ下の階級である伍長の時には早くも対英航空作戦に参加していた古強者。一度、英仏海峡へ撃墜されたが生還した。一見、地味なパイロットである。

戦闘機隊兵監アドルフ・ガーランド少将と同じ年で、大隊長に任命される前は第二大隊の第六中隊長をつとめていた。個人の敵機撃墜数を増しはじめたのは昨年（一九四三）春ごろからで、四月十六日に五十三機撃墜の功により騎士鉄十字章を授与されたが、この時はまだ少尉の階級であった。戦いたけなわの、その年の夏を戦いぬいて、いまや撃墜機数は百に近い。

アデマイト大尉が第一大隊長になったあと第六中隊長になったのはアルヴィン・ヴォルフ少尉で、この人は、この三月二十三日に第五十四戦闘機連隊の通算七千機目にあたる敵機を撃墜した。

命令に従って動かなくてはならないのが軍人であり、軍隊というものではあるが、はるばる南フランスのポーまで来てしまうと、ハッレデラウ空軍病院で療養中のクァックスを、おいそれと見舞うことができない。残念で、胸が痛むが仕方がない。ときどき見舞いの手紙を書いてやることにしよう。まずは第一〇一戦闘機連隊の教育訓練体勢を整えることに専念しなければならない。

多忙な中、クァックスへ短かい、本当に短かい、最初の手紙を出す。

「親愛なるクァックスへ。この大戦中、二人で切り抜けてきた数多くの、あわやという状況を思い出している。これからも何とか切り抜けて行かなくてはならないと思いながら。ありがとうとは言わないよ。元気になってくれ。ノヴィより」

ありがとうと言わないのは、また二人で編隊を組んで敵と空中戦をやりたいと思っているからで、これはクァックスも、わかっているはずだ。

第一線の戦闘機部隊から、通常は後方の比較的安全なところに置かれている教育部隊へ転勤することは、枢軸国でも連合国でも、ベテラン戦闘機パイロットの最も嫌うことであったし、今もその気風は残っている。しかしヴァルテルは、おっくうがったり嫌がったりする様子は全くなしに、連隊長兼学校長兼戦闘機操縦教官の仕事に熱心に取り組んだ。

これから戦場へ出て行こうとする新人パイロットに、自分の真新しい経験にもとづく教育と訓練をほどこし、彼らがこの世に得ている生命を最大限に活かせるようにと、心血を注いだのである。

ここ温暖な南フランスにいて、レニングラード正面で戦っている第五十四戦闘機連隊のことは、いつも気になっている。そこへ、あの戦闘中に味方機との空中衝突で亡くなったアントン・デベレ曹長（トニ）が、九十四機撃墜の功績により少尉として騎士鉄十字章を授与されるということが伝わってきた。死後、一階級昇進させられ、しかも叙勲されるというのは、ドイツ軍ではきわめて希《まれ》なことである。

ヴァルテルにとって、空中戦に連れて上がって死なせた唯一人の部下。心から

ポーの飛行場にて。ノヴォトニー大尉

操縦学生たちがポーで射撃訓練に使用したD520戦闘機

消えることのないトニが、このような栄誉を与えられることは、ほんの少しではあるが慰めになった。実際の叙勲行事は四月に入ってから行なわれたそうである。

少佐に昇任した第二大隊長のルードルファーが一三〇機撃墜の功により、そしてあの、おとなしいオットー・キッテル少尉（この人も昇任）が一五二機撃墜の功により、それぞれ柏葉付騎士鉄十字章、トニは騎士鉄十字章であったが、四月なかばに三人まとめて行事が行なわれ、文書上の叙勲日付はトニが三月二十六日、ルードルファー少佐が四月十一日、キッテル少尉が四月十四日になっていたとのことであった。

第一〇一戦闘機連隊はヴァルテルの存在だけで、操縦教官たちにも操縦学生たちにも見る見る活気とやる気が漲っていくように思われたと人は言うが、これは目立たない所でヴァルテルがしっかり心を配り、行き届いた手配をしたからであった。

戦時下の操縦学校というものは、大切だ、重要だと言われても、とかく第一線部隊のあとに廻され、何かにつけて計画が順調には行きにくいものであるが、ヴァルテルが着任してからというもの、諸事、正確に計画のとおり進んでいくようになったのは、人々の認めるところである。

部隊の使用機種はメッサーシュミットBf109G12型と、ドヴォアチンD520型の二種類である。Bf109G12型というのは練習機で、戦闘機をタンデム式の複座にしたもの。学生パイロットたちは、これで戦闘機操縦の手ほどきを受け、曲技飛行、編隊飛行、そして空中戦の基本的なやり方まで進む。

それからフランス製のドヴォアチンD520型戦闘機に乗ることになるが、この飛行機は単座で、照準器と機銃がついている。このフランス製戦闘機で学生たちは空中射撃訓練をする。

これが終わると、東部戦線あるいは西部戦線向けの訓練をする教導飛行団へ移るのである。教導飛行団を卒業すると第一線部隊に配属される。

第一〇一戦闘機連隊卒業の新人パイロットの質が、ヴァルテルの着任後間もなく、目に見えて向上したと認められて、一部にはヴァルテルのことを第一級の戦闘機操縦教官だと言う人たちもあった。

新人パイロットの教育は主として操縦教官たちが行なうが、ヴァルテルはつとめて、その教育に手を貸すようにしており、戦闘機による飛び方や戦闘の基本も教える。空中戦は編隊員のチームワークが大切なのだが、この学校ではそこまで教えることができない。チームワークのとり方あたりから先は教導飛行団の業務であるし、決められた飛行時間数では編隊員のチームワークについて体験させる余裕がないのである。

基礎的なことはいろいろあって、たとえば飛行機の胴体の国籍マークが見えるのは何百メートルぐらいの距離で、飛行機の胴体とキャノピーが見分けられるのは、およそ何キロだ、などということも教える。

編隊を組んで飛んでいても編隊長機を見つめることなく、できるかぎり編隊の後方と太陽の方向に注意を向けなくてはならないことや、空中戦を始めるときはつとめて、太陽を背にして敵より高い所から攻撃するのがよいことも、単機で帰投せねばならなくなった時にそなえて、進撃の途中、太陽や目立つ雲や地形地物をよく見ておき、帰りはそれを往路に見えたのと反対側に置いて飛べばよいことも教える。

雲海の上を飛んでいると敵に見つかりやすく、奇襲されがちなので、決してそのような飛び方をしないようにも教える。どうしても層雲に沿って飛ばなくてはならない場合は、雲の下に貼りついて飛ぶべきだが、敵を奇襲するために雲を利用するとき以外は、なるべく雲に近寄らない方がよいこと。低空を飛ぶときは、明暗のコントラストが強くてまだらになっている地面の上を選んで飛ぶのがよいことなどもだ。

編隊内のチームワークについては、操縦学生たちとの対話の中で話す。連携プレーのうまいロッテやシュヴァルムの強さについては、自分の経験談をすれば、いくらでも実例を示すことができる。

また、功名心に駆られたり血気にはやったりして勝手に編隊を離れてはならないことも、自分の三年余り前のことを引き合いに出し、エッゲルス中尉に何回もどやしつけられたことを付け加えれば、深く印象づけることができる。

ずっと両親に手紙を出すことができなかったが、四月になってポーから出す最初の便りをしたためることができた。ポーの戦闘機連隊へ転勤となったこと。愉快で楽しい空の旅をしてポーに着任したこと。入院しているクァックスから遠く離れてしまって、気がかりなこと、その他。いろいろと書いて便箋八枚の長い手紙になった。

便箋は罫線なしで、左上に第一〇一戦闘機連隊長と印刷されている連隊長専用の便箋である。この便箋は前任者から申し受けた品々の中にあった。

じつは南フランスのポーのような田舎基地も、連合軍の強力な反撃に目こぼしはしてもらえず、三月二十七日、基地の南飛行場も北飛行場も米陸軍航空隊の四発重爆撃機B24リベレーターの編隊によって爆撃された。二十四機編成の編隊三波に、散々にやられたが、手紙には、このことを一言も触れずにおいた。

時のたつのは早く、戦争の進展も早い。ヴァルテルの古巣、第五十四戦闘機連隊は陸軍部隊とともに退却するよう命じられて、ラトヴィアの首都リガの西、リガ湾とバルト海に挟まれた半島へ退いてきているという。この地はクールラントと呼ばれ、少し南にケーニヒスベルグ（今のカリーニングラード）がある。

戦況が悪化すれば、ケーニヒスベルグあたりまで後退することになるかもしれない。レニングラードのすぐそばからクールラントまで。これはほぼウイーンからモナコ公国まで、あるいはウイーンからルーマニアのブカレストまでの距離と同じで、ウイーンからハンブルグやブレーメンまでの距離よりも遠い。その距離をすでに退却して来ているのである。

一九四四年も五月がめぐって来た。五月十五日、母へ手紙を書いた。あの第一〇一戦闘機連隊長専用の便箋に、「大好きなお母様へ！」と書き出して、なつかしい想い出をいろいろと綴り「幸運と喜びと健康に恵まれますよう願っています。愛と感謝を込めて。あなたのベンジャミンより」と結んだ。

この手紙が、ヴァルテルが軍隊に入ってから毎年、母の日がめぐって来るたびに母宛に出してきた手紙の最後のものになろうとは、二人とも知る由もなかった。

2　メッサーシュミットMe262

六月に連合軍がノルマンディに上陸し、ドイツ軍支配地域への空爆も激しさを増してくる。ヴァルテルはじっとしていられない思いで、苛立ちを覚える。この頃クァックスはまだ病院にいた。クァックスに宛てたヴァルテルの手紙がある。

「腹が立ってしょうがない。ここには大切な仕事が沢山あるが、日に日に、これが神経にさわるようになってきた。そうなんだよ、クァックス。信じられないかもしれないが、いまの状態が気に障ることと言ったら、この学校の学生が悪気もなしにやることや、かつて出会った一番嫌らしい敵がやったことすら及びもつかない。

ここの勤務から放免されたら無理やりにでも君を連れ出して、二人で戦闘に飛び出して行きたい。たとえまた負傷してギブスをつけた姿になったとしても、あえてギブス姿で出撃したいものだ。僕は、気は確かだし、まともだよ。かつてのノヴィ一番機と二番機に、それ以上の舞台があろうか。早くよくなってくれ。そして敵機撃墜だ！　君の旧友ノヴィより」

こうして悶々とした日々を送っているところへ、新型戦闘機の部隊を編成して実戦に使えるようにする仕事が舞い込んだ。現在、レッヒフェルトその他の飛行場で試験的に飛んでいるメッサーシュミットMe262A型ジェット機を、本腰入れて戦闘機に仕立て、実戦に使おうという気運がはっきりしてきたのである。

このジェット機の開発は、今次大戦が始まる前の一九三八年秋、ドイツ航空省が当時、実用化の見通しがたった軸流ターボジェットエンジンをつけた飛行機の試作を、メッサーシュミット社に要求したことに端を発している。

プロジェクト一〇六五の番号をつけられて基本設計と風洞試験を翌年六月に終えたジェット機は、モックアップの形へと進み、十二月十九日に官側の検査に合格。一九四〇年三月一日、原型機三機の製造を命じられたが、予定されたＢＭＷ社のエンジンも、代替用と考えられていたユンカース社のエンジンも官側の要求する推力が出せないまま、メッサーシュミット社は機体の飛行試験へと進んだ。

ジェットエンジンは積まず両翼下のエンジンナセルは空っぽ。機首にユンカース社製のピストンエンジンを一台取り付け、二枚羽根のプロペラを駆動する。試作ジェット機の初号機はプロペラ機になってしまったが、メッサーシュミット社の熱意は燃え上がっていた。

試作ジェット機のプロペラ機という、おかしな飛行機は四月四日に初飛行に成功し、以後行なわれた六回の飛行も、すべて順調であった。この結果を見た官側は、さらに七月二十五日、追加の五機を発注。一方、BMW社は鋭意、ジェットエンジンに改修改良を加え、十一月中旬、これをメッサーシュミット社に届けた。

しかし、この七段コンプレッサーの静止推力千ポンドが出せるエンジンは、よくコンプレッサーが全壊する困り者であった。非常に信頼性の乏しいジェットエンジンではあったが、メッサーシュミット社はプロペラ機のジェットエンジンナセルに、このエンジンを入れて飛ばせてみることにして、何ともユニークな三発機というか、双発ジェットの単発プロペラ機というか、奇妙な飛行機は初飛行に、曲がりなりにも成功した。

最初の試験飛行をおこなったのはメッサーシュミット社の首席テストパイロットであるフリッツ・ウエンデルである。芝生《しばふ》の千メートルしかない滑走路から辛うじて離陸したウエンデルは、ぐるりと飛行場の片側を廻ってそのまま着陸しようとしたが、この短かい飛行の途中、ジェットエンジンは二つとも壊れて停止してしまった。

ユンカースのピストンエンジンを吹かせて飛行し、やっとのことで墜落しなくて済んだが、メッサーシュミット教授は、どういうわけか満足し、推力が少し強くてBMWのものより壊れにくいであろうと思われるユンカースのジェットエンジンが届くのを待った。

一方、テストパイロットのウエンデルはベルリンにあるBMW社にもデッサウ(マグデブルグ南東)にあるユンカース社にも出向いて、ジェットエンジンを研究すると共に、扱い方をも練習してきた。

この頃、ユンカース社のジェットエンジンがBMW社のエンジンより長さ、太さ共に大きいことがわかり、エンジンナセルの設計変更、製造のやり直しと、安定性確保のための垂直尾翼面積の拡大がなされた。

そして一九四二年七月十八日、ようやくピストンエンジンなしの双発ジェット機がフリッツ・ウエンデルの手により初飛行に成功した。離陸がやや困難であったが、飛行特性は良好であった。

この初飛行について報告をうけた航空省は、ドイツ北東部レヒリンにある空軍のテストセンターに初の双発ジェット機を引き渡すよう命じたが、八月十一日に二回目の試験飛行を行なってウエンデルがこの機体を壊してしまった。

これにより航空省のジェット機に対する期待は冷めてしまうかと思われたが、もう一機のプロペラ付き原型機をユンカース社製のエンジン付きの双発ジェット機に改修して十月二日、試験飛行に成功すると、航空省はジェット機四十五機を発注した。

そして一挙に大量生産をはじめる必要がないからという理由で、この年末に毎月の生産機数を二十機と決め、その機体の製造にあたっては、なるべくメッサーシュミットBf109型の構造部材や部品を流用し、他の機種のものでも流用できるものは流用して手軽に製造するように、という勧告をした。

このようなことが進行しているとき、新型機開発および試験飛行の中心であるレヒリン・

テストセンターに空軍から派遣されていたヴォルフガング・シュペーテ大尉は新しいジェット機メッサーシュミットMe262型機の将来性と底力を見抜き、戦闘機隊兵監ガーランド少将に、テストしてもらいたい旨申し入れた。

ガーランド少将は、押し寄せる米軍重爆撃機の大編隊とこれを掩護する戦闘機の大群に対処する道を探し求めていた矢先のことで、申し入れを受けて、一九四三年五月二十二日、この双発ジェット機を操縦して飛んでみた。そして、メッサーシュミットMe262の高性能と飛行特性のよさに感銘をうけ、航空兵器長官を兼ねる航空次官ミルヒ元帥に電報を打って、この飛行機が戦争の趨勢《すうせい》をドイツの優勢へと変えていく底力を持っていると伝えた。

「宛、空軍総司令部。発、戦闘機隊兵監　ベルリン。

一九四三年五月二十五日

空軍元帥殿

今月二十二日土曜日、小官はアウグスブルグにおいて空軍省の諸官に見守られつつMe262型機の飛行試験を実施。

Me262型機につき所見は次のとおり。

一、敵がピストンエンジン航空機を使用し続けるならば、この飛行機は我々の作戦に大打撃力による信じ難いほどの有利をもたらす。

二、操縦者として本機の飛行特性には深い感銘を受く。

三、離着陸時は慎重な扱いを必要とするエンジンは、飛行中において信頼性十分。

四、本機は作戦に革命的新展開をもたらし得る。

よって以下のことにつき御高配を乞う。

目下開発中のFw190D型機は、同じく開発中のMe209型機と似通った性能を有す。ただし敵航空機を圧倒できる能力なし。特に高高度において然り。

武装強化と速度向上において十分な利点が認められるのみ。

具申事項

a、Me209の生産中止

b、BMW8d型、DB603型およびユモ213型エンジンを搭載するFw190型機に生産力集中

c、Fw190D型増産態勢確立後、すみやかに余力をMe262開発に指向

帰りましたら直ちに参上。細部につき御説明申し上げます。

A・ガーランド」

この電報を受け取りミルヒ元帥は、この飛行機を遅滞なく大量生産し、前線部隊の使用に供する決心をした。ヒトラー総統へは翌日ゲーリング元帥が説明に行き、Me262大量生産について決裁をあおいだが、総統は少数の機体の試験と改良作業の続行には同意したものの、大量生産については許可しなかった。

メッサーシュミット社の方では、それを知ってもなお将来の大量生産許可を期待してMe262の改良につとめた。

機関砲四門をもつ戦闘機型Me262の試験飛行は十月に開始され、十一月二日にはゲーリング

元帥がメッサーシュミット社を訪れて状況を視察した。その時、ヒトラー総統の意向である高速爆撃機構想について語り、メッサーシュミット教授にMe262を戦闘爆撃機型にすることは可能かどうかとただした。

可能だが、性能が爆弾のために、かなり落ちるという返事を聞いたゲーリング元帥は、ヒトラー総統にその旨を報告した。そして十二月初頭、東プロシァのインスターブルグで飛行展示をさせ、この展示にはヒトラー総統、ゲーリング元帥、ガーランド少将などが顔を揃えた。

ヒトラー総統はこの新型飛行機が大いに気に入って、爆撃機として実用化につとめよと命令したが、付け加えて、少数を戦闘機型にしてもよいと言った。これが曲げて伝えられ、Me262はまず爆撃機型を中心に生産が進められ、連合軍による空爆が激しくなってきたため、やっと戦闘機型の生産が許されたように思っている戦史家がいる原因となった。

ともあれMe262のうち戦闘機型は細ぼそと生産され、実戦に向けてテストが重ねられる一方、爆撃機型が生産ラインの主流であったことは事実である。

この戦闘機型ジェット機をもって部隊を編成し、実戦に参加する役割をヴァルテルに持って行ったのは、ほかならぬ戦闘機隊兵監のアドルフ・ガーランドであった。

ガーランド少将は、かねてからヴァルテルのリーダーとしての資質と、物事を進めるにあたって下準備や根廻しなどにも労を惜しまないところに目をつけていたのである。単に敵機を沢山《たくさん》撃墜したから高くて目立つ地位につけたわけではない。

3　二六二教導飛行隊で搭乗員養成

第二六二教導飛行隊という、メッサーシュミットMe262A-1a型機の実用化にたずさわる部隊が昨年暮れ（一九四三年十二月十九日）にレッヒフェルトにおいて発足していた。Me262A-1a型は戦闘機タイプである。爆撃機タイプ（戦闘爆撃機仕様）はMe262A-2a型で、戦闘機型より早く実用化へむけて機体の改良と搭乗員養成が進められてきた。戦闘機型の改良と搭乗員養成を担当する教導飛行隊の初代隊長はヴェルネル・ティアーフェルダー大尉である。

ティアーフェルダー大尉は二十八歳の元駆逐機パイロットで、メッサーシュミットBf110型双発戦闘機を操縦して対フランス作戦にも、対英作戦にも参加して、さらにバルカン半島やクレタ島作戦でも活躍した人物である。

アフリカ大陸西南部にあったドイツの植民地で生まれ育ち、帰国して最初は、陸軍歩兵部隊に入隊したが間もなく新設された空軍の予備士官に転じ、このときゲッチンゲン大学に入り勉学にも励んだ。

第二次世界大戦が始まった時には正規の空軍少尉で、第二十六駆逐機連隊第一大隊の一員として開戦を迎えた。やがて第二駆逐機連隊の第二大隊へ転任となり、間もなくその第二大隊の第四中隊長となったが、一九四二年、戦闘機隊兵監部の幕僚となり勤務していたところ、

前方正面から撮影したMe262A-1a——史上最初の実用ジェット戦闘機

第二六二教導飛行隊長を命じられ、同じ日付で併せて第二十六駆逐機連隊の第三大隊長をも命じられたのであった。

額がひろく端正な顔だちのティアーフェルダー大尉は列車六本破壊、撃墜二十七機、地上撃破四十一機の記録を持つ騎士鉄十字章佩用者である。騎士鉄十字章は中尉のとき受章した。

ガーランド少将の要請をうけた空軍総司令部の第二部が十二月九日付で発した命令書にもとづき、同十五日ティアーフェルダー大尉を隊長として発足した第二六二教導飛行隊であったが、この隊のために揃えるジェット機十二機は、実はこのとき一機もなかった。

ティアーフェルダー大尉はすでに数回メッサーシュミットMe262A型機を操縦して飛んだ経験があり、操縦要員としてまずヘルムート・バウダッハ軍曹、エルウィン・アイヒホーン軍曹（第二戦闘機連隊から）、ヘルムート・レンナーツ軍曹（第十一戦闘機連隊から）の三名を一九四四年一月早々に選定するとともに、双発ジェット機には双発戦闘機パイロットのほうが単発機パイロットより取っ付きがよいと判断して、第二十六駆逐機連隊第三大隊の一部を割愛してもらうよう手配した。

この第三大隊の一部のパイロットたちは、ケーニヒスベルグノイマークからレッヒフェルトへと移動して来たが、パイロットはジェット機操縦経験をもつ隊長と三名の軍曹を中心に、一応揃ったものの、部隊用のジェット機の最初のものは一九四四年も四月十九日になって、やっと部隊に届けられた。この機体は原型機の八番目の機体であった。

部隊用の次の機体は、五月に入ってからポツリポツリと搬入されてきた。この頃からヴァルテル・ノヴォトニーの指揮下に入るまでの経過はおよそ次のようであった。

この五月九日、第二十六駆逐機連隊第三大隊の本部と本部中隊がケーニヒスベルグノイマークを列車で出発し、レッヒフェルトへ向かう。翌十日、先遣隊がレッヒフェルトに到着した。

十一日、大隊本部と本部中隊の人員がレッヒフェルトに着き、大隊本部事務所を兵舎の一角に設営。幕僚と本部中隊の者は飛行場の建物に入った。

十二日、ティアーフェルダー大尉を囲み、今後のことを検討した。なお、第二十六駆逐機連隊、通称ホルストヴェッセル連隊の第三大隊は、第七、第八および第九中隊の三個中隊から成っていたが、レッヒフェルトへ移されたのは、その第八および第九中隊である。

地上要員のうち第八中隊の者はライプハイムへ、第九中隊の者はシュヴァビシュハルへ行ってメッサーシュミットMe262A型機の組立作業に従事し、本部中隊の者はレッヒフェルトで、このジェット機の整備要領を学ぶことに決まった。

明くる五月十三日から十七日にかけて、大隊本部は飛行場から三キロほど離れたところに

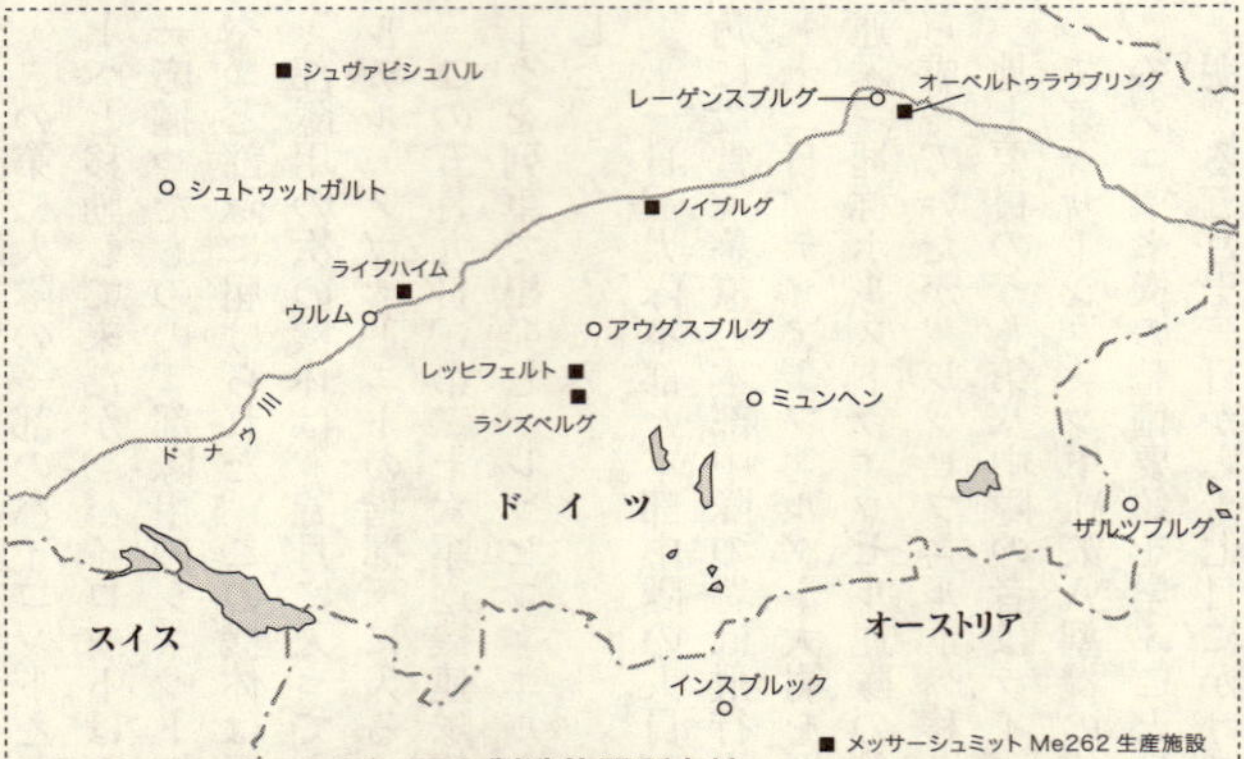

メッサーシュミット Me262 製造施設所在地

ある兵舎に移り、第八および第九中隊のパイロット合わせて十四名はレッヒフェルト飛行場の建物に寝泊まりしてメッサーシュミットMe262A－1a型のS3号機とS4号機が来るのを待っていたが、十四日にヒトラー総統の意向をくんだ上級司令部がジェット爆撃機の実戦投入を先に、戦闘機は後廻しにすることを決めたため、状況が急に変わった。

第八中隊長ミュラー中尉と第九中隊長ブレイ中尉は空軍に納入されるメッサーシュミットMe262A型機の受領と爆撃機部隊へのフェリーを命じられた。その結果、ミュラー中尉はライプハイム勤務、ブレイ中尉はシュヴァビシュハル勤務となった。

整備員たちの配置と任務には変更がなかった。そして戦闘機のことが後廻しとされたため、軍曹パイロット一名と伍長パイロット一名がレッヒフェルトの試験飛行班所属にされ、かなりの数のパイロットが古巣の第二十六駆逐機連隊へ帰された。

このようなゴタゴタで、ティアーフェルダー大尉が手許に置けるのは戦闘機タイプのジェット機が六機、多くても八機どまり。パイロットは八名ということになった。当初計画から大幅に後退した状況になったが、ティアーフェルダー大尉は、あの最初の一機、四月に教導隊に納入された機体でテストを行ない、不具合をつぎつぎに解決していった。

重要な改善事項の一つは、高速を出すと激しく振動する羽布張りの操縦舵面を金属製に改めて解決したことであるが、このほかに飛行特性の改善や操縦に対する反応の具合の改善などがある。

こうした努力を重ねるうちに、七月十八日、テスト飛行中であったティアーフェルダー大尉のメッサーシュミットMe262Aの両方のエンジンのステーターリングが脱落するという事故が起こり、大尉は墜落し死亡した。

この様子は、大尉の部下三人と整備担当の技官の計四名が見ていた。しかし第二十六駆逐機連隊の戦時日誌には、ティアーフェルダー大尉が敵戦闘機十五機を相手に空中戦をして、レッヒフェルト近傍に撃墜され戦死したと記載されていて、これが公式見解となっている。

ティアーフェルダー大尉亡きあとの教導飛行隊長はホルスト・ガイアー大尉となったが、飛行隊の任務はテスト飛行を重ねてメッサーシュミットMe262Aを、より一層実戦において威力が発揮できるよう改良することと、高高度を高速で飛ぶ連合軍の偵察機を要撃して撃墜することの二つであった。

隊長が代わって七月二十六日、アルフレッド・シュライバー少尉（あだ名はブビ）がアルプス上空で英軍偵察機モスキトーを一機撃墜した。これがメッサーシュミットMe262A-1a型機による撃墜第一号とされたが、のちの調査で、そのモスキトーは逃げおおせ、不時着して乗員二名は無事であったことが判明している。

この頃ヴァルテルはレッヒフェルト南方ランズベルグ基地へ行き、メッサーシュミットBf110型機に乗って双発戦闘機による飛行練習を行なった後、レッヒフェルトに行ってメッサーシュミットMe262Aの扱い方を地上で教わった。そして慣熟飛行をする段になり、ホルスト・ガイアー隊長が複座練習機型のMe262B-1a型でまず飛んでみるよう勧めたが、それを断わって単座の戦闘機型で飛ぶことにした。

用意されたメッサーシュミットMe262A-1a型機は片方のエンジンが始動しなかった。予備機に乗りかえてエンジンをかけると、左右とも素直に始動したので、まず初飛行を行なうことができた。飛行は順調で、慎重を要すると教えられた着陸も、見ている者をハラハラさせるようなことは全くなく、無事であった。

二回目の飛行も実施したが、この回はエンジン始動時から着陸してエンジンを停止させるまで、何のトラブルも発生せず、ヴァルテルは納得のいく慣熟飛行ができた。

速度性能も上昇性能も非常によいし、それらに併せてとても飛行特性と操縦応答のよいことが納得できて、この飛行機の重武装のことを思うと、ジェット戦闘機部隊を編成して自分も空中戦に飛び込む夢が、ヴァルテルの胸の中に大きく明るく広がるのであった。

思わず顔をほころばせるヴァルテルを見ていたガイアー隊長は、その顔つきを、たった二回の慣熟飛行で自信満々になった表情だと解釈して、何とうぬぼれの強い奴だろうと、少し不快に思った。

シュライバー少尉が七月末ごろに撃墜したと思ったモスキートーは、墜落せず生き延びていたが、八月二日に出撃した少尉は、英空軍の偵察機型のスピットファイアを一機、今度は本当に撃墜した。メッサーシュミットMe262A－1a型機による撃墜第一号である。

シュライバー少尉はこの八月上旬、さらに二機を撃墜した。これに続いて第二六二教導飛行隊のパイロットが、ポツリ、ポツリと戦果をあげて行く。八月十四日には教導飛行隊の分散基地レルツから発進したウエーバー少尉がモスキートーを一機撃墜し、同十五日、もう一機モスキートーを撃墜した。

この日、レンナーツ軍曹が何と、空の要塞B17重爆撃機を一機撃墜し、ジェット戦闘機による四発重爆撃機撃墜第一号となった。

彼は、この重爆撃機を一撃では撃墜することができず、第二撃をかけて撃墜しシュトゥットガルトの飛行場へ大急ぎで着陸したが、着陸直後にエンジンが停止した。燃料がなくなったのである。この時のレンナーツ軍曹機の飛行時間は、離陸滑走開始から着陸まで、ちょうど五十六分であった。

八月十八日にはウエーバー少尉が、またもやモスキートーを一機撃墜。二十四日には根拠基地レッヒフェルトから発進したバウダッハ曹長がP38ライトニングを一機、二十六日にはシユライバー少尉がスピットファイアを一機撃墜した。

九月に入ると、五日にレッカー曹長がスピットファイアを一機、六日、ゲーベル曹長がモスキートーを一機、十二日にはバウダッハ曹長がP51ムスタングを一機、それぞれ撃墜した。

このようにして一九四四年九月も下旬になる。

戦闘機隊兵監の発した九月二十六日付の命令により、第二六二教導飛行隊はオランダ国境に近いドイツ北西部アッハマー基地に集結することとなった。そして分散基地となっていたシュヴァビシュハル、ライプハイム、エルフルト、ビンダースレーベン、レルツおよび根拠基地レッヒフェルトから九月二十七日に移動を開始した。ヴァルテル・ノヴォトニー少佐指揮のもと、新しい戦闘機隊を編成するのである。

この頃、爆撃機バージョンのほうは戦闘機よりも、かなり先へ進んでいた。ヤークトボンバー、通称ヤーボ（戦闘爆撃機）の正規連隊は、この年（一九四四）二月二十五日に第五十一爆撃機連隊、通称エーデルワイス連隊の本部と第二大隊が発足しており、つづいて四月一日に第四大隊、六月に第三大隊、遅れて第一大隊が七月に発足し、作戦可能となっていた。

さらに既存の第五十四爆撃機連隊の機種更新が進められつつあるのが、この九月末から十月初旬の状況である。使用機メッサーシュミットMe262Aのヤーボタイプの型式は2aである。機体上面のカムフラージュは、グレーの地にブラックグリーンがまだらに吹きつけてある。戦闘機の、ダークグリーンとブラックグリーンが折れ線分割でべったりと塗られているのとは全くちがう。

ヤーボの胴体後部、黒十字の国籍マークの後ろにはアルファベットが一文字か二文字書かれている。これに対し戦闘機は胴体側面、機首寄りに大きく数字が書かれている。ヤーボは二五〇キロ爆弾を二発、機首寄りの胴体下部にある爆弾架に付けられるようになっている。

メッサーシュミットMe262A型機には偵察機タイプもあり、これの型式は1a－u3である。このMe262A－1a－u3型による偵察機部隊の編成命令は六月初旬に発せられており、ヘルヴァート・フラウネグ中尉がレッヒフェルトで編成業務にあたっている。積めるカメラは二台で、二つとも型式はRb50／30である。

概要は以上であるが、早くから編成が進められていたエーデルワイス連隊は、六月六日の連合軍ノルマンディ上陸に対しては爆撃を加えることができず、翌日以降、二機か三機で時折り戦場上空へ飛び、爆撃する程度の活動しかできなかった。

4 忙中の閑から部隊新編成へ

ポーに着任して連隊長兼操縦学校長として職務にいそしむかたわら、ヴァルテルは近傍の空軍部隊に声をかけて、ハンドボールのできる人を募った。そしてチームをつくり、練習を楽しんだ。

折りからドイツ選手権大会が開催されたので、これにヴァルテルはチームを率いて出場した。戦争まっただ中、一九四四年の八月のことで、ヴァルテルのローテアドラー（赤鷲）は

勝ち進んで、ベルリンのポリッァイ・スポルトフエライン・ベルリン（ベルリンの警察官スポーツ連合）というチームと優勝戦を戦った。

ローテアドラーは惜敗したが、この試合は絶好の気晴らしになり良い思い出となった。ゴールキーパーを前列中央に、キャプテンのヴァルテルを後列中央にして、マネジャーと世話役二人も入れ十二名で試合終了後、記念写真を撮った。この写真は近況報告の便りに添えて、ウイーンの両親に送った。

大会から戻ると間もなく内示があり、九月一日、空軍少佐に昇任した。あの有名なメルダース大佐やガーランド少将が少佐に昇任したのは二十六〜七歳の時であったのに、ヴァルテルはまだ二十三歳である。

そして、その二十六日付で正規のジェット戦闘機部隊を編成して実戦に参加せよとの命令を受けた。部隊の名称は、デュッセンイェーガー・ヤクトコマンドスMe262（ジェット戦闘機メッサーシュミット二六二部隊）であるが、空軍の中ではコマンド・ノヴォトニーの名で通った。

パイロットはまず、レッヒフェルトの教導飛行隊から隊長のガイアー大尉はじめジェット戦闘機の飛行経験が多い者たち。次にあちこちの戦闘機部隊から選ばれてジェット機操縦講習を修了したベテラン戦闘機パイロットたちが集められた。

整備員は第二十六駆逐機連隊第七中隊のメンバーが、そっくりコマンド・ノヴォトニーに付け替えられた。

中央から示されたコマンド・ノヴォトニーは戦闘機大隊規模とする計画で、三個中隊から成り、各中隊は十六機である。従来の中隊は九機ないし十二機で、コマンド・ノヴォトニーの中隊は、やや機数が多い。これに本部中隊の四機が加わり、コマンド・ノヴォトニーの装備機数は五十二機となる計画である。

教導飛行隊のあるレッヒフェルトはミュンヘンの西約六十キロ、アウグスブルグからは南へ約二十キロほどの所にある。コマンド・ノヴォトニーが発足するアッハマーはベルリンの遙か西、約四百キロも行った所である。オランダとの国境のすぐ東側を通っているドルトムントエムス運河のそばにあって、オスナブリュックの西約四十キロにある基地群の中の一つである。

基地群は四つの飛行場から成り、一番南がライネ。中ほどの東側にホプシュテン、西側にアッハマーがある。アッハマーのすぐ北にヘゼペがあり、ヘゼペはアッハマーの補助飛行場的な使われ方をしている。

ライネとホプシュテンを爆撃機部隊が、アッハマーとヘゼペをコマンド・ノヴォトニーが主に、爆撃機隊や偵察機隊が副に使うことになった。これら四つの基地はすぐに、ジェット機の基地群として連合軍がマークするようになる。

コマンド・ノヴォトニーの部隊本部宿舎はアッハマー飛行場のそばのブラムシェの町のペンテという所にある、美しく整えられた公園の中の平屋建てに設けられた。

切妻で、間口約二十メートル、奥行約十五メートル。瓦ぶき屋根の急傾斜になっている前面にフェトーが四つある。煙突が棟の東端近くと西端近くに一つずつ立っている。ここは本部とは呼ばれず、ハウス・ヴルフハーゲンと呼ばれた。

人も機体も期待したようには集まらない。

まず戦闘機は九月末までにコマンド・ノヴォトニーへ二十三機しか来なかった。計画の五十二機の半分にも届かない。パイロットはレッヒフェルトから来た者を中心に、十五名ほどしか実戦に使えるレベルになっていない。各地からやって来る少数のパイロットは、二回ないし三回の慣熟飛行の後チェックアウトを兼ねたフライトをして実戦の出撃待機に加えられていく。

メッサーシュミットMe262A－1a型機、つまり戦闘機タイプは、この年の九月十二日、レッヒフェルトの実用試験部が戦闘機としての運用に耐えると認定した。とはいうものの、パイロット、整備員ともしっかり念頭に置いてこの新鋭機を扱うべきであるとする、次のような未解決の問題点がある。

▽高度八千メートル以上でエンジンを絞るとフレームアウト（燃焼室の炎が消えてエンジンが止まること）することが多い。

▽エンジン始動時と、エンジン回転数を上げて行くとき、温度が上がってステーターリングが過熱し、コンプレッサーがすぐに傷む。

▽燃料系統に漏れが起こりやすく、火災になりやすい。

▽リーデルスターター（エンジン始動時、軸流ターボジェットエンジンの軸に回転を与えるため取り付けられている、小型のピストンエンジンの名称）の能力が不足している。

▽エンジンの調整が正しくないと、性能が十分に発揮されず、飛行速度が大幅に落ちる。

以上のような状態であるが、初期の量産型の不具合に挙げられ、その後かなり改善されたものの、まだ使用者側の満足が得られていない問題点もある。それは武器の装着、降着装置および計器にかかわるものである。

アッハマー基地に展開したコマンド・ノヴォトニーのMe262A-1a戦闘機

▽武器の装着については、銃口まわりの外鈑の取り付け方について、設計そのものが良くない。そのため破損しやすい。

給弾ベルトの強度が不足していて、切れやすい。空薬莢《からやっきょう》放出部の故障が多い。

機関砲収納部分の保温システムがないため、高高度に上がって低温になると凍結して、機関砲が発射できなくなる。

▽降着装置については、ブレーキの効きがあまり良くない。

タイヤのパンクが、まだ多い。細かい改修をかさね点検頻度を増してかなり良くはなっているが、まだ不十分である。

▽計器については、針路指示器の精度が従来のもの（たとえばプロペラ戦闘機のもの等）よりも、ぐんと悪くなっている。

以上のような不具合は多かれ少なかれ、戦闘爆撃機型にもあって、連合軍のノルマンディ上陸初日に出撃せず、その後の出撃が二機か三機の、さみだれ式となった原因のひとつであった。

アッハマーに着くとヴァルテルは早速、飛行場を見てまわった。補助飛行場へゼペも見た。どう見てもジェット戦闘機が実戦に使うには滑走路の長さが足りない。敵襲が滅多にない飛行場で、万全の準備をして慎重に離陸し着陸する試験飛行とは、わけが違う。

そこで、直ちにガウライターという、地域の指導者でナチス中央部からの命令や指示を地域住民に徹底させたり、勤労奉仕を取り仕切ったりする人のところへ行って、両飛行場の滑走路を、それぞれ五百メートルほど延長してもらう交渉をした。

ヴァルテルの要請は快く受け入れてもらえて、しかも大至急の突貫工事をするとも言ってもらえた。翌日には数名の男が測量をしている姿が見られ、その次の日から工事が始まった。滑走路端を向こうへ五百メートルほど掘り下げ、地固めをし、コンクリートを打って行く。

整備員たちは九月三十日にアッハマーに到着し、十月一日から整備屋の店開き準備にかかる。こうして平時では考えられないことかもしれないが、飛行場整備が完了するやいなや、十月三日と四日の二日間でコマンド・ノヴォトニーは移駐を完了した。ヴァルテルの持つ、組織を動かす手際のよさと労を惜しまない根廻しという才能が、これを実現したのである。

たった二十三機の戦闘機で、これがもし機体もエンジンも信頼性十分で燃料補給に問題がなければ半日たらずで完了する移駐であるが、コマンド・ノヴォトニーの場合は全く逆で、徹底した注意深さで取り扱わなければうまく飛ばないジェット機を、連合軍の空爆のため燃料の供給もままならない状況のもとで、たった二日間に二十三機も飛ばせて移駐したのである。

しかし残念なことに、十月四日に移動してヘゼペまで来た一機がパイロット共ども失われた。

そのパイロットは、アルフレット・トイマー大尉で、第五十四戦闘機連隊に軍曹の階級でヴァルテルより半年ほど遅れて着任した男であった。そして少尉になり中尉になり、中隊長に任命され七十六機撃墜を達成して八月十九日に騎士鉄十字章を授与され、十月一日付でコマンド・ノヴォトニーへ異動となったのである。コマンド・ノヴォトニーでは同日付で第二中隊長に任命されていた。

古巣の第五十四戦闘機連隊ではヴァルテルの指揮する第一大隊の第二中隊長をつとめ、今年の春、第三大隊の第七中隊長に転じていたのをヴァルテルが手をまわして引っぱった人事異動であった。

トイマー大尉はコマンド・ノヴォトニーの移駐の際、まずレルッという基地から着任申告をし、中継地ブランシュヴァイクを経由してヘゼペに向かった。十月三日、マグデブルグ西方ブランシュヴァイクに来たトイマー大尉は先着のメンバーに加わったが、その中の一人が「えっ、あんたが中隊長？　Me262でまだ一機も墜としていないのに？」と驚いたふうに大声を出したという話が残っている。

ヴァルテルが信頼を置いたトイマー大尉は、職務一辺倒に近い職人肌の人物で、顔立ちはいかめしい印象をあたえ、あまり人好きのするタイプではなかった。これを知る戦友が、からかったのかもしれない。

十月四日、編隊は組まずに一機ずつバラバラにヘゼペやアッハマーへ飛ぶことになっていたので、トイマー大尉は出発しようとエンジンをかけた。片方はかかったが、もう一方のエンジンがかからなかったので、誰かきてくれと無線で呼んだところ、この送信を聞きつけたレンナーツ曹長が、エンジン始動直前であった乗機を降りてトイマー大尉機のところへ行った。

レンナーツ曹長が見ると、かからないというエンジンのスロットルレバーがピッタリとアイドル位置になっている。レンナーツ曹長はスロットルレバーをほんの少し前へ出しておかないとエンジンがかからないのを知っているが、トイマー大尉はまだ経験不足で、よく知らないのだと思った曹長は大尉に、自分が代わりに乗っていこうかと提案してみた。

トイマー大尉は、それには及ばないと言い、このような会話をする間にレンナーツ曹長が、かからなかった方のエンジンを始動した。こうしてレンナーツ曹長が、このエンジンはスロットルレバーをピタリとアイドル位置まで引いてしまうとフレームアウトする癖があるので気を付けて下さいというのを聞いて、トイマー大尉はヘゼペに向けて飛び立った。

丁寧に扱えば素直で良い飛行機なのだが、メッサーシュミットBf109やフォッケウルフFw190を操縦するときのようなスロットル操作をすると、フレームアウトしたり火災を発生したりするし、着陸の際、アイドル位置のストッパーまでレバーを引くと突然フレームアウトすることが多いメッサーシュミットMe262Aである。

また、この戦闘機の脚柱は壊れやすく、タイヤはパンクしがちで、馬にたとえるならば血統のよい競走馬である。農耕馬や馬車馬のように扱ってはならない。レンナーツ曹長は、トイマー大尉がこの競走馬で無事へゼペに着いてくれればと思う。

この戦闘機の離陸時の重量は約六・一トンで、水平飛行で出せる最高速度は地表面付近で時速七四〇キロ、高度九千メートルでは時速八一〇キロである。

上昇する際の最も適した速度は地表面付近で時速四七五キロ、高度二千メートルでは時速五百キロ、高度四千では五二五キロ、高度六千で五五〇、高度八千で六百、一万メートルでは六五〇、一万二千メートルでは時速七百キロとなっていて、不慣れなうちは膝当て板にこの数値を書いたメモを挟んで、見ながら飛ぶ。

この速度にするよう柔らかに操縦して上昇すれば、高度二千メートルを通過する時は毎秒十四・七メートル、高度一万二千メートル通過時には毎秒一・三メートルの上昇率が得られる。

トイマー大尉はへゼペまで来て着陸しようとしたが、うまく行かなかった。

速度を時速四百キロにおとす。水平尾翼の角度を微調整する。これは左コンソルにあるスイッチを使ってやる。水平尾翼の前縁が上に二度まで、下に四度まで動かせるようになっていて、これがトリムの働きをするのである。

操縦桿にかかってくる力が抜ける水平尾翼角度にしたならば、スロットルレバーのすぐそばにあるスイッチを操作して脚を下げる。脚が下がると、そのスイッチのすぐ前にある指示灯が点灯して、左、機首、右の脚の状態を示す。三つとも点灯すればよい。

この時、もうひと踏んばりしなくてはならない。機首の車輪には脚柱部分にカバーがついていて、脚下げをすると、このカバーもいっしょに動く。機首下面に平らな板が後ろから前へ開くので、これに当たる空気が機首を押し上げる。それに抵抗して操縦桿を押し、トリムスイッチも使って水平飛行の姿勢をたもつ。

機首の脚柱は真下より十二度前方までいくと固定されるようになっていて、このあたりに来ると脚柱をカバーしている板に当たる空気が機首を押し上げる力がなくなるので、またトリムを元へ戻さなくてはならない。

脚が三つとも下がって固定されると、フラップ操作ができるようになる。電流が通じるのである。そこでフラップを二十度下げる。ここでまたトリムをしなければならない。

脚が下がっていく間に時速三五〇キロぐらいになる。チェックリストには時速三五〇、脚下げ、とあるが、時速五百キロ以上でさえなければ足の出し入れに問題はない。強度はある。フラップが下がるとだいたい時速三百キロになる。

エンジンは、できれば毎分七千回転を保っておく。七千回転から最大回転数の八千七百回転まではレシプロ機なみにスロットルレバーを速く進めても大丈夫なので、何かあったとき対処できるようにという考慮からである。

いよいよ滑走路へ向けて直線降下コースに入るが、このコースに入るとき、フラップを五十度に下げる。そして時速三百キロを切らないよう気をつけて最終旋回をし、滑走路に正対

スロットル操作の加減で突然フレームアウトすることが多かったMe262

する。時速二五〇キロで接地点へと向かう。接地速度は時速二百キロから一八〇キロの間である。燃料が少なくて機体重量が軽くなっていても、時速一七〇キロになると失速する。

トイマー大尉は片方のエンジンをフレームアウトさせてしまい、ヘゼペの滑走路へ正対しようと旋回中に失速、墜落してしまった。機体は炎上しトイマー大尉は死亡。コマンド・ノヴォトニーに十月一日着任して四日目に事故死してしまった。

プロペラ機だと、ある程度の急角度で降りてきて、さっと速度をおとし脚下げして着陸できるが、このジェット戦闘機はそう簡単にはいかない。少しだらだらと水平飛行しながら速度を調節し、脚下げ、フラップ下げをして、慎重に着陸操作に入らなければならない。

レンナーツ曹長らの推測では、ついレシプロ機で降りてくるときのように飛行場に近い所で脚下げ、フラップ下げ、進入コースへの旋回と、続けざまに行おうとして余裕がなくなり、スロットルレバーをうっかりアイドル位置まで引いてしまったのではなかろうか。それによるフレームアウトではないか、と思われた。

ヴァルテルは、第三中隊長のゲオルグ・ペーター・エデル大尉を葬儀委員長に任命して、コマンド・ノヴォトニーの最初の部隊葬をとり行なって、トイマー大尉を葬った。エデル大尉は、この九月に西部戦線にいる第二十六戦闘機連隊の第二大隊長になったばかりであったが、コマンド・ノヴォトニーの第三中隊長として着任した。ヴァルテルとほぼ同年齢である。

この人は連合軍の航空機搭乗員に、ラッキー13として知られた人物で、自分の乗機には白の13を大きく識別番号として書き、空中戦では相手が飛行継続不能になったと判断すると、それ以上攻撃せず、そばに寄って早く脱出しろと合図をした。

戦時中のことなので、パイロットの名前までは知られていなかったが、空中で撃破されても生きて帰れる可能性を与える白13番のドイツ戦闘機の存在はよく知られていた。

なお、トイマー大尉亡きあと、第二中隊長にはフランツ・シャル少尉が任命された。

5　アッハマーと補助基地へゼペ

コマンド・ノヴォトニーの使用飛行場であるアッハマーとヘゼペは、ブラムシェという小さな町の近傍にある。大きな町は南約五十キロにあるミュンスターと、東約四十キロにあるオスナブリュックである。

周辺各地にあるレーダーサイトから情報を入手し、二つの飛行場にいる戦闘機中隊を指揮する戦闘指揮所は、ブラムシェ近傍のペンテルクナップという所にあった宿屋に開設した。プロイスカー博士（軍隊の階級は少尉）を長とするチームが器材を設置、調整して作戦運用可能状態になったのは十月二日であった。

ヴァルテルは、まだ到着していない機体とパイロットがあるものの、それらの所在は明確に摑んでいるので、空軍の司令部へは十月三日、コマンド・ノヴォトニーは作戦可能になったと報告した。

コマンド・ノヴォトニーの主要幹部は、次のようであった。

隊長ヴァルテル・ノヴォトニー少佐。副官ギュンター・ヴェグマン中尉。技術将校シュトライヒャー大尉。第一中隊長パウル・ブレイ中尉。第二中隊長フランツ・シャル少尉。第三中隊長ゲオルグ・ペーター・エデル大尉。戦闘指揮所長プロイスカー少尉。

十月四日からアッハマーとヘゼペの飛行場で慣熟飛行訓練を開始する。最初からわかっていたことではあるが、このあたりは連合軍の、いわゆる「戦略爆撃隊」がドイツの首都ベルリンや戦闘機製造工場のあるマグデブルグなどを爆撃する際の往復経路の真下になっている。露払い役のP51ムスタングの大群、B17フライングフォートレスやB24リベレーターの大編隊と、これを掩護するP51やP47サンダーボルトの大群などが基地の上空を往ったり来たりするので、うかつなタイミングで離陸すると寄ってたかって撃墜される。

メッサーシュミットMe262A－1a型戦闘機は、エンジンの推力が一基につき約九百キロであり、左右のエンジンを合わせて千八百キロしかないので、離陸してしばらくは、なかなか速度がつかない。一・八トンの力で六・二一トンの飛行機を押すのだから当然である。

機体は高速で軽快に飛びまわるようにつくられているので、低速では動きが鈍い。P51やP47に襲われると、敏捷に身をかわしたりできないので、簡単にやられてしまう。しかし敵の通り道の下に陣を張っている利点もあると、ヴァルテルは考えるのである。

各地のレーダーサイトからコマンド・ノヴォトニーの戦闘指揮所に入ってくる情報を判断してタイミングをはかり、できるだけ多くのジェット戦闘機を発進させて敵重爆撃機編隊を襲わせれば戦果が上がることまちがいなし。

しかし、一つ問題がある。コマンド・ノヴォトニーがアッハマーとヘゼペに展開するより前から、両飛行場だけでなくライネもホプシュテンも、第五十一爆撃機連隊が使っていて、ここからメッサーシュミットMe262が発進するのを連合軍が知っていることである。

連合軍は基地群の上空によく戦闘機を配置して、ジェット機が離陸した直後や、着陸のため速度をおとしたときを狙って攻撃させることがある。このやり方はコンバット・エア・パトロールと呼ばれ、頭文字をつらねてCAP（キャップ）と言いならわされているが、英空軍ではネズミ捕りとも呼ばれている。

邪魔なキャップを取り除くことと、重爆撃機編隊よりもかなり先行してやってくる露払いに余計なことをさせないようにすることができれば、コマンド・ノヴォトニーは真価を発揮するはず。そのためにはジェット機の離陸経路と着陸コースをふくむ直線飛行経路沿いに高射砲をずらりと配して、矢ぶすまで屋根をかけ、ネズミ捕りや露払いを取り除く腕の立つプロペラ機の戦闘機隊を、ここぞというタイミングで発進させて戦わせるようにするのが良い。このようにして低速度で身動きのままならないジェット戦闘機が、速度を得て優秀な飛行特性と速度性能を発揮できるようになるまでの間を守りたい。

このようなヴァルテルの上申は、すぐに聞きとどけられ、短かい日数のうちに準備が進められていった。高射砲部隊は着々と強化され、やがてプロペラ戦闘機隊がアッハマーとヘゼペに配置された。

この戦闘機隊はなんと、ヴァルテルの古巣、第五十四戦闘機連隊の部隊であった。以前、レニングラード正面から引き抜かれ、西部戦線で米英の航空部隊相手に戦っていた第三大隊が、ほぼ全力と言ってよい戦力を持って、やって来てくれたのである。この大隊はずっとメッサーシュミットBf109G型で戦っていたが、最近、フォッケウルフに機種更新したばかりであった。

連合軍からは、その高性能としっかりした武装ゆえにロングノーズ・フォッケと呼ばれて恐れられている、ユンカース・ユモ213型液冷エンジン(一七五〇馬力)をつけて機体がすらりと長くなったフォッケウルフFw190D型を揃えた第三大隊は、この春、七十機撃墜を達成した功により騎士鉄十字章が授与されたロベルト・ヴァイス大尉が率いている。現在の彼の撃墜機数は、ちょうど百機だという。

ドイツ空軍部隊の飛行場は普通、草地である。しかしアッハマー、ヘゼペ、ライネ、ホプシュテンなどジェット機が使う飛行場はコンクリートの滑走路になっている。これはジェットエンジンが地上滑走中や離陸滑走中に小石などを吸い込まないようにするためである。

離陸にあたりエンジンを全開にすると吸入される空気の勢いは相当なもので、勢いよく吸い込まれる空気とともに小石のような異物が吸い込まれると、高速回転しているコンプレッサーの羽根に当たる。高回転で強い遠心力がかかっている羽根に小石が当たると、羽根の一部が折れて飛び、その後ろの段のコンプレッサーの羽根を壊す。その破片がさらに後ろの段を壊す、ということになり、軸流式七段コンプレッサーのユモ004型ジェットエンジンは瞬時にして全壊し、割れとんだ破片はエンジン本体の横腹をつきやぶって飛び出し、火災を生ずることもある。

なお、メッサーシュミットMe262は開発当初、尾輪式になっていた。これがノーズギヤの三車輪式になったのは、そして滑走路がアスファルトでなくコンクリートになったのは、ジェットの排気でアスファルト路面が燃えることが多かったためだという説があるが、そうではない。

尾輪式で機首高な地上姿勢のジェット機がエンジンを吹かすと、その後方の地面にある物が吹っ飛び、物を壊したり、人に怪我をさせたりしたことがあったのでアスファルトやコンクリートの舗装にしたが、アスファルトは熱に弱く、熱で弱った舗装面が壊れて飛ばされることもあって、コンクリートが良いということになったのである。

また尾輪式であったメッサーシュミットMe262は、離陸滑走して速度が増してくると尾部を上げて、機体をわずかに機首が上がった、ほぼ水平の状態にして離陸するという、普通の飛行機のやることができにくかった。

メッサーシュミット社の主任テストパイロットであるフリッツ・ウエンデルは、操縦桿を前方一杯に押しておき、頃合いの速度になると両主車輪にブレーキをかけて、飛行機がつまずいて前のめりになる状態をつくり、尾部を上げて離陸姿勢に移行するという方法をとっていたが、どんどん速度を上げていくべき離陸滑走の途中でブレーキをかけるなどという馬鹿な話はない、ということになり、ウイリー・メッサーシュミット教授（設計主任でもある）が、それまで手がけたことのなかった三車輪式降着装置を設計して取り付けてみたところ、これがうまく行き、この機体の三車輪式の姿が決まったのである。

さて、飛行場上空にはいつ敵機が現われるかわからない。戦闘機は念入りにカムフラージュされた掩体に入れておく。コンクリートの滑走路は否応なしに目につくが、それでも専門家が腕をふるって路面を塗装する。

滑走路が爆弾の破裂によって大穴だらけになっているように見えるよう、爆破孔の絵を描くのである。とても、こんなことで連合軍パイロットの目をごまかすことはできないであろうが、多少の気休めにはなる。

6　長鼻のフォッケFw190ドーラ

フォッケウルフFw190A型はBMWの空冷星型エンジン付きで、ずんぐりした姿をしていたが、第五十四戦闘機連隊第三大隊の面々が乗ってきた長鼻のフォッケは液冷の倒立V型十二気筒、二段三速スーパーチャージャーと水メタノール噴射装置をそなえたユンカース・ユモ213型エンジンが付いたフォッケウルフFw190D型である。

Dを空軍部内では、まちがいなく正しく伝えるために決められた言い方でドーラというので、長鼻のフォッケを長鼻のドーラということもある。このユモ213型エンジンは水メタノール噴射を使うと最大二二四〇馬力が出せる。機体は機首のずんぐりしたA型とはちがって、すっと長く伸びている。

P51ムスタングやヤクYaK3型など液冷エンジンの戦闘機は冷却液のラジエターが胴体下面、コックピットの真下あたりについているが、長鼻のフォッケの場合そのラジエターは機首にある。

プロペラスピンナーのすぐ後ろに、エンジンの先端部を取り巻くように設けられたラジエターをカウリングで一見空冷エンジンと見まがう形に覆っていて、ラジエターを流れる空気の流量は、カウリング後部に零戦や隼と同じようなカウルフラップをつけてあり、これで調節する。ちょっと見には直径の小さい空冷星型エンジンがついているかのように思える。

ドーラFw190D——大馬力エンジン搭載のため胴体に筒を入れ50cm延長

この大出力、高性能エンジンが付いたことにより元々はA型のものである機体の重心位置が、ぐっと前へ寄った。これとバランスを取るためには、胴体を五十センチ後ろへ伸ばさなくてはならない。胴体を設計しなおし、各工場の胴体部分につかう治具（ジグ）を全部つくりなおすか？

何事についても処置実行は迅速でなくてはならないのが戦争というもの。戦争中は航空機製造会社といえども例外ではない。そこでクルト・タンク技師が考えたのは、フォッケウルフFw190Aの尾翼についている後部胴体と、それより前の胴体が何本かのボルトで繋いである接合部を利用することであった。ここに長さ五十センチの筒を入れることにより胴体を五十センチ伸ばす。筒はただの筒で、前後の切り口にあたるところをもとの接合部に合うように工作する。

これによって、接合用ボルトの本数を倍にし、尾翼や尾輪を動かすためのワイヤーなどを五十センチ長くするだけですむ。治具は、ほとんど変更しなくてよい。胴体は後ろからすかして見ると、接合部の筒の太さが一定になっている部分が少しデコボコになって見えているが、空気抵抗はほとんど増加せず、飛行性能にまったく影響がないと言える。

こうしてドイツ空軍最強のレシプロエンジン付き戦闘機と言われるようになる長鼻のフォッケが出来あがった。主翼はもとのA型と同じ十・五メートル幅だが、全長は十・三六メートルとA型より一・四メートルも長くなった。

自重三・四七トン。全備重量は四・八トンで、最高速度は高度三千メートルで時速六四〇キロが出せる。高度六千では六九八キロ。上昇力は高度四千メートルまで四分五秒。一万メートルまで七分一秒という高性能である。武装はMG131型十三ミリ機銃二梃がエンジンカバーの上にあり、各銃に四百発ずつ携行できる。そして左右の主翼に一門ずつMG151型二十ミリ機関砲があって、それぞれ二五〇発ずつの弾丸を携行できる。

ロベルト・ヴァイス大尉

長鼻のフォッケが第五十四戦闘機連隊の第三大隊に初めて配備されたのは一九四四年の九月二十日で、ドイツ北東部レヒリン経由でまずは四機がブレーメン西方オルデンブルグに持ち込まれた。さっそく、その日のうちにロベルト・ヴァイス大尉はじめ大隊本部のパイロットと各中隊の主だった者が試乗したが、公式記録には九月二十五日に二個中隊が試乗したと記されている。

そして公式記録で初の試乗となっている二十五日までに三十機が揃い、十月に入る時には合計六十機になった。

第三大隊長ロベルト・ヴァイス大尉は九月二十八日、本部中隊のパイロットを連れて二機でもって高高度を行く英空軍第五四一飛行隊の偵察機型スピットファイアを要撃し、これをブレーメン南西方で撃墜した。このスピットファイアを操縦していたダンカン・マックエイグ中尉は戦死した。

長鼻のフォッケに大隊の面々が一応の試乗をすませると、慣熟飛行訓練に入る。少し前からいくつかの部隊に編成の変更があり、ロベルト「バジ」ヴァイス大隊長の大隊は各大隊が四個中隊ずつの編成に改められる予定となったため、第九、第十、第十一および第十二中隊により構成されることになった。このうち第十中隊と第十一中隊はオルデンブルグから少し離れたヴァレンブッシュに展開して、そこで飛行訓練を行なった。

新鋭機はもらったものの、燃料の供給がとどこおる厳しい戦局となっていて、第三大隊各中隊の飛行訓練は各飛行場の近辺で、時間単位ではなく分刻みで行なわなければならなかった。

この第三大隊を、九月三十日にクルト・タンク技師が訪れた。そのときの話によれば――。

――いま本格的重戦闘機タンクTa152型を大量生産ラインに乗せようと努力しているところだ。これが軌道に乗るまでには時間が必要で、本格的重戦闘機の量産態勢が整い続々と空軍へ納入できるようになるまでの間に合わせとしてフォッケウルフFw190D型を生産しているのだが、生産継続の見通しは明るい。連合軍の爆撃によりBMW社の工場がやられてしまっているフォッケウルフFw190A型用のエンジン生産が停止したが、爆撃機の生産が大幅に縮小されている。そのためユンカース社のユモ213型エンジンが余ってきていて、長鼻のドーラは、どんどん生産できる状況である。

こう言ってタンク技師は帰っていった。

チマチマとした飛行訓練をつづける第三大隊のパイロットたちは、プロフェッショナルとしての意識に燃えてはいるものの、しょせんは人間である。十月十四日、大隊の分散飛行場ビッセル基地で地上滑走していた第十中隊のピーター・クルンプ少尉機が、同じく地上滑走をしていた大隊長機と地上衝突事故を起こして、第三大隊が機種更新して初めての飛行機損失となった。まだ空中戦では一機もやられていなかったのに、残念なことであった。

さて、天候不順のため計画より少し遅れて、十月九日、第九中隊がヘゼペに、十一日には第十二中隊がアッハマーに到着して直ちに作戦即応態勢をとった。しかし十月十五日、ヘゼペを発進した第九中隊が大きな損失をこうむった。発進のタイミングを誤ったのである。

米陸軍第七十八戦闘機群第八十三戦闘飛行隊のP47サンダーボルトに襲われ、ヘゼペから初出撃した第九中隊のドーラが六機失われたのである。離陸直後、上方から覆いかぶさって来たサンダーボルトに五機がバタバタ続けざまに撃墜され、六機目は撃墜をまぬがれて逃げおおせたかに見えたが不時着して大破し、修復不能となった。

この内訳は次のとおりである。姓名階級、機体の識別番号と製造番号、そして生死の別の順に記す。

▽エリッヒ・コロッチ少尉＝白九番、二一〇〇三〇号、戦死

▽カール・ケーニヒ少尉＝白四番、二一〇〇一九号、戦死

▽ハインリヒ・ブロット軍曹＝白六番、二一〇〇三五号、戦死

▽アルビン・フォス伍長＝白五番、二一〇〇二一号、落下傘降下中にP47の銃撃を受けて戦死

▽フリッツ・バルタク少尉＝白二番、二一〇〇一五号、脱出の際に大腿部が尾翼に当たり骨折したが、落下傘により生還

▽ゲルハルト・クロル伍長はミュンスターハンドルフ飛行場に不時着しようとしたが、車輪が出ず胴体着して機体大破、生還

後にドイツ空軍最強のプロペラ戦闘機と言われるようになった長鼻フォッケの、何ともみじめなへゼペ初出撃であった。

この散々な負け戦さのあと十月下旬までは悪天候つづきで、ほとんど出撃がなかった。訓練飛行もなかなか進まない。

そして迎えた十一月二日、アッハマーから出撃した第十二中隊が米陸軍四発重爆撃機B17フライングフォートレスを二機撃墜した。重爆撃機編隊を掩護する戦闘機の群れをかいくぐ

ってこの戦果をあげた第十二中隊は、全機無事に帰着した。

　ところが明くる三日、高高度飛行訓練中に第十中隊のベルンハルト・ゴリンガー伍長が黒四番、製造番号一一〇〇五三号機に搭乗していて低酸素症になったと思われる状況で、オルデンブルグ南方クロッペンベルグ付近に墜落し死亡した。

　こののち三週間ほどの間に、長鼻フォッケ装備の第三大隊は、さらに六名のパイロットを失っていて、記録には新着任パイロットの寿命は累計戦闘飛行時間十時間程度だとある。

第九章　戦うコマンド・ノヴォトニー

1　西部戦線ドイツ本土防空の秋

話はコマンド・ノヴォトニーへ戻る。

十月三日（一九四四年）作戦可能の態勢になったことを報告して、部隊の初出撃は十月七日であった。アッハマーからケッテ（三機編隊）が一つ、ヘゼペからはロッテ（二機編隊）が一つ発進した。

発進のきっかけは戦闘指揮所のプロイスカー少尉から十三時四十五分頃にもたらされたレーダー情報であった。重爆撃機の大編隊が多数の戦闘機とともに進攻して来ており、重爆撃機編隊は大きく四つに分かれている。高度は○○、針路は○○というような内容で、この時ヘゼペにいたヴァルテルは、ジェット戦闘機の準備が万全ではなかったが、出撃を命じた。

すぐに中隊長フランツ・シャル少尉がベテランのレンナーツ曹長をつれて発進し、アッハマーからはこの日、出撃予定となっていたブレイ中尉、コベルト少尉、ルッセル候補生の三機があわただしく準備を終えて順次離陸を開始した。

そこを米軍戦闘機に襲われて、いちばん後から離陸滑走をはじめていたルッセル候補生機がまず射たれた。射たれたが弾丸は車輪にだけ命中し、脚柱が折れた彼の乗機は滑走路上をエンジンナセルで滑って行って止まった。

これより一足先に離陸上昇中であったコベルト少尉機は高度三百メートルにもならないうちに米軍戦闘機の射弾をもろに受け、一瞬にして火の玉となり爆発飛散してしまった。

先頭をきって加速上昇中であったブレイ中尉機もこれに続いて被弾したが、中尉は辛うじて右コンソルの少し上にあるレバーを引いてキャノピーを飛ばし、乗機が高度三百メートルを切って落ちていく頃、やっと脱出して落下傘降下した。中尉の機はひっくり返って墜落し、炎上した。

これら三機を撃墜破したのは米陸軍第三六一戦闘機群所属のP51ムスタングで、英国エセックスのリトルワルデン基地から飛んで来ていた第三七五戦闘航空団のアーバン・ドゥリュー中尉が三機のうちの二機、コベルト少尉機とブレイ中尉機を続けざまに撃墜したラッキーボーイである。

ヘゼペからヴァルテルに見守られながら発進して行ったシャル少尉とレンナーツ曹長は、重爆撃機B24リベレーターを一機ずつ墜として無事帰着した。このリベレーター二機がコマンド・ノヴォトニーの初戦果であった。

この日、来襲した米陸軍重爆撃機編隊はマグデブルグ地区を爆撃しに来たもので、第一編隊はペーリッツ（ハンブルグ北東近郊）を、第二編隊はルーランド（ライプツィヒ東方）を、第三編隊はベーレン、リユッツケンドルフ、メルセブルグ及びその近郊ロイナを、第四編隊はマグデブルグとカッセル（エッセン東方）をそれぞれ爆撃して行った。

この時のヘゼペ発進一番機フランツ・シャル少尉はコマンド・ノヴォトニーに来る前、東部戦線の第五十二戦闘機連隊にいて、一一七機撃墜を達成したとき騎士鉄十字章をもらっているベテランである。二番機として飛んだレンナーツ曹長は、レッヒフェルトでヴェルネル・ティアーフェルダー大尉の部下としてメッサーシュミットMe262A－1a型機の実用化に向けて働いてきた経験豊富なジェット機パイロットである。

メッサーシュミットMe262A－1a型機は実用化に向けてのテストのかたわら、高高度をかなりの高速で飛ぶ英軍偵察機を要撃して、わずかではあるが撃墜戦果をかさねてきた。この機種による撃墜戦果という面から見れば、シャル少尉とレンナーツ曹長の戦果は十四機目と十五機目にあたる。そしてジェット戦闘機の狙う相手が偵察機から、恐るべき防禦力をもつ米陸軍航空隊の重爆撃機へと転換した節目でもあった。

さて、コマンド・ノヴォトニーのメッサーシュミットMe262A－1a型機の塗装の特徴は、垂直尾翼の大きなまだら模様である。

胴体と翼の上面がデュンケルグリュンという少し緑がかった黄土色と、シュヴァルツグリ

コマンド・ノヴォトニーのMe262A-1a戦闘機。まだら模様の尾翼が特徴

ユンという黒っぽい緑色の二色で折れ線分割のべた塗りになっているのに対し、垂直尾翼の両面はライトグレーの地に一枚のステンシルでデュンケルグリュン、別の一枚のステンシルでシュヴァルツグリュンを吹きつけてあり、まだら模様が全機同じである。

そして他部隊、たとえば第五十一爆撃機連隊などではエンジンの空気吸入口部分はジュラルミンの地肌のままであったり、機体上面と同じ色であったりするのが、コマンド・ノヴォトニーでは黄色である。

ヴァルテルの乗る隊長機は白の1番で、キャノピーの下にあたる胴体側面に古巣第五十四戦闘機連隊のシンボルマークである緑色のハートが大きく描かれていて、そこに小さめの白い字でNowiと書いてある。しかしまだメッサーシュミットMe262型機は故障が多く稼働率が低いので、出撃の時には必ずこの機で飛べるわけではない。

シャル少尉とレンナーツ曹長がヘゼペに帰投する頃、ヴァルテルはアッハーマーに戻りハインツ・ルッセル候補生を連れて出撃した。ルッセル候補生はコマンド・ノヴォトニーの本部中隊の一員であり、技術将校というポストに配置されている。

科学技術や航空工学の素養があるから、その配置に置かれているわけではない。これにふさわしい人材が得られないのだから仕方がない。誰かをこのポストに配置しておかなければ、メッサーシュミット社との連絡に困るからと仕方なく、とりあえずの処置として配置されたのがルッセル候補生であった。

発進して速度をつけ上昇して行くと、やがて敵編隊が見えた。遠くから慎重に掩護戦闘機の配置を見て、爆撃機を攻撃するときの邪魔が一番少ない突進経路を考える。ここはガッチーナやリエルビジなどレニングラード正面ではなく、西部戦線である。

相手は自信をもって突進して行けたソ連機ではなく、沢山の掩護戦闘機に守られた米陸軍の重爆撃機編隊。ヴァルテルは攻撃のやり方を決断すると、ルッセル候補生を従えて突っ込んで行く。

接近して行くと爆撃機それぞれがこちらに向けて射ってくる火網のものすごいこと。相手にとっては照準しにくく、ヴァルテルにとっては照準しやすい斜め後方から追尾曲線を描いて接近する方法をとっているのだが、このとき初めて故ハンス・フィリップ中佐が言っていた敵の火力のものすごさが理解できた。

慣れないとエンジンが四つ付いた大きな飛行機なので射ち始めが遠すぎて、離脱操作に入ってはじめてそれに気づくことになりがちだと聞いていたので、見える機体全体の大きさでなく、エンジンナセル一個の大きさを見て射距離を判断する。

一番手前に見える、たとえば四番エンジンを空冷星型エンジンの戦闘機と仮想すると、射距離が遠すぎて弾丸が当たらないということはないはず。メッサーシュミットMe262A－1a型機の三十ミリ機関砲は機首に四門あり、弾道は前方四百メートルのところで一点に集中するように調整してある。

積まれている弾丸は上側の二門には各々百発ずつ、下側の二門にはそれぞれ八十発ずつの合計三六〇発。機関砲の発射速度は毎分六百発である。一秒間機関砲発射ボタンを押せば、三十ミリ機関砲弾が四十発、敵に向かって飛ぶ計算になる。これが二～三発も命中すれば、さしもの四発重爆撃機も飛行継続が不能になるという話である。

照準器はレシプロエンジンの戦闘機と同じレヴィ16B型である。レフレックスヴィジアーを略してレヴィと呼びならわされている。いまジャイロスコープを使った、旋回角速度を算出要素として利用する新型照準器が開発されていて、この照準器は光の環の中心にある輝点を、狙う飛行機の上にとどめるようにして射てば、それに弾丸が命中するようにできているというが、実戦部隊の戦闘機に取り付けられるのは少し先だとのことである。

射距離と見越角を判断して命中させたい部位の少し前方に照準をさだめ、操縦桿の上部にある発射ボタンを親指でジワリと押す。四門の機関砲が火を吹く。その反動で乗機の速度にブレーキがかかるのが感じられる。うまくいった！

離脱操作中に、狙ったB24リベレーターに弾丸の命中するのが見えた。ヴァルブルグ近郊の上空。振り返ってリベレーターが落ちて行くのを見つめているわけにはいかない。ジェット戦闘機でも、何千メートルか上方からエンジン全開で突進してくるP51ムスタングなどには追いつかれるのである。

ルッセル候補生を連れて離脱し、大急ぎで帰投、着陸した。燃料タンクはほとんど空になっていて、飛行時間はちょうど四十五分であった。

命中弾を与えたB24のことは、程なくわかった。B24H型でシリアルナンバーは四二－九四九六六。墜落場所はカッセル南方ヴァルブルグに近いレーゼベクという所である。これがヴァルテルの西部戦線における最初の撃墜戦果。もちろんジェット戦闘機による撃墜第一号で、個人として二五六機目の確認撃墜戦果でもある。

待ちに待った長鼻のフォッケは、翌々日の十月九日、ヘゼペに第三大隊の第九中隊が、その二日後の十一日に第十二中隊がアッハマーに展開して、要撃およびジェット機の離着陸掩護の任についた。

初出撃は作戦可能な態勢になったことを空軍総司令部に報告して四日後。この日、ヘゼペから二機、アッハマーから三機、しばらくしてアッハマーから二機出撃した。二十機余を持つコマンド・ノヴォトニーが総力をあげて出撃させることのできたのが合計七機のジェット戦闘機である。レシプロエンジン機の部隊であれば、手持ちの機数の八割五分から九割を一気に出撃させることのできたドイツ空軍であるが、ジェット戦闘機は勝手がちがう。

原因はエンジンと鳥。ジェットエンジンはまだ改善改修が十分でない。とにかく故障が多いうえに、取り扱いに少しでも慎重さを欠くと、コンプレッサー部や熱い排気で廻るタービン部がすぐ壊れる。あっという間にエンジンが全壊することも珍しくない。

そして中、小の鳥たち。飛行場周辺はよい餌場らしく、追い払っても追い払っても鳥の群れがやって来る。軍の鉄砲は猟銃とちがって散弾が射てない。鳥は銃声に驚いて跳び去ってもすぐに戻ってくるし、小銃で小鳥がたくさん仕止められるわけでもない。

この鳥がエンジンに吸い込まれると、このような異物が当たっても跳ね返せるほどの強度に設計されていないコンプレッサーの羽根は、折れ飛んでしまう。折れた破片は次の段のローターの羽根を折り、その破片がまたその次の段を壊す。

勢いよく離陸したかと思うと、鳥を吸い込んだジェット機はいきなりエンジン破損で煙を吹いたり、火を吹いたりして墜ちる。このようなことで、何機も大中破、時には全壊し、パイロットが何人も重軽傷を負ったり死んだりした。

十月十三日にはアッハマーからメッサーシュミットMe262A型機の整備完了確認のために飛び立ったリュットナー上級技士が、離陸直後にエンジンが壊れて墜落、全壊した。またヘゼペから発進してエンジン不調となり、緊急着陸しようとした「技術将校」ハインツ・ルッセル候補生が失速し、墜落して機体は大破した。幸運にも二人の生命に別状はなかった。たかがテスト飛行、されどテスト飛行である。

戦闘行動に目を移せば、この頃まず、十月十日ブレイ中尉がP51ムスタングを一機、レンナーツ曹長が同じくムスタングを一機撃墜して帰投した。しかしレンナーツ曹長の乗る機は不調となり、ブラメル飛行場に緊急着陸した。十二日にはブレイ中尉が出撃し、エンジン不調のためやむなくシュティーンヴィジクという飛行場に緊急着陸した。その時、機体が小破した。

戦闘行動を開始したコマンド・ノヴォトニーは、この頃まさに難行苦行のまっ最中であった。そこへ、長らく入院中であったクァックス（カール・シュネラー曹長）から、リハビリも仕上げ段階となり、間もなく退院できるという連絡が入り、喜んだヴァルテルはさっそく彼が退院後、直接コマンド・ノヴォトニーに来ることができるように手配した。

十月十五日、アッハマーにいるヴァルテルの所へクァックスがやって来た。満面笑みを浮かべたクァックスは、まだ一つギブスを付けている。どうやら無理やり退院してきたらしい。しかし戦列に復帰できたということに満足し、ヴァルテルとともに出撃できる見通しに大喜びの様子だった。

この日、ヴァルテルはメッサーシュミットMe262A－1a六機で出撃しようと準備していた。アッハマー、ヘゼペ両飛行場上空の、やや低いところに長鼻のフォッケウルフを二機ずつ、その上空高度二千メートルには四機ずつを配しておいて、ヴァルテル以下六機が発進する計画である。

プロイスカー少尉が戦闘指揮所から伝えてくるレーダー情報で、六機のエンジン始動時期を判断する。この双発ジェット戦闘機の燃料消費率はおよそ毎時二千六百リットルで、この数値は飛び方によって大きく変化する。地表面近くで空中戦となった場合は三十分で燃料切れとなる。

高度六千メートルあたりの空中戦だと大体四十八分で燃料がなくなる。搭乗燃料は二個の九百リットル入り主タンクと「予備燃料タンク」と呼ばれる一七〇リットル入りタンクが一つの、合計一九七〇リットルであるから、飛んでいられる時間が短かい。もしネズミ捕りや露払いが来ていれば高射砲、高射機関砲の槍ぶすまの屋根の下を離陸し、低く這《は》って加速して行く。タイミングをはかってエンジンを始動し、どんどん離陸して行く。もしネズミ捕りに来た敵機が下のジェット機を狙って降下して来れば、長鼻のドーラが横合いからタックルして撃墜する。

こうして出撃の発進最初の六分間を獲得しようという考えなのである。メッサーシュミットMe262A－1a型機は、六分あれば十分な速度を得て強力な戦いぶりを見せることができる。

プロイスカー少尉が戦闘指揮所から伝えて来るレーダー情報にもとづいて、まず長鼻フォッケを発進させた。ところが、離陸し上昇をはじめたときに敵機の大編隊が接近してくるのが見えた。重爆撃機の姿は見えず、敵はP51ムスタングだけ。露払い役の戦闘機群にむけて離陸させてしまった。

離陸直後の長鼻ドーラ十二機にP51が覆いかぶさる。長鼻ドーラの編隊長は、このままでは全機撃墜されるのが明らかなので、大急ぎで引き返し着陸して戦闘機を掩体に入れるべきだと判断し、直ちに引き返して着陸せよと命じた。

が、残念ながら間に合わず、五機がバタバタと撃墜され、撃破された別の一機は不時着したものの、機体は全損。これではヴァルテルたちジェット戦闘機編隊が、このこと発進して行くわけにはいかない。

高射部隊の槍ぶすまは蜒々と何十キロも続いているわけではなく、ジェット戦闘機の最も脆弱な六分間の終わりごろの防護には、高性能レシプロ戦闘機の存在が必要だからである。たかが六分。されど六分。ジェット戦闘機の生死のかかった六分間なのである。ヴァルテルは出撃中止を決心し、発進とり止めを命じた。

クァックスに渡してやろうと、ヴァルテルは身分証明書を作る。

小さな紙片の表には生年月日(一九一九年三月二十二日)、出生地(ニュルンベルグ)、身長一・七〇メートル、頭髪は茶色、目の色は灰色がかった緑等という記載をし、「カール・シュネラーは一九四四年十月十六日付、コマンド・ノヴォトニーの隊員となった。部隊長、空軍少佐ヴァルテル・ノヴォトニー」という文言を加える。

この面にはクァックス自身の宗教(福音教会派信者)や入隊前の職業(写真家)の記入欄もある。定型フォームの身分証明書には、これらの記載事項の下にカール・シュネラー本人が自筆のサインをする。その下に部隊長がサインをする。裏面は賞罰の欄になっていて、まず兵籍番号、空軍入隊年月日を記入し、その下に二級鉄十字章、黄金功労章、一級鉄十字章などの受章年月日と受章内容を列記し、スタンプを押して部隊長がサインをする。

部隊長のサインは裏のものも表のものも、ノヴォトニーと、姓だけをサインする。その最初のNの字の右側の縦線はいつものとおり、右上へ長く、虫の触覚のように優雅に伸ばして書く。発行日付は一九四四年十月十六日である。

メッサーシュミット教授

こうして本部中隊に配置されたクァックスは、ギブスが取れてジェット機に乗れる日を待つことになった。

メッサーシュミットMe262A－1a型機はエンジンが正常に動いていて十分な速度で飛んでいる限り、敵戦闘機をかわして重爆撃機を撃墜できる力を持っている。うまくやれば行きがけの駄賃に戦闘機を一機墜として、重爆撃機へ突進して行くこともできる。

飛行特性は良好で、操縦に対する応答も申し分ない。とくに空中戦で大切な補助翼が具合よくつくられていて、時速八百キロ前後で飛んでいても操縦桿を横方向一杯に押すのに必要な力が約六十キロ。そして、ぐるりと一回転の横転をするのに二・三秒ほどしかかからない。

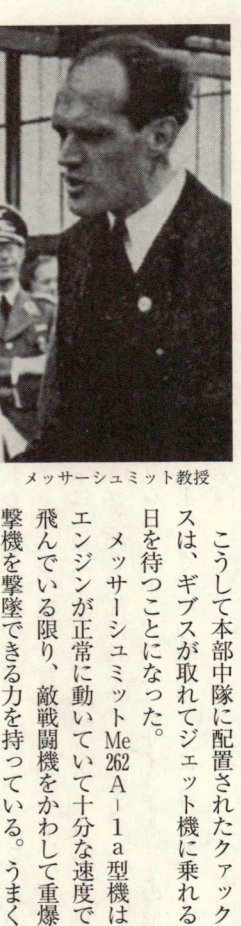

これは補助翼を支えるヒンジの位置が補助翼の前縁からその前後幅の三〇パーセントの位置にあり、これにマスバランスと後縁にしつらえてあるバランスタブ（トリムタブではない。補助翼のトリムタブは地上でしか調節できない造りになっている）がうまく作用するようになっているからで、メッサーシュミット教授（技師）の才能がうかがわれる。

のちには高速時と低速時で操縦桿を横へ同じ分量動かしても、補助翼の動く角度が切り替えられる操縦腕比変換装置が取り付けられ、一定量の操縦桿の動きに対して高速時は舵角が小さく、低速時には舵角が大きくなるようにできたが、この当時は、まだ取り付けられていなかった。

なにはともあれ、昇降舵の効きが普通で、補助翼の効きのよいこの戦闘機が、飛行特性良好という印象をパイロットに与えたことは確かである。軽快に飛びまわれて米軍の高速戦闘機P51ムスタングよりも一五〇ないし二百キロも早いスピードが出せるのは、こたえられない。

高速であるため、プロペラつき戦闘機とドッグファイトするわけには行かない。旋回半径の大きいジェット戦闘機を、旋回半径の小さいプロペラ付き戦闘機は軽くかわすことができる。最高六Gでの旋回もしくは引き起こしができる設計になっているメッサーシュミットMe262A－1aは、高速ゆえに旋回戦闘に不向きなのである。

同じ旋回半径でまわっている場合、Gの値は速度の二乗に比例するので、プロペラ付き戦闘機が余裕を持って旋回している時、ジェット戦闘機の方は制限Gを超えかねない。超えれば機体は壊れてしまう。

またドッグファイトは勝負がつくまでに時間がかかる。新鋭ジェット戦闘機の航続時間はとても短かいので、速度と右へ左へ軽快に動ける能力を活かす一撃離脱で、短時間のうちに勝利をおさめる戦い方が最も良い。この戦法でベテランたちはよくP51やP47、時にはP38ライトニングも撃墜した。

コマンド・ノヴォトニーが出撃しはじめ、ポツリポツリと戦果をあげ、しかもプロペラ付き戦闘機のフォッケウルフFw190D型と組んで戦っている状況を知った戦闘機部隊の指揮官たちの間で、議論が湧いた。ジェット機は主目標として重爆撃機を狙うのが良いか、敵戦闘機を狙うのが良いか。これと共に戦うレシプロエンジンの戦闘機の戦い方は？

その結論は、すぐに出せるものではなかったが、ジェット戦闘機は敵戦闘機を主に狙うべきだという方向に傾いていった。

その理由の一つは、ジェット戦闘機に襲われたと思った敵戦闘機は落下増槽を捨てる。そうなれば長く重爆撃機編隊に随伴することができない。戦闘機が引き返していって裸になった重爆撃機編隊を、レシプロエンジンの戦闘機の群れで叩く。敵戦闘機による妨害がないので戦果があがる、というのであった。これがドイツ空軍戦闘機部隊の苦境をよく示している。ジェット戦闘機を多数保有しており、航空用燃料が十分にあり、ジェット戦闘機の整備員の練度が高ければ、このような議論は必要がないのだが、この三つとも極めて不充分なのが現状である。

ヴァルテルたちは良い戦闘機を得たことに感激をおぼえ、撃墜戦果を重ねていったが、連合軍のいまや圧倒的とも言える航空優勢を少しばかりのジェット戦闘機でもって覆すのは、およそ不可能なことだった。

後年、もしヒトラーがメッサーシュミットMe262型機を最初から全部戦闘機にしていたら戦争の行方が変わったのではないか、という議論が戦史研究家などの間で交されたことがあったが、不具合な点が多く故障も多かったジェット機は一九四四年五月二十五日から十一月四日までの間に二三九機が生産され、爆撃機部隊に引き渡されたのはその中の約六十機であったから、コマンド・ノヴォトニーの二十機余と合わせて八十機余であり、これで戦争の行方の変わりようのないのは素人目にも明らかであろう。

連合軍はドイツに対し平気で一日に二千機ほどは差し向けることができたのである。

連合軍はドイツのジェット戦闘機出現に脅威を感じたが、離陸して十分な速度がつくまでと、着陸操作に入ったあとの運動能力の低さにすぐ気づき、ジェット機の基地を見守らせ張り込みをさせるため、若干の戦闘機に「巡回ネズミ捕り作戦」をさせるという手を打った。これによって爆撃機連隊もコマンド・ノヴォトニーも、かなりの機数とパイロットを失った。

ジェット機の発着時にプロペラ付き戦闘機でもって防禦してもみたが、そのためには低い所を飛ばなくてはならず、上から覆いかぶさって来る連合軍の戦闘機に対して極めて不利な戦闘をせざるを得ない。

レシプロエンジン戦闘機の主力は連合軍のいわゆる「戦略爆撃」を阻止するために使用しなければならないので、ジェット機の発着を安全にするために大量の戦闘機を使うわけにはいかない。

攻撃のための武器ではなく、国を守る防禦用の武器という本質をもつ戦闘機の損耗は激しい。あらん限りの知恵をしぼって航空機製造能力を維持し、戦闘機を空軍に納入する製造工場のおかげで戦闘機の数が激減したという感じはないが、戦闘機パイロットはどんどん失われ、戦闘機部隊に補充されて来る新人パイロットの多くは元爆撃機パイロット。飛行時間数千時間の少佐クラス、大尉クラスが、ぞろぞろ配属されて来た。

戦闘機部隊生え抜きで飛行時間数千時間であれば、超ベテランである。ところが主に地上に停止して動かないものを遠くから狙いをつけて、ちょい左、ちょい右と針路修正をしながら直線飛行していって爆弾を投下することにたけたパイロットに、空中を自在に動きまわる戦闘機相手の戦いをせよと言っても、およそ無理である。

ベテラン爆撃機パイロットは長い間の習性で急降下、急上昇、急旋回をしない。右なり左なりに旋回を命じられると、戦闘機パイロットならパッと急旋回で敵から身をかわすが、ベテラン少佐殿や大尉殿は標準率旋回で緩やかな水平旋回をするから、すぐ撃墜される。

ときどき若い士官候補生や伍長クラスが着任するが、愛国心に燃えて果敢に戦うものの、これまた、あまり役に立たない。血気にはやって遠くから射撃を開始し、いよいよ発射した弾丸が一点に集中し威力を発揮する射距離四百メートルになった時には弾丸を射ち尽くしていて、射とうにも弾丸がなくなる者。遠くから射っても当たらないと言い聞かされ、思い切り接近してみたものの、敵機に衝突しそうに感じて気持が動揺するため、射った弾丸がまとまって全部はずれてしまう者。中には、それに加えて本当に敵機にぶつかって落ちて死ぬ者。無線で他のパイロットから警告されても自分のことと気がつかず、回避操作もせずに撃墜されてしまう者。このようなパイロットをエキスパートが連れて飛んだのが、この頃のドイツ空軍戦闘機部隊であった。

連日の戦闘で疲労もかさなる。人間なればこそミスもある。あの超エキスパート、ゲルハルト・バルクホルン大尉ですら三百機撃墜を目前にして、ボンヤリと自分の基地へ向けて飛んでいて撃墜されている。完全に奇襲されたのである。

編隊を率いるベテランやエキスパートも、ポツリポツリとあの世へ旅立つ。西部戦線で戦う相手は、東部戦線のシュツルモヴィクやペトリヤコフ等の爆撃機とは比べものにならない強力な防禦火網を構成する四発重爆撃機の大編隊と、それを守る戦闘機の大群であるから、返り討ちにあうことも多い。

2　シュツルムフォーゲル試煉の時

出撃がうまくいかず不愉快だったところへクァックスが来てくれ、気をとり直したあの日からしばらくは悪天候がつづき、敵機の来襲もなかった。

雲が低く流れ雨がふったり止んだりする中で、飛行場にジェット戦闘機をずらりと並べて整備作業をした日もあった。しかし、こんなことをしたのはこの一回だけだった。

十月二十七日、ドイツ空軍最高司令部ＯＫＬから、秘密保全上の処置として新型機の呼び方を変更する通達があり、次のように示された。

▽メッサーシュミットMe262＝ジルベール（銀）
▽アラドAr234＝ジン（錫）
▽メッサーシュミットMe163＝ブライ（鉛）
▽ドルニエDo335＝クッファ（銅）

胴体の前と後ろの両方にエンジンと３翅プロペラをつんだ異色のDo335

Ar234は双発直線翼のジェット爆撃機。Me163は後退翼、無尾翼、単発単座のロケット戦闘機である。

またDo335は一本の胴体の前に一基、後ろに一基の強力なレシプロエンジンを積んだ一風変わった形の双発プロペラ戦闘機で、胴体の前にも後ろにも三翅プロペラがついている。そのエンジンは出力千八百馬力のダイムラーベンツDB603型で、海面高度で時速七百キロ前後が出せる。高度七千メートルでは時速八百キロを超えるとも言われるジェット機なみの性能に加え、エンジンカウリング上面に二十ミリ機関砲二門、プロペラボスの中心から射つ三十ミリ機関砲一門を持ち、武装も強力である。

このような通達内容とは別に、メッサーシュミットMe262型機には公式の呼び名があった。シュヴァルベ（燕）という呼び名と、シュツルムフォーゲル（海燕）という呼び名である。ヒトラーは鳥の仲間では最も高速で飛ぶと言われる海燕、シュツルムフォーゲルの名を好んだ。

十月二十八日の火曜日には天候が回復し、米第八空軍がハンムを攻撃した。コマンド・ノヴォトニーも出撃し、米軍編隊を攻撃した。

この時はアッハマーから離陸した第一中隊長ブレイ中尉が鳥の群れをよけ切れず、エンジンに鳥を吸い込んだブレイ中尉機は両方のエンジンが停止し、墜落して中尉は死亡した。

第二中隊長シャル少尉はP51ムスタングを一機撃墜して帰投し、アッハマーに着陸したが前車輪の脚柱が折れて、機体が中破した。シャル少尉に怪我はなかった。そしてシュライバー少尉はP38ライトニングを一機撃墜して、無事に帰ってきた。ヴァルテルはブレイ中尉の後任としてヨアヒム・ウエーバー中尉を第一中隊長に任命し、この旨、上級司令部へ報告した。

翌二十九日にはシュライバー少尉が米軍第七偵察航空隊の写真偵察機F5型機を一機撃墜して無事に帰投したが、このF5型というのはP38戦闘機を改造し、機銃の代わりに偵察用カメラを積んだ機体で、「星の王子様」の著者サンテグジュペリがマルセイユ沖で撃墜され戦死した時に乗っていたのも、このF5型機であった。

シュライバー少尉は乗機の燃料補給と弾薬搭載が終わると再度出撃し、今度はライネ北西ノルドホルンの上空でスピットファイアに衝突してしまった。そして二機とも墜落し、シュライバー少尉は落下傘により生還して怪我ひとつなかった。相手のスピットファイアは英空軍第四飛行隊のもので、パイロットはウイルキンス大尉と推定されている。

ビユットナー軍曹とゲーベル曹長も出撃し、P47サンダーボルトの編隊と交戦した。二人は、それぞれサンダーボルトを一機ずつ撃墜して無事帰還した。これで一機喪失、四機撃墜となり、コマンド・ノヴォトニーの一日が終わる。

日が暮れて外が暗くなっても、ヴァルテルは忙しい。第五十四戦闘機連隊の大隊長だったときは、それなりの責任を負っていても書類相手の仕事はさほど多くはなかった。同一基地にいるヴァルテル配下の各中隊の様子を見てまわるのに、それほど時間を必要としなかったし、何があっても連隊本部へ話を持っていけば、それ以後、大隊長が駆けまわったりはしなくて済んだ。

連隊長兼学校長のときは忙しいと言えば忙しかったが、上級司令部から示されたことを、いつも決まった手順で処理すればよかった。

いまは三個中隊から成るコマンド・ノヴォトニーの指揮官であるが、立場は戦闘機連隊長とほぼ同格であって、三個中隊を掌握する大隊長なみの立場ではないのである。報告、連絡、調整など、千変万化する戦闘の現場でしなければならない仕事は、三個ないし四個大隊を持つ戦闘機連隊長と全く同じと言ってよい。コマンド・ノヴォトニーという特別な部隊は、組織上、連隊と同格の地位に置かれているのである。

コマンドの指揮官の仕事をしてみて、トラウトロフト少佐（当時）があまり出撃しなかった理由がよくわかった。そして故メルダース大佐や、いまの戦闘機隊兵監ガーランド中将が連隊長当時によく出撃していたのは、よほど無理に無理をかさね、しかも連隊長の職務をきわめてスマートに、スピーディにこなしていたからであったことが、身にしみて理解できた。

配下にあるのは、たったの三個中隊。基地はたったの二つ。シュツルムフォーゲルという神経質な、しかも病気がちな、きわめて優れた能力をもつ喧嘩鳥の取り扱いに少々手こずるとはいうものの、この程度の試煉に負けてたまるか、と思うヴァルテルである。

3　思い出は走馬灯の如く

十月七日の夜は、しばらく見なかったあの嫌な夢を見た。その後は東部戦線にいた頃のように毎晩ではないが、その夢を見る。

以前と異なるのは射撃準備の手順で、「自動」と標示のあるスイッチを入れ、つぎに安全スイッチを入れ、操縦桿のグリップのすぐ左下に出べそのように出ている機関砲装塡ボタンを押すという一連の動作である。

フォッケウルフFw190A5型や6型では「自動」と「安全」のスイッチ二個ではなく、一個を操作すればよかった。銃砲の装塡はスイッチを入れて行なっていたが、メッサーシュミットMe262A－1a型機はグリップのすぐ下の出べそを押す。そして、これらとは別にAボタンとBボタンが操縦桿グリップの上端左側に出っ張ってついており、Aだけ押して放せば上側二門の機関砲が射てる。Bだけだと下側二門。ABとも押して放せば四門全部発射となる。

これから後はフォッケウルフFw190Aのときと同じで、操縦桿のてっぺんにある瓢箪《ひょうたん》を長くしたような形の金属カバーを後ろから前へ倒し開いて、親指で発射ボタンを押せばよい。

夢の中でも手順がメッサーシュミットMe262A－1a型機の手順になるところが可笑《おか》しい。スイッチを二つ続けてポン、ポンとアイン位置に入れる。アインとは英語の「ON」、日本語の「接」もしくは「入」にあたるドイツ語である。そして難なく敵戦闘機群の中を通り抜けながら砲を装塡する出べそを左手で叩くようにして一回、しっかり押す。

それから操縦桿のてっぺんの金属製の板の後端を右手親指で押し上げて立ち上がらせ、それを右人差指で、くるりと前方へ倒す。そして柔軟に操縦桿をあやつりながら四発重爆撃機に迫る。

不思議なことに、これがB17やらB24やらアヴロランカスターやらはっきりしない。とにかく大きな爆撃機なのである。その主翼の付け根に狙いをさだめ、右親指で機関砲発射ボタンを押そうとする時、巨大な手が現われて前をふさぐ。そして二八一機撃墜したら、お前の寿命はそこまでだ、という宣告。何と不愉快な。いつも、ここで目がさめる。

横になったまま不愉快な夢を思い返していてもつまらないから、子供の頃からの楽しかったことを思い出していようと思う。そのうち眠りに落ちるだろう。

生まれ育ったグミュントの町。町とはいえ寒村のようなところで、町の片隅に鉄道会社の社宅がかたまって数軒あった。社宅は質素な造りで、スレート瓦葺きの平屋。垣根で囲まれてはいるが、その垣根は板の柵であった。

ゆるやかな起伏のある草地にパラパラと立木があり、あちらに林になっていたり、こちらの方に小さな林になっていたりする風景に囲まれたチェコスロバキアとの国境に近い田舎町で、近くの都会といえば首都ウイーン。首都はグミュントの南東約一五〇キロにある。

幼い頃から空に憧れていたわけではない。物心ついた頃は、六つ年上の兄ルドルフと二つ年上の兄フーベルトに負けじと頑張る三男で、なんでも自分でやりたがる利かん気が取柄《とりえ》の子供であった。そして気に入らぬ事態になると泣きわめいたが、それを母にうまく扱われると、すぐに気分が変わり別の面白いことを見つけて機嫌よく遊びはじめたもので、いま思えば自分の幼い純真さがほほえましい。

父は鉄道会社の事務職で、背丈は普通か、やや高くて痩身の、真面目な人である。子供の躾《しつ》けは厳格であったように思う。母は明るい性格で、しっかりと太り気味の人で、三人の息子たちを平等に扱ってくれたように思う。

末っ子だからとヴァルテルの言い分をとくに優先してくれた記憶もないし、ルドルフも年上だからと言って我慢させられたり優遇してもらったりしたことはなかった。

幼稚園には行かなかった。六歳でシュヴァルツェナウの国民学校に入学した。担任の先生は、口髭のある男の先生で、クラスメートは三十四人いた。

四年生の頃だったたか、夏に母の一番下の弟がヘールツから来て楽しく過ごしたことがあった。この人はルドルフより一つ年上か同じ年かで、叔父さんにあたるわけだが、兄さんという感じで、どういういきさつであったか思い出せないが、この人とヴァルテルは二人だけでベーメルヴァルトの川で遊んだ。川は浅くて膝までの深さはなく、くるぶしより少し深い程度。午後いっぱい小魚を浅い水溜りに追い込んで捕まえたりして遊んで、日の暮れる前に帰宅した。

家から少し離れたところに池と言ってもよいぐらいの小さな湖があって、家族でハイキングに行ったり、湖で泳いだりもした。国民学校の行事では、クラスメートの父親たち二人か三人に連れられて、グミュントから南のほうに下ったヴァインスベルグゲビートまで遠足をしたこともあった。

その頃、母に勧められてツヴェットルにあるシトー派修道会（フランス系の修道会）の尼僧院の少年聖歌隊に入って歌っていた。

そのうち、父がウイーン北東のミステルバッハに転勤となって、家族は近くのヴァイトホーフェンに転居し、ヴァルテルはそこでハイスクールに進学した。タヤという町のラアにあるブンデスオーベルレアルシューレという学校である。この学校ではサッカー部に入って活動した。

十五歳の時、ベルリンオリンピック競技大会があった。スポーツが好きで、見知らぬ遠い土地への憧れが強い性格なので、じっとしてはおられず、親にも内緒でこっそりベルリンまで行ってオリンピックゲームを見てきた。これによって益々スポーツに魅せられ、勉強にも運動競技にもエネルギーを注いでハイスクール時代を過ごした。

入学してすぐに入ったサッカー部ではあったが、そのサッカーチームはあまり強くなかった。サッカーのかたわら陸上競技にも力を入れて、十六歳のとき、ある大会で槍投げに出場して優勝したし、国家陸上競技協会主催の大会では千メートル走に出場して第三位に入った。

第三位ではあったが、この千メートルを走った九月二十六日という日付が、なぜか記憶に焼きついている。

翌一九三八年は五人編成のチームで競う走り高跳びに、ミステルバッハ代表チームのキャプテンとして出場し、チーム優勝した。そして十七歳の五月に、めでたくハイスクールを卒業。卒業成績は「優秀」であった。

この年はオーストリアがドイツに合併した年である。ヒトラーのドイツにオーストリアが併合されたとも言われているが、第一次世界大戦に敗れて以来、みじめな暗い気持で暮らしてきたドイツ人、オーストリア人がヒトラーの指導のもと、前途に光り輝く希望を見た時代でもあった。

ドイツはスペイン内戦に介入しており、その航空部隊レジョンコンドル（コンドル軍団）の活躍がオーストリアにいるヴァルテルの目にも華やかに見えた。そこにはヴァルテルの、冒険への憧れを満たしてくれる何かがありそうに思えてきた。

オーストリアは三月にドイツと合併した。五月の卒業を前にヴァルテルは、進路を大空と決めた。いろいろと考えはするが、決断したらまっしぐら。志願して空軍に入った。

するとドイツが支援していたフランコ将軍側がスペイン内戦に勝利をおさめた。一九三九年の三月のことであった。あれっ、もう戦争はないのかな、と思っていたら九月にドイツ軍のポーランド侵攻があり、少し戦争の臭気がただよいはじめた。

戦争。大空での戦い。まだパイロットになれるかどうか全くわからないのに、急降下爆撃機スツーカを操縦して戦う夢が大きく膨らんだのであった。

両親も兄弟三人も眼鏡には縁がない。視力は良い。身体検査、心理適性検査、複座機に乗せられての航空適性検査などを、どうやら無事通過して飛行学校へ。そしてスツーカのパイロットになりたかったのに戦闘機のパイロットにされ、今はコマンド・ノヴォトニーの隊長である。

4 十一月初めの大空中戦

十一月二日は、連合軍の大空襲をドイツ空軍戦闘機部隊が全力で迎え討ったとも言える大空中戦の日となった。ドイツ本国へ侵攻して来る戦略爆撃部隊に対し、西部空域に舞い上がった戦闘機総数は四九〇機。戦いが終わってみると重爆撃機五十機を屠り、失った戦闘機は九十八機という結果であった。

戦闘機パイロットの立場からすれば、一挙に米軍四発重爆撃機を五十機も撃墜できた大空中戦は上出来である。英国あたりの基地へ帰りついても不時着、胴体着陸などで使用不能になった爆撃機も、かなりあるはず。

ところがヒトラー総統は、そう見なかった。戦闘機があまりにもたくさん墜とされたと考え、もうこれ以上、国家資源を投入して戦闘機を生産し、空軍に与えても無駄だと判断したようである。空軍総司令官ゲーリング元帥に、手持ちの戦闘機だけで戦いを続けさせよと命令した。

この頃ヒトラーの信頼をかなり失っていた元帥は反論できず、配下の戦闘機部隊にハッパをかけた。頑張れ。しっかりやれ、と言ううちに、口がすべって、いまのドイツ空軍戦闘機パイロットは臆病だと叱りつけてしまった。

これが各戦闘機部隊に広く伝わっていき、空軍軍人たちのゲーリング元帥に寄せていた信頼が失われ、反感が醸成された。

軍人は名誉を重んじる。戦闘機パイロットもプライドが高い。エキスパートであれば、なおさらで、無理に無理を重ね命がけで戦いつづけてきた我々に対し、臆病とは何ごとか、と感じなければおかしい。

ヴァルテルも後日このことを聞いて、むかっとしたが、何かできるほどに影響力ある立場にはない。祖国を守り、あわよくば戦勢を挽回すべくコマンド・ノヴォトニーを率いて戦うのが本務であり、これに邁進するのが使命である。

ひるがえって、コマンド・ノヴォトニーの十一月一日以降の戦いを追ってみよう。

十一月一日金曜日、四機を出撃させた。この四機はオランダのノヴォッレ上空で米第二十戦闘機群のP51ムスタングと、第三五二戦闘機群のP47サンダーボルトの両編隊と交戦した。

この空中戦でコマンド・ノヴォトニー第三中隊のウイリ・バンツァフ士官候補生が米第二十戦闘機群第七十七飛行隊のデニス・J・アリソン中尉操縦のP51を撃墜した。しかしバンツァフ候補生はアリソン中尉機を撃墜してP51の編隊を突きぬけ、距離をとって上昇に移ったところで第三五二戦闘機群のP47に乗るウイリアム・T・ゲルベJr中尉と、もう一機、ウォルター・R・グロース中尉に射たれ脱出して落下傘降下。怪我なく生還した。

残る三機は無事に帰投し、この日の収支は一機撃墜、一機全損。パイロットは死傷者なしである。

そして大空中戦の十一月二日。ライプツィヒ西方ロイナメルセブルグの精油所と鉄道の中枢を爆撃するためにやって来た米陸軍航空隊の大編隊に対し、ドイツ空軍は四九〇機の戦闘機を差しむけたが、米軍は重爆撃機の大編隊を守る戦闘機が八七三機。コマンド・ノヴォトニーは、この日も四機を発進させた。これが手持ちの戦闘可能機全機であった。

四機のうちアロイス・ツォルナー伍長はアッハマーから離陸する際、片発停止し墜落して死亡した。そしてフーベルト・ゲーベル曹長機は地上滑走中に故障し、そのため機体が破損したので離陸を中止した。

無事離陸したエリッヒ・ビュットナー軍曹はP51ムスタングとP47サンダーボルトを各一機撃墜して無事に帰ってきた。発進したもう一機、ヘルムート・バウダッハ曹長はP47を一機撃墜し、これも無事帰着した。

よって四機発進させようとしたが一機墜落して全損、一機中破。発進できた二機は無事帰着。パイロットは四名中の一名が事故死。戦果はP51一機とP47二機の計三機撃墜である。

この日のプロペラ機部隊の戦いぶりは、およそ次のようであった。

主だったものだけを見れば、まず第三戦闘機連隊の第四大隊がある。この大隊はフォッケウルフFw190A型機の突撃飛行隊である。敵機に体当たりすることも辞さない猪武者を募集して編成された。十五機編成の中隊が四個と、大隊本部編隊が全力出撃して米第九十一爆撃機集団のB17フライングフォートレスを要撃したが、この空の要塞十三機を撃墜し、うち二機は体当たりによるものである。

出撃機数は六十一機で、うち三十一機が護衛役のP51の群れによって撃墜された。空中戦により失われた機数は三十三機となる。パイロットは七名戦死、七名負傷であった。

つぎに目立つのは第四戦闘機連隊の第二大隊で、米第四五七爆撃機集団のB17を要撃して九機撃墜という戦果をあげた。

ユニークなものとして、第四〇〇戦闘機連隊がある。この部隊はコメートと呼ばれる単発単座、後退翼の無尾翼のロケット推進式戦闘機の部隊である。

ロケット戦闘機メッサーシュミットMe163型機は五機発進したが、一機が離陸直後に墜落して爆発炎上、パイロットは死亡した。米軍機要撃に向かった四機は護衛戦闘機の群れと交戦し、三機が撃墜された。撃墜された三名のうち一名が生還したが、撃墜戦果はなかった。

第二十七戦闘機連隊は、かつて北アフリカ戦線で勇名を馳せた部隊であるが、ドイツがアフリカで敗退したため本国へ戻されていて、この日の戦いに出撃した。メッサーシュミットBf109型機の四個大隊が全力で要撃に上がり、米軍戦闘機部隊と組んずほぐれつの空中戦を演じて米戦闘機七機を撃墜した。

この戦果に対し第二十七戦闘機連隊の損失は、戦死および行方不明二十七名、負傷二十八

第400戦闘機連隊のMe163コメート。後退翼の無尾翼ロケット戦闘機

名、戦闘機の喪失については史資料がなくなっていて不明である。ともかく敵機七機を撃墜して、この戦闘機連隊は軍隊式に表現すれば、ほぼ一個大隊分の損失を出したのである。

この日、ドイツ空軍は撃墜されたもの九十八機、飛行場にたどり着いたものの全損となったもの二十二機の合計一二〇機を失った。この一二〇機は全部、戦闘機である。戦死および未帰還で行方不明となったパイロットは七十名、負傷者三十五名余である。

これに対し米軍のほうは戦闘によるものも事故によるものも合わせて、爆撃機の四十機（出撃機数の三・六％）、戦闘機十六機（出撃機数の一・八％）喪失という数字を公表している。

この日、ドイツの精油所と鉄道中枢の爆撃に向かった重爆撃機は約千二百機、掩護の戦闘機は九百機弱で、合わせて二千百機程度であった。要撃したドイツの戦闘機は四九〇機なので、機数の比率はドイツ一に対し米軍四ぐらいになる。これは、この頃としては珍しく良い比率で、通常ならばドイツ側一に対し、連合軍機二十ないし三十という比率の空中戦が多かった。

統計によれば、ドイツ空軍のパイロットが、この十一月に戦死もしくは未帰還、行方不明となった数は三四八名であり、目立つ数字は二十一日の六十二名、二十六日の八十七名、二十七日の五十一名などである。

コマンド・ノヴォトニーは十一月四日にも出撃した。ゲーベル曹長は米第三五六戦闘機群のウイラード・W・ロイヤー中尉が操縦するP51ムスタングをドゥンメル湖付近で撃墜したが、エンジンが故障してボームテ飛行場に緊急着陸した。しかしゲーベル曹長の乗機は壊れて、結局は全損となった。

バンツァフ士官候補生はハンブルグ南東リューネブルグ付近で行方不明になり帰って来なかった。ヘルムート・ツァンダー曹長は片発停止となり、ヘゼペに滑り込んだが転覆して機体は全損。しかし曹長は機外に投げ出され、奇跡的に軽傷ですんだ。

この日は一機撃墜、一名行方不明、三機喪失となった。

5　ウエンデルの実態調査報告

コマンド・ノヴォトニーが作戦即応態勢となった十月三日から同十三日までの間だけで、ジェット戦闘機を十機余りも失ったことを知ったメッサーシュミット教授は、心配になった。

そこで首席テストパイロットのフリッツ・ウエンデルを長とする調査チームを作り、コマンド・ノヴォトニーのメッサーシュミットMe262A－1a型機の取扱い状況や、これにかかわる人々の状態を見てこさせ、メッサーシュミット社としてできる改善措置は、すぐ実施しようと考えて、そのチームをアッハマーに送り込んだ。

つぶさに調査したウエンデルは、次のように報告した。

――十月三日から二十四日までの間に、三日しか出撃していない。調査を始めた頃、戦闘機隊監察官のトラウトロフト大佐もアッハマーに来ていた。

トラウトロフトは優秀な戦闘機パイロットをあちこちの部隊から引き抜いて、この部隊へ入れていたが、私は東部戦線の超エキスパートであるノヴォトニーが部隊長として適任であるとは思わない。西部戦線の戦いに不慣れな二十三歳の若者に、十分な器量があるとは認められない。

一、当部隊の緒戦は敵戦闘機群が飛行場上空に来ているのにアッハマーから四機、ヘゼペから二機を発進させた戦いであった。アッハマーからの四機のうち二機が離陸中に撃墜され、一機が着陸時中破。ヘゼペからの二機のうち一機が、多分、着陸時であろうと思われるが、撃墜されている。

六機出撃させて四機を失ったのである。他機種同様に、離着陸時が戦闘機の最も弱い時であるから、できる限り敵が上空に来ていない間に発着すべきである。

二、Me262の最良の戦い方について、パイロットの間、とくに中隊長たちの間で、見解が大きく喰い違っている。何を目的に戦闘をするかについて、明確な指導をする必要があるが、この点が欠けている。

三、パイロットの大部分は、Me262の飛行訓練が不十分である。私がここに来る前の十日間というもの、天候不良という理由で全く飛んでいない。敵機の来ない悪天候の日こそ、慣熟飛行に利用すべきである。

隊長のノヴォトニーでさえ、前車輪が下げ位置に完全にロックされていないことに気づかず着陸して一機壊しているのは、機体の扱いに不慣れだからである。

四、初出撃からは、新機種の欠点、短所および設計上の不備を是正するための教訓を得なければならない。であるから、真の欠陥を見出し判別できるように訓練された者を出撃させるべきなのであるが、ノヴォトニーには、その着意が見られない。

彼自身、的外れなことを指摘した。たとえばエンジン始動装置のハンドルが右コンソルにあるのは不適当であり、正面、計器板に押しボタン式で始動装置を操作できるようにすべきだと言うが如きである。

始動装置は飛行前に一回使えば、あとは用のないものなので、ハンドルであっても押しボタンであってもかまわない。ましてや右コンソルにあっては困り、正面の計器板になくてはならない理由はない。ただ、個人の感覚と好みの問題にすぎない。

五、以上述べた中の第三項と第四項は、わが空軍最大の弱点を象徴している。単座機に乗る者は、その一機を作り上げるために費やされた何千時間という時間と、これに注ぎ込まれた莫大なエネルギーを背負って飛ぶ者であるのに、その自覚が全くない。

その上、この部隊のパイロットは技術上の教育が不足もしくは不十分であり、新機種操縦に必要な、理論面の教育が欠けている。

たとえば、Me262は気をつけて操縦すれば片発で飛ぶこともできれば、着陸もできる飛行機であるが、方向舵の使い方が教えられていない。教えられていても間違ったことが教えられている。

Me262についての教育、指導がコマンド・ノヴォトニーでは特に不良である。アッハマーにいる技術将校シュトライヒャー大尉は技術者ではない。ヘゼペにいる中隊技術将校は十九歳のルッセル士官候補生で、技術面には全くの素人である。ルッセルは教育の不十分と彼自身の不注意により、すでにMe262を二機壊している。

コマンド・ノヴォトニーのパイロットたちも整備員たちも、部隊のジェット戦闘機が戦闘によることなく次々と失われるのは、設計の不備、とくにエンジンと降着装置の設計の不備が原因だと思っていたが、フリッツ・ウエンデルの意見はなかなか手厳しい。

レッヒフェルトでヴァルテルにメッサーシュミットMe262A－1a型機操縦の手ほどきをしたホルスト・ガイアー大尉が、ヴァルテル・ノヴォトニーはたった二回飛んでみただけで自信満々。ジェット戦闘機をマスターしたという態度になったと回想しており、戦後の航空戦史研究家の一部は、これもウエンデルの所見の正しさを裏付けるエピソードと見ている。

6　死闘下の空軍参謀総長視察

日付は十一月六日水曜日へと進む。

この日、コマンド・ノヴォトニーは戦闘機を四機失った。そのうちの三機は緊急着陸がうまくいかず、大破もしくは中破であり、いずれも燃料切れによる緊急着陸であった。シュパンゲンブルグ少尉がブレーメン北西レムヴェルダー付近に、クロイツァー曹長がブレーメン南西アールホルンに、ヘルムート・レンナーツ曹長がブレーメン付近に、それぞれ緊急着陸し、このうちシュパンゲンブルグ少尉は米陸軍航空隊第三五七戦闘機群所属のチャック・イエーガー大尉（戦後にテストパイロットとして超音速飛行に成功して一躍有名になった）に撃墜されたことにされた。

その状況は次のようであった。

シュパンゲンブルグ少尉はイェーガー大尉のP51ムスタングに追われながら、ジェット機用飛行場を守る高射砲の槍ぶすまの下を南西方向へ不時着した。少尉の機は飛行場をつっ走り蕪《かぶ》の畑を横切って農業用の馬車をはねとばした後、納屋にぶつかって止まった。つぎの瞬間、機体が燃え上がったが少尉はキャノピーを射出して機外に逃れた。火災は駆けつけた付近の住民と飛行場から急行した空軍地上勤務者たちが協力して、すぐに消し止めた。顔面と頭部に怪我をしたシュパンゲンブルグ少尉は、空軍の救急車で直ちに医務室に運ばれて応急処置を受けた後、ブレーメンのブルメンタール病院に移送され入院した。

ヘルムート・レンナーツ曹長は米陸軍航空隊第三六一戦闘機群所属のウイリアム・J・クイン中尉に撃破されて、ブレーメン南方のバッスムに不時着した模様である。

バウダッハ曹長はヘゼペから発進しようと離陸滑走を開始したが、降着装置の故障により機体が破損して出撃できなかった。

結局この日の戦果は、フランツ・シャル少尉が撃墜したP47サンダーボルトが一機だけであった。

十一月七日木曜日には、シュパンゲンブルグ少尉の乗っていた機体を解体して収容するため、ブレーメン西方のオルデンブルグからレムヴェルダー飛行場へ九名からなるチームが派遣されて作業を行なった。そして、この戦闘機の不時着により農業用馬車一輌全損、納屋一棟小破、農耕馬二頭死亡、潰れた蕪が少々ということもわかった。

この日、戦闘機隊兵監アドルフ・ガーランド中将が、空軍参謀総長に任命されたばかりのカール・ケラー上級大将とともに、コマンド・ノヴォトニーを視察するためアッハマーを訪れた。

一回の出撃あたりの機数がいつも少なく、その少数でそこそこの戦果をあげるものの、損失機数が妙に多い。初出撃の日からちょうど一ヵ月目のこの日、ヴァルテルから直接、部隊の状況を聞き、自分の目で実情を見ようと考えたのである。

ドイツ中央部にある精油所を破壊するため、米軍の重爆撃機編隊と戦闘機の大群が来襲するのに対し、コマンド・ノヴォトニーからはジェット戦闘機が五機発進した。一回の出撃に、まとまって五機発進できたのは初めてである。これまでは三機か四機まとまれば上々であった。

しかし露払い役のP51の群れは、高度一万フィート（約三千メートル）以上の高度でアッハマーやヘゼペの上空まで来ていた。その第三六一戦闘機群のアーバン・ドリュー少尉が高度一万五千フィートから急降下し、滑走路から浮揚して間もないメッサーシュミットMe262A二機を続けざまに撃墜し、下から射ち上げる猛烈な対空火器の弾丸は一発も喰うことなく離脱して行った。

この時の戦闘でコマンド・ノヴォトニーは重爆撃機を三機撃墜したが、メッサーシュミットMe262A－1a型機三機を撃墜されてパイロットが一名戦死した。

コマンド・ノヴォトニーは、初出撃の十月七日からこの日までの一ヵ月間に重爆撃機四機、戦闘機十二機、偵察機三機の、合計十九機を撃墜した。これに対し自隊の損失は、戦闘により六機、事故により全損七機と、大破、中破合わせて九機の合計二十二機である。残るは飛行練習用の機体をふくむ八機。そのほとんどが整備格納庫で手間のかかる修理や調整の最中である。

米軍戦爆連合の大編隊が去り、太陽が西に沈む。ヴァルテルは一日の戦闘にかかわる事務を急いで処理し、八日の日の戦闘の準備について必要な指示をすると、簡単な夕食を、これも急いですませてガーランド中将とケラー上級大将の待つ部屋へ行く。

アドルフ・ガーランド中将

ヴァルテルたちが隊本部兼宿舎として使っている、飛行場のそばのペンテ村にあるヴルフハーゲンと呼ばれる建物の中の、来客用の部屋である。

　その小部屋で、主としてガーランド中将が質問するのに対し、ヴァルテルが答えるようなかたちで話し合い、時々ケラー上級大将が口をはさむ。ヴァルテルはこの時、つぎの三つの点を特に強調して説明した。

第一に、ジェット戦闘機の離着陸をより一層安全確実にするために、上空掩護にあたるフォッケウルフFw190D－9型戦闘機の数をもっと増やすべきだ。

第二に、ジェット戦闘機は機体、エンジン共に新型機につきものの初期故障や不具合が、十分に解消されていない。

第三に、ジェット戦闘機による戦い方について、まだ試行錯誤の段階にあるということであった。

　問題の戦い方であるが、敵戦闘機よりも時速一五〇ないし二百キロ速いジェット機で戦うのであり、もっと速度差の大きい爆撃機相手の戦いの場合も、プロペラの戦闘機で戦うときに比べると接近率が非常に大きいため、攻撃のための占位、照準、射撃、離脱という流れに充《あ》てることのできる時間がきわめて短かい。

先へ先へと考え、判断しなくてはならないのは当然だとしても、敵機との距離の判定と、接近速度を判断しての射撃から離脱への動作が、大変むずかしい。

プロペラ機に乗っていたときの癖が出て、すっとスロットルレバーを絞るとエンジンはフレームアウトしがちで、うかつにエンジンは絞れないし、もし、うまく絞ることができても今度はよほど用心してスロットルレバーを開いていかないとエンジンが壊れ、空中火災になることもある。

時としてはエンジンが爆発することもありうる。このため、高速を保って攻撃をしなければならないが、至短時間に一連のプロセスを正しく行なわないと敵機を撃墜できず、下手をすると敵機に衝突してしまう。

では、どういうふうに攻撃するのがよいと思うかと問われ、ヴァルテルは次のように説明した。

まず、敵爆撃機編隊より約二千メートル高い高度で編隊の後方に占位する。そこから突っ込み、敵編隊の真後ろ約千五百メートルのところを下へ突き抜け、約千五百メートル下ったところで機首を引き起こして攻撃する。

狙う一機の後下方、距離約千メートルで照準を定め、ピタリと狙いがついたら射ちはじめる。この時の飛行速度は時速五百キロが基本と考えられる。照準しはじめてから射撃をやめるまでの時間は、約二秒である。

まだR4M無誘導ロケット弾を使ったことはないが、これを使うならば距離六百ないし六五〇メートルから発射し、急いで機関砲射撃に照準点を切り替え、スイッチも機関砲に切り替えて素早く三十ミリ機関砲弾を射ち込んだら、力いっぱい操舵して離脱するのが良い。

R4Mロケット弾というのは、直径五・五センチ、長さ約八十センチで弾頭の重さは約一キロである。左右の主翼下面に取り付けるランチャーにそれぞれ十二発、合計二十四発を携行する。発射ボタンを押すと一度に全部発射され、これを重爆撃機にかぶせて撃墜する武器である。

十一月二日、このロケット弾を持ったメッサーシュミットMe262A二機が重爆撃機を襲って一機撃墜したという記録が残っているが、この二機はレッヒフェルトの実験飛行隊のものではないかと思われる。

ともあれ、ヴァルテルのこの攻撃法は、エンジンを絞ったり吹かせたりする必要がないので、安全である。そして一番やりやすい攻撃法であるが、敵爆撃機の尾部銃座と胴体下部銃座から射たれるのは避けられない。しかし、こちらの速度が大きいので、射たれている時間は短かく、被弾する確率はプロペラ機に比べて低い。

シュタッフェル（中隊）単位はおろか、シュヴァルム（四機編隊）単位で出撃し交戦できるところまでも部隊の戦力が育っていないが、これまでに試したさまざまな戦い方から得た教訓を基礎として検討した結果では、三機編隊すなわちケッテが戦闘の基本単位だと考えられる。

隊形は、長機の斜め後方約一五〇メートルのところに二番機、さらにその向こう、同様の位置に三番機がついたかたちにし、二番機は長機より少し低く、三番機は二番機よりも低く飛ぶ斜め後下がりのかたちにする。

二、三番機が少しずつ低い所にいるのは、旋回のときに前方にいる機が自分の翼や胴体の陰になって見えなくなることがないようにするためである。隊形は右下がりでも左下がりでもよい。

もしシュタッフェルで出撃できれば、この隊形をとるケッテを、同じような要領で配した編隊で飛ぼうと思う。ケッテとケッテの間隔は三百ないし三五〇メートルが適当であろう。

この隊形で敵重爆撃機編隊の後方約八キロ、高度は爆撃機編隊の一番底より千五百ないし二千メートル高い所へ行き、そこから敵編隊の下へ降下していって狙う編隊の後方約五百メートルぐらい下、距離も約五百メートルのところから機首を引き起こす。

このときの速度は時速約八百キロにするのが良い。そして各機がそれぞれに前上方の敵機を狙い射ちして前上方へ突き抜ける。これが現時点でコマンド・ノヴォトニーが考える最良の戦法である。

このようなことを、質問に応じてヴァルテルは順次答えていった。その間にケラー上級大将が、戦闘機パイロットたちの戦意が低下しているのではないかと質問をさし挟んだので、一時、座が白けてしまったが、ヴァルテルが気転をきかせてうまく話を本筋にもどした。

こうしてガーランド中将が納得した様子を見せ、この夜の話し合いが終わるとき、ヴァルテルが言った。

「Me262はよい戦闘機です。今しばらく見ていて下さい。私たちがそれを実証しましょう」

7　十一月八日金曜日、全機発進

米軍にとって爆撃日和《びより》とでも言えそうな天気で明けた十一月八日の金曜日、アッハマー飛行場の飛行指揮所兼パイロット控所に、戦闘指揮所のプロイスカー少尉から敵大編隊の動きが伝えられたのは、昼前であった。ガーランド中将はケラー上級大将とともに、そこへ来ていた。

ヴァルテルは副官のヴェグマン中尉を連れて二機で要撃に発進しようとしたが、ヴェグマン中尉機はエンジン始動できたのに、ヴァルテルの白8番はエンジンがかからない。やむなくヴェグマンを単機発進させた。

アッハマーの北約二～三キロの所にあるヘゼペからは、第二中隊長のシャル少尉がビュットナー軍曹と二機で発進しようとした。そして離陸滑走をはじめたところ、ビュットナー軍曹機のタイヤがパンクし、機体が小破したのでシャル少尉だけが離陸した。この様子をケラー上級大将とガーランド中将が見守る。

ヘゼペの様子は無線交信がアッハマーの飛行指揮所にもスピーカーで流れるようにしてあるので、わかる。そしてシャル少尉機がヘゼペから離陸するのが見え、その機影はまもなく視界から去った。

しばらくするとヴェグマン中尉がP51ムスタング一機撃墜を報じ、アッハマーへ帰投すると伝えてきた。つづいてシャル少尉がP47サンダーボルト一機撃墜を報じてヘゼペに帰投するという。二人とも無事に帰投し、機体の損傷もなかった。

そのとき指揮所に入った情報によれば、爆撃任務を終えた米軍重爆撃機編隊は帰途につき、昼過ぎにアッハマーやヘゼペの上空を西進してイングランドへ帰っていく模様であるという。このときヴァルテルの乗機白8番のエンジンは点検と調整が完了して、出撃可能になったという知らせも、整備隊から入った。

帰途についた米軍機の編隊を要撃しよう。そう決心したヴァルテルは、出撃可能な全機に発進を命じ、白の8番機に駆けていこうとする。今日は隊長用の機体が整備中のため列線に出せず、代わりに白の8番で飛ぶ予定にしていたのである。

白8番の製造番号は一一〇四〇〇で、最初の一一〇は、この機体がレッヒフェルト北西方ライプハイムの工場で造られたことを示している。ライプハイムで造られた機体の二十五機が戦闘機部隊に送り込まれ、その一機が白8番であるが、戦闘機部隊に来たのは一一〇三八六号機から一一〇四一〇号機までの一連の機体であった。そして白の8番、一一〇四〇〇号は十一月二日にレッヒフェルトで、メッサーシュミット社の首席テストパイロットであるフリッツ・ウエンデルが試験飛行して合格と判定し、コマンド・ノヴォトニーに引き渡した新造機である。

ヴァルテルにしてみれば、白の8番はラッキーな番号である。東部戦線で先ずメッサーシユミットBf109F型戦闘機で六十機余を撃墜したが、そのほとんどが白の8番の機体によるもの。そしてフォッケウルフFw190A4型、5型と乗り替えたが、これらの識別番号も白の8番であった。そして一九〇機ばかり撃墜してから大隊長マーク、黒い二重のV字を横倒しに描いた6型に乗った。

いまから乗ろうとするメッサーシュミットMe262A－1a型白8番は、キャノピーと黒十字の国籍マーク（バルケンクロイツ）の中間あたりで胴体に帯を巻いたように、幅約四十センチを黄色く塗ってある。エンジンの空気吸入口部分は、まだ黄色に塗ってなくて、金属の地肌のまま銀色に光っている。

駆け出すヴァルテルに向かってガーランド中将が、「待て。ノヴォトニー、ここに残れ！」と叫んだが、聞かずに白8番に跳び乗って、整備員にリーデル発動機始動を命じ、ヘルメットをかぶり咽喉マイクをつけ、肩バンドと座席ベルトを締める。

回転数千八百。点火装置のスイッチを入れ、ジェットエンジン始動のために使う燃料C3を流す。するとユモ004型エンジンがゴーと低い音を立てて回りはじめる。ここでスロットルレバーをじわりじわりと前進させる。簡単な操作だが、間違えて先に燃料を流し、後から点火スイッチを入れたりすると、エンジン火災になり、悪くすればエンジンが爆発する。

回転数三千。燃料を切りかえてJ2燃料を流す。このJ2が飛行のための燃料である。

キャノピーを閉め、スロットルレバーを徐々に前進させる。回転数六千。ブレーキを放す。エンジンは二基とも素直に始動してくれた。ヴァルテルは離陸開始位置へと地上滑走をはじめたが、二番機パイロットがあわただしく、エンジン故障で発進できないと無線で言ってくる。

見ると主翼の下から煙が立ち昇っている。片方のエンジンのタービンの羽根が折れ飛んで、エンジン火災になっているのだ。

離陸滑走中のMe262――エンジンの空気取入口は明るい黄色

了解した旨を送信してヴァルテルは滑走路の端まで行ってブレーキを力一杯踏み、エンジンの回転数を八千四百に上げる。エンジン全開である。計器板の向かって右半分に並んでいるエンジン計器をパッと見て異常のないことを確認する。燃料圧力計、排気温度計、潤滑油の圧力計等が右エンジンのものと左エンジンのものがペアになって上から下へ並んでいる。

一番上にエンジンの回転計が二つ並んでいるが、エンジン計器のうちで、これが一番大きい。その下の三種類の計器の大きさは回転計の三分の二たらずの大きさであり、目盛りの数値の注意を要するところから上は計器の縁が赤く、そうでないところは白く塗装してある。

方向舵ペダルの爪先部分を踏んでいた力を抜く。ブレーキがゆるみ滑走がはじまる。機体の向きが変わりかけたらペダルの爪先部分を軽く踏んで、飛行機を直進させる。時速七十ないし八十キロぐらいになると方向舵がよく効くようになるので、ブレーキは使わない。

時速一七〇キロ。地面を離れる。時速二百。脚上げ。二三〇。二十度に下げていたフラップを上げる。スロットルレバーのすぐ右下コンソルにある水平尾翼角度調節レバーを操作して機体のバランスをとる。時速三百キロになっても、そのまま直進する。

時速四百キロぐらいになると、かなり自由に飛びまわることができるが、そのまま待って四七五キロで上昇を開始する。高度二千メートルでは時速五百キロ、高度四千では五二五キロと、高度が上がるにつれて最良の上昇率になる速度に持っていく。これは、ごくわずかな機首上げ角度の修正によって行なうのである。

余談になるが、高高度から飛行場へ帰ろうとするとき、うかつにスロットルレバーをアイドル位置近くへ絞ると、ユモ004型エンジンはフレームアウト（エンジン停止）してしまうものと思わなければならない。

そっと六千回転ぐらいまで絞ったあとは右へ左へ急旋回を繰り返し、これによる空気抵抗の増加で速度が出すぎないようにして降下する。制限速度は時速九五〇キロとなっているが、これは時速千キロになると急降下からの引き起こしができなくなるから、決められた制限である。

時速千キロを越えると、翼や機体表面を流れる空気の速度が部分的に音速を超えるため、機首下げの力が強くはたらき、操縦桿をどんなに強く引いても機首が上がらなくなる。そのままでいると、ものすごい勢いで逆宙返りする形になり、機体にかかるマイナスGが設計強度を超え空中分解に至る。

こうならないように時速三百キロ以下の速度で脚下げ、フラップ全開（五十五度まで下げることができる。角度は左コンソルのフラップ操作スイッチのそばの指示器に表示される）として、スロットルレバーをアイドル位置より少し前まで絞り高度を下げる方法もあるが、戦場でこのようなことをして飛行場へ帰ろうとすれば、連合軍戦闘機に見つかったが最後、簡単に追いつかれて撃墜されてしまう。

さて、アッハマーからヴァルテルが出撃するのと時を同じくして、ヘゼペからフランツ・シャル少尉が整備完了した白の7番（製造番号一一〇四〇四号）に乗りかえて発進した。第五十四戦闘機連隊第三大隊の長鼻フォッケが三十機ばかり、上空掩護している下を上昇して行く。

P51ムスタングは落下増槽を使えば八時間ぐらい飛びつづけることができ、P47サンダーボルトは落下増槽を使って四時間近く飛びつづけることができるが、メッサーシュミットMe262A－1a型機は超低高度ならば約三十分間、高度六千メートルあたりでの空中戦をすれば四十五分ちょっとしか飛びつづけられない。手早く空中戦の決着をつけ、さっと離脱して帰投しなければ燃料切れになる。

ターボ採用、前代未聞の重戦闘機P47サンダーボルト

シャル少尉はエンジン全開で上昇を続ける。最良の上昇率が得られる速度になるように、機首上げ姿勢を微調整しながらである。高度六千メートル。爆撃を終えて帰る米軍機の編隊は遠くから発見できた。速度計は時速五五〇キロを示している。

重爆撃機の大編隊の手前に、掩護役のP47が群れ飛んでいる。彼らはドイツ空軍が英本土空襲に行ったときのメッサーシュミットBf109E型戦闘機やBf110型戦闘機のように、爆撃機編隊にじっとくっ付いているようなことはしない。柔軟な戦い方をする。

一個編隊十二機ぐらいがドイツ戦闘機に向かって突進して来ても、別の編隊が爆撃機を守備する位置に来る。突進してきた米戦闘機はチームワークをとりながら、ドイツ機を追いまわし、墜として帰って行く。

このようなことも考慮に入れながら、シャル少尉は速度を保って廻り込み、緩降下して速度を増す。そして墜としやすそうな爆撃機を物色する。通常狙うのは編隊最後部の右端か左端にいる爆撃機である。

シャル少尉が一機を選んで攻撃に入ろうとしたとき、爆撃機の手前にいるP47の編隊がちようど飛行経路上に、横腹を見せるかたちで立ちふさがる状態になった。何もせずに突き抜けてしまうには、もったいない状態である。

少尉は行きがけの駄賃にとばかり、その一機を正確に狙い通常の距離で短時間の射撃をする。発射ボタンを〇・一秒押して放す。三十ミリ機関砲四門がそれぞれ一発ずつ弾丸を吐き出す。給弾ベルトに組み入れた弾丸の最初の一発は、曳光弾ではない。徹甲焼夷弾である。

光線の角度と背景の具合で、時として飛んでいく弾丸が見えることがあるが、今回は全く見えない。しかし射った四発のうち一発が命中し、サンダーボルトは火を発した。これに見とれているわけには行かない。

ところが目の前、手頃なところにもう一機いるではないか。これも狙って射ってみたところ、またもや命中。片翼が折れ飛んだ。よし、今度は爆撃機だとばかり、少しずれてしまった飛行方向を修正しながら、指揮所へ二機撃墜を報じる。

この二機は米第三五六戦闘機群の所属で、パイロットはチャールス・C・マッケルヴィ中尉とウイリアム・L・ホッファート中尉であったことが判明している。

ともあれ、つぎに狙う爆撃機に照準を定め、機関砲発射ボタンを押すタイミングを測りかけたとき、何ということか。エンジンが左右とも、いきなりフレームアウトした。こんな所でエンジンの空中再始動を試みるなど、とんでもないこと。速度が落ち、モタモタ飛んでいるジェット戦闘機はP47サンダーボルトのいい餌食である。

二機墜とされたサンダーボルトの編隊長は怒り心頭に発しているはず。スピードのあるうちに降下姿勢をとり、速度を保って急いで基地に帰るのが最善の策である。

エンジンの停止した戦闘機はヘゼペに向けて機首を下げているが、少しずつスピードが落ちる。B17フライングフォートレスの編隊を後にして降下していると、後上方にP51ムスタングが見えた。こちらに向かっている。これを振り切ってやろうと、緩く上昇してすぐに反転、緩降下してP51の腹の下を逆方向に抜ける態勢にする。

前上方にB17の編隊が去っていくのが見える。下に見えているのはヘゼペ南南東オスナブリュックの町なみ。P51が振りはなされまいと懸命に急旋回している。急旋回のため速度が落ちているはず。そこで、もう一回反転してヘゼペに向かい、降下を続ける。

爆撃機編隊の右後下方から、その左前方のかなり下へ出て高度四千メートルを切ったとき、ムスタングが追いついて射ってきた。シャル少尉の飛行コースから見て側方、角度は三十度余りあろうか。射撃開始は距離約四百メートル。

シャル少尉は右主翼に被弾した。ムスタングは先ほどと反対側へ突き抜けて行き、旋回して再攻撃しようとする。機首がこちらを向いた。その両翼の十二・七ミリ機銃がチカチカと火を吐く。曳光弾が少尉の頭の上を飛んでいく。米軍機は五発ごとに曳光弾を入れていることが多いから、見える曳光弾の四倍の数の銃弾がこちらへ飛んで来ているのである。

P51はかなり近くまで射ち続けたが、今回は全弾はずれた。シャル少尉がムスタングの機銃が火を吐いた瞬間、すっと下げ舵をとったのが効いたのである。しかしシャル少尉は最良滑空速度までスピードを落としても、もはや到底《とうてい》ヘゼペにもアッハマーにも届きようのない高度まで下がってしまった。速度は機首を下げていても減る一方だ。

P51ムスタングは少尉機の後上方に占位して、攻撃を再開する。シャル少尉は操縦桿を放した右手でキャノピー射出ハンドルをぐいと引き、素早く肩バンドと座席ベルトを外して、飛んでいったキャノピーのあとを追うように機外に出た。その時チラリと見た高度計は、指針が千百メートルの目盛を左廻りに過ぎて行くところであった。

ムスタングが自分の乗機を射ったかどうかはわからなかったが、さいわい尾翼にぶち当たることもなくパラシュートを開くリップコードを引くことができた。空中をぐるりぐるり回転しながら落下している時、両足が空を向いたそのむこうを飛び過ぎて行くムスタングが見え、つぎの瞬間、補助傘が開き、続いて主傘が開いた。

落下傘に吊り下がってぶらりぶらり揺られながら周囲を見まわすと、愛機が右エンジンからモクモクと煙を吹いて緩やかな左旋回をしながら落ちていくのが見えた。愛機はクァッケンブリュックの畑の端に墜落して燃え上がった。ついでながら、シャル少尉を撃墜したのは米第三五七戦闘機群のジェームス・W・ケニー少尉であった。

シャル少尉は怪我もなく生還した。少尉は乗っていた白7番を失ったが、この日、米軍戦闘機を三機撃墜したのである。

シャル少尉は一九一八年オーストリアのグラーツで生まれ、大戦初期一九四〇年までは高射砲部隊にいた。そして戦闘機部隊へ移り、一九四三年二月から東部戦線スターリングラード正面にあった第五十二戦闘機連隊の第一大隊所属となって活躍した。

ヘゼペ基地の第２中隊長フランツ・シャル少尉（左）。後方に見えるの機体はMe262、右側に立っているのは整備員

ヴァルテル・ノヴォトニーと似たブッチャー（皆殺し）タイプで、一九四四年八月中旬には一日の戦果十一機、同八月三十一日には十三機撃墜の戦果をおさめている。

そして同年十月十日、一一七機撃墜の功により騎士鉄十字章を授与された。コマンド・ノヴォトニーに移ってからも活躍したが、この部隊が解隊となった後は第七戦闘機連隊の第七中隊長になり、引きつづきメッサーシュミットMe262A－1a型機に乗って戦った。

一九四五年四月十日、メックレンブルグのパルヒム飛行場に緊急着陸した時、爆弾の弾痕に突っ込み爆死した。総出撃回数、約五五〇回。確認撃墜戦果の数は不明であるが、一三七機と推定されている。

そのうち十四機がメッサーシュミットMe262Aによる戦果。これ以外はすべて東部戦線におけるメッサーシュミットBf109による戦果である。柏葉付騎士鉄十字章受章候補に推挙されたが終戦により、受章は実現しなかった。

8　ヴァルテル・ノヴォトニー未帰還

さて、ヴァルテル・ノヴォトニーである。

ヴァルテルは群れ跳ぶＰ51ムスタングと、そのむこうにＢ24リベレーターの編隊を発見して、これに向かう。そして戦闘機群や爆撃機の編隊に同行するような形で十分に間合いをとって上昇し、米軍機の群れの右側へ高く上がる。そして緩降下の左旋回を開始する。ムスタングの群れを右から左へ飛び抜ける態勢である。

高速で右上方から左下方へ向かうヴァルテルのジェット戦闘機の動きは速い。Ｂ24の編隊に向かって飛ぶヴァルテルを、Ｐ51の群れはどうすることもできない。追いつくことはできず、効果的な威嚇射撃もできない。ムスタングの編隊は大きく乱れただけである。

ヴァルテルは編隊最後尾、一番手前の一機を狙っている。四発重爆撃機までの距離と、その爆撃機の針路に対し今の自分の飛行コースが交差する角度、そして接近して行っている速度の三つを総合判断して、ここぞと思う瞬間に操縦桿を右手前に引くと同時に、方向舵ペダルに乗せている右足を、ぐんと踏み込んで右旋回に切りかえる。

くるっと旋回が切りかわり、切りかわると、その旋回がぴたりと安定する。ここがMe262Ａシュツルムフォーゲルの良いところ。左主翼が上がり右主翼が下がった右急旋回で、機体の

大量生産、重武装４発爆撃機 B24 リベレーター

腹を重爆撃機に向けて急接近して行く。操縦桿を引く力がほとんど要らなくなるように、左手先でスイッチを操作して水平安定板の角度を少し調節する。
いまや左前下方に見えていたＢ24の姿が大きくなり、風防ガラスを通して見えるようになる。照準器は重爆機の一番右、四番エンジンの少し前方を向いている。すぐに、ちょうどよい位置に照準点が停止し、戦闘機は操縦桿に力を加えなくても勝手に旋回を維持している。水平安定板の角度調節が、うまく行ったのである。
射った弾丸が一点に集まる距離である四百メートル。右親指にじわっと力を入れると重々しい感じで三十ミリ機関砲が発射される。この時、肩にも腕にも肘にも手首にも、余計な力は入っていない。発射する四門の機関砲の反動が、飛行機にブレーキをかけたような感じになって身体に伝わってくる。
この一撃で撃墜してやろうと、照準点をゆっくりと三番エンジン、そして右主翼付け根へとずらしていく。距離は急速にせばまる。右手の親指に入れていた力を抜くと同時に、力いっぱい操縦桿を左へ倒し、左方向舵ペダルも踏み込んで爆撃機の左側へ身をかわす。そして水平安定板の角度をもとへ戻す。

爆撃機の後部銃座の射手もびっくりしただろうと思われるほど近い所を、B24の左主翼の端をかすめて離脱し編隊の左側へと離れる。突進開始から離脱まで、一連の動作がうまく決まり、射距離四百メートルから一五〇メートルあたりまでの長い長い射撃の間、〇・四秒ほど照準は安定していた。そのため右急旋回しながら射った弾丸は、よく命中した。

このようになるかどうかは、突進開始位置を占めるときの戦闘機パイロットの丼《どんぶり》勘定《かんじょう》が正しいかどうかで決まる。空中では誰しも先の成り行きを丼勘定でしか考えることはできないが、空中戦の上手なパイロットは丼勘定の精度が高い。言い方はおかしいが、強い戦闘機パイロットの本領はきわめて精密正確な丼勘定にある。

ところで、ヴァルテルのこの攻撃法は、戦闘機が安定した急旋回でピタリと照準を定めたまま射撃開始のタイミングをはかり、射つことができるのに対し、爆撃機の射手はヴァルテルの機が自分の左上方、遠くから迫ってきて、銃座から見て左前方で見かけの動き（相対運動）が止まりそうな感じになったと思うと旋回の向きが切りかわり、射手の左から右へ向かって動きながら、しかも急激に距離がちぢまる状態で射ってくるのと対決しなければならず、ヴァルテルの機を正確に照準しようとしても極めてむずかしい。

ましてや命中弾を与えることは至難のわざである。銃座から見る戦闘機は、見かけの角速度がつねに変化する移動目標であり、射距離が急速にちぢまる標的で、射撃のむずかしさはクレー射撃など比べものにならない高度なものとなる。

編隊の左前方へ、速度を保って離れて行きつつ緩やかに上昇するヴァルテルが見たものは、右翼が根元から折れて墜落しはじめるB24の姿であった。

「ホリドー。ノヴィ。B24」

無線機の送信ボタンを押し、指揮所へ送信する。無線のマイクは咽喉ぼとけの右と左に一つずつ。五百円硬貨ぐらいの大きさで厚さ七ミリぐらいの黒褐色の円盤がバンドでとめてある。この円盤から出ているコードが無線機につながっているのである。

もう一度、重爆撃機に攻撃をかけるつもりで飛行方向を敵編隊と同じ向きにし、さらにもう少し右へ機首をふって編隊に近づきはじめたとき、すぐ前方、頃合いのところに単機でいるP51ムスタングが見えた。

これに追いつきざま真後ろから、ほとんど直接照準のような形で狙いを定め、〇・二秒ほどの射撃を加えると、その機は空中爆発してしまった。爆撃機編隊へゆっくり近づきつつ、指揮所へ送信する。

「ホリドー。ノヴィ。P51」

緩やかに上昇しながら四周を警戒していると、自分より二千メートルぐらい上方にP51の四機編隊が戦闘隊形に開いて飛んでいるのが見えた。

と、その中の一機がヴァルテルの機に気づいて、急降下を開始した。

プロペラ機とはいえP51は高速の戦闘機で、急降下の速度も大きい。ぐんぐん距離をつめながらヴァルテル機の後方へと、やって来る。ひとまず、このムスタングの攻撃をかわして

強武装と大航続力をほこるP51ムスタング戦闘機

からでないと、Ｂ24に取り付くわけにいかない。

まだ間合いのあるいま、急旋回して敵機の方へ向き、現在の高度で最良の上昇率が得られる速度にして直進上昇するのが良い。持続的に高い上昇率を得ることのできる速度で飛ぶメッサーシュミットMe262にまさる上昇率と速度で飛べるプロペラ機は、この世に存在しないのだから。

真後ろ少し右にいる敵機に向かって右急旋回しようと、右へ大きく翼を傾けたとき、何ということだ。左エンジンがいきなりフレームアウトした。推力が半減したシュツルムフォーゲルの速度を保つには軽く機首を下げ、降下姿勢で飛ばなくてはならない。

Ｐ51の攻撃をかわすことがいま、この瞬間のいちばん重要な課題なので、少し機首を下げ右急旋回をする。肝腎な時に、事もあろうに片発停止である。

「シャイセ！　シャイセ、マイネ、トリープヴェルケ！」と、思わずエンジンをののしる。

「糞っ！　この糞ったれエンジンめ！」

という罵声が口をついて出たとき、ヴァルテル自身は意識していなかったが送信ボタンを押していたようで、アッハマーの飛行指揮所のスピーカーに、この言葉が流れた。

ケラー上級大将もガーランド中将も、ギブスを外してリハビリ中であったクァックスも、これを聞いた。

戦闘機パイロットは乗機が故障したときに罵言を吐くことはある。しかし、それを無線送信することは通常ならば、あり得ないことである。

送信ボタンは押さず、コックピット内でつぶやいたり、時には腹立ちまぎれに、わめいたりするのが普通で、ヴァルテルの「シャイセ！ シャイセ……」が無線送信されたことは、フレームアウトがよほど際どい切迫した状況のときに発生したことを示している。

ともあれ、メッサーシュミットMe262A型機は片発でも飛べる。スロットルレバー二本のうち左の一本をアイドルストップを越させてカットオフにし、その手をスロットルレバーのすぐ右下にある方向舵トリムタブ調節スイッチへと移す。そしてタブを右三度の位置にする。

同時に直線飛行に移り、速度が減らないよう緩降下して行く。主翼は水平ではなく、生きて推力を出している右エンジン側に少し傾ける。これらは、この飛行機で片発飛行するときの基本操作である。

アッハマーの高射砲隊が射ち上げる弾幕の下へ逃げ込めるかどうか、わからないが、下に広がっている雲の、あのあたりがアッハマーだと見当をつけて、右エンジン全開のまま降下を続ける。

後ろにいたＰ51はヴァルテルに振り離されないよう、上昇して反転する。そして再度、急降下で追ってくる。ヴァルテルは、おちついた声で左エンジンがフレームアウトしたことと、アッハマーへ帰投しつつあることを無線送信する。

もう少しで雲の中へ逃げ込めそうなところまで来たとき、まだ射撃開始には遠すぎると思われるのに、後ろへ廻り込み距離を詰めながらP51は射ちはじめた。が、すぐに射つのをやめた。その最初の射撃で十二・七ミリ弾数発が機体に命中。ヴァルテルは、被弾せり、と無線送信する。

ムスタングはなおも距離を詰めて、いまや雲へ飛び込む寸前になっているヴァルテルの機に二回目の射撃を加える。またもや被弾したヴァルテルは、再度被弾せり、と送信しながら雲の中へと入って行った。高度は二千メートルあたりであった。

P51の二度目の射撃は長かった。約二秒間射ち続けたが、空中戦での射撃としては、とてつもなく長い射撃である。

このP51ムスタングは米第三六四戦闘機群所属で、パイロットはリチャード・W・スティーヴンス中尉であった。スティーヴンス中尉は一回目の射撃を約五百ヤードの距離から行なったが、もっと近寄って射てる状況にあると思って射撃をやめて距離を詰め、近寄ってから二回目の射撃をしたのであった。

せっかく照準器の中におさめているメッサーシュミットMe262を、雲の中へ逃げ込まれる前に仕止めたいと機銃発射の引き金をひきつづけ、数発命中したように見えたとき、ジェット戦闘機は左へ急回転し雲に入ってしまった。

中尉は機銃弾をほとんど射ち尽くしており、メッサーシュミットMe262を撃墜はおろか、撃破したと報告できるほどの自信すら持てず、そのまま英国にある母基地へ帰って行った。

一方、アッハマー飛行場ではガーランド中将たちが、爆音と機銃の発射音のする方向を見上げていた。全天空の十分の六を雲が覆っており、見ている方角にも雲がひろがっている。するとブラムシェの町の少し北あたり、飛行指揮所から五キロほどむこうの雲の下に機影が現われた。

メッサーシュミットMe262A型機の機影は、ほとんど真っ逆さまに現われて、機首を上げるそぶりは見えず、むしろ降下角を増して地面に直角になる感じで木立のむこうに消えた。そして黒い煙が立ちのぼり、ドンという音がしばらくしてから聞こえてきた。その時、時計は十二時四十五分をさしていた。

見ていた誰もが、ヴァルテルの乗機が墜ちたことを知った。コマンド・ノヴォトニーの、戦闘飛行可能な全機発進という命令で発進したのは、ヘゼペからのシャル少尉とアッハマーからのヴァルテル。全機とは、現実にはこの二機のことであった。

シャル少尉は先に脱出して落下傘降下すると報告し、以後、無線交信はない。そしていま、被弾せりという声が聞こえた直後に一機メッサーシュミットMe262が墜落した。雲から落下傘が現われるかと人々は期待したが、現われなかった。

クァックスは整備員や医官とともに、部隊の車で墜落現場へ急行した。立ち昇っていた煙はすでに薄れ、地面には爆弾の弾痕にも似た大きな穴があいていて、機体の破片が、よくもこんなに小さなかけらになるものだと思われるほどの細片になって、無数に散らばっている。燃料やオイルその他の燃えた異臭が漂ってはいるが、火はおさまっている。

遺体も遺品も、かけらさえ見あたらないように思える状態であったが、クァックスたちは丹念に見てまわった。

すると、あった。一つはダイヤモンドを散りばめてあった剣付柏葉騎士鉄十字章のかけら。もう一つは右手の先で、中指にウイーン名誉市民の印である太い金の指輪がはまっていた。

ヴァルテルは、この日の二機撃墜で累計確認戦果が二五八機になり、撃墜は確実だが規則により未確認戦果と判定された二十三機を合わせると総撃墜機数が、あの夢のお告げの二八一機になる。

第十章　撃墜王二十三歳の終焉

1　コマンド・ノヴォトニー解隊

目の前でヴァルテル・ノヴォトニーに戦死されたアドルフ・ガーランド中将は、前日見てまわった部隊の状況と夜の話し合いの内容や、この日の戦闘状況も考え合わせ、コマンド・ノヴォトニーをレッヒフェルトへ後退させる決心をした。そして表向きは「再教育のため」ということにして、早急にレッヒフェルトへ部隊移動するよう命じた。

部隊移動にあたり、コマンド・ノヴォトニーを臨時の部隊長となって指揮したのは、第三中隊長ゲオルグ・ペーター・エデル大尉であった。そしてヴァルテル・ノヴォトニー少佐戦死の三日後、コマンド・ノヴォトニーは解隊された。

人員の多くは新しく編成されつつあった第七戦闘機連隊に移されて行った。この新しい戦闘機連隊は、メッサーシュミットBf109G型およびK型機ならびにフォッケウルフFw190D型を装備する計画で新編成に着手されていたが、コマンド・ノヴォトニーの解隊にともない、メッサーシュミットMe262A－1a型機を装備することに変更された。

解隊されるまでにコマンド・ノヴォトニーが受け取ったメッサーシュミットMe262A－1a型機は三十機である。このジェット戦闘機を運用して得た戦果は撃墜確実十八機、未確認戦果四機であった。

コマンド・ノヴォトニーが失ったジェット戦闘機は、事故によるもの十九機、撃墜されたもの六機、米軍の爆撃を受けて地上で全損となったもの一機で、合計二十六機になる。残った四機の処置は次のようになった。

製造番号一一〇三七一号はレッヒフェルトの教導飛行隊へ、一七〇〇四七号は第七戦闘機連隊の第三大隊へ、一七〇〇四九号は高速爆撃機教導飛行隊へ、それぞれ送られた。この三機はメッサーシュミットのシュヴァビシュハルの工場で造られた機体である。残る一機、ライプハイムの工場で造られた一一〇四八九号は第五十一爆撃機連隊へ送られた。

失ったジェット戦闘機二十六機のうち、事故による損失が七三パーセント（十九機）を占めているのは異様である。相当無理して実戦に投入したことは明らかで、空軍上層部がメッサーシュミットMe262A型機にかけた希望と期待が、現実の前で空転してしまった観がある。

ヴァルテル・ノヴォトニー少佐の葬儀は敗戦の色濃い一九四四年の晩秋のことではあった

が、第五十四戦闘機連隊長であった故フォン・ボーニン少佐のときのような部隊葬ではなく、国葬となった。ウイーンで取り行なわれたが、二階級特進などということはなく、少佐の国葬であった。

部隊本部宿舎のあるブラムシェの近郊エペという村に墜ちたヴァルテル・ノヴォトニーの遺体は、右手の先だけではあったが一応柩《ひつぎ》に入れられて、とりあえず村のチャペルに置かれた。

部隊の準備がすすみ、五十人ばかりの兵員がトラックに乗って来ると、その柩は軍隊の礼式に従って六人の兵士の肩にかつがれ、隊列に守られながらブラムシェの町外れまで運ばれ、そこから駅まではトラックに乗せられて行った。ブラムシェの駅からウイーンへは列車の旅であった。

ウイーン宮廷大ホール（ヴィエナー・ホッフブルグ）において十一月十五日に国葬が行なわれた。柩には礼式にのっとり軍旗がかぶせられ、その上にはヴァルテル・ノヴォトニーの軍帽と剣が置かれた。生前に授与された勲章全部をビロードの上に並べて飾った四角いクッションは、この月の九日付で少尉に昇任したカール・シュネラーが捧げ持った。

その後ろにゴルドン・ゴロブ大佐がつづいた。ゴロブ大佐は一五〇機撃墜達成第一号となった人で、ダイヤモンドを散りばめた剣柏葉付騎士鉄十字章の佩用者である。棺側の衛士にはシュトリューニング少佐、シェーネルト少佐、フェゼー少佐およびクリストル少佐がついた。四人とも騎士鉄十字章の佩用者である。戦闘機隊兵監ガーランド中将は出席できなかった。

ヒトラー総統の名代としてデフロッホ上級大将が出席し、弔辞を述べ花輪を供えた。なお、これに先立ち十一月九日付の弔電がヒトラー総統から届いていた。文面は、「ウイーン市レーム、二番街シェーネル通り三十二号、ルドルフ・ノヴォトニー殿気付。貴方がたの御子息が戦死されたという重大な損失に対し心からなる哀悼の意を表します。アドルフ・ヒトラー」となっていた。

同じく九日付でベルリンの軍中央部からの広報紙に、ヴァルテル・ノヴォトニー戦死す、という写真入りの記事が載った。

デフロッホ上級大将はヴァルテルの両親や長兄ルドルフらに対し直接、懇《ねんご》ろに挨拶し握手してまわった。

ヴァルテル・ノヴォトニーの柩は宮廷前の広場から軍の車輌が曳く二輪の台車に乗せられて、数百名の兵士が整列し捧げ銃の礼で見送るなかを静々とウイーン中央墓地へと出発した。この日は小雨模様で、見送る市民の多くは傘をさして沿道に立ち並んでいた。墓地の前の、高さ三メートルはあろうかと思われる生け垣に沿って、ヒトラー・ユーゲントの隊員が各人一本ずつ松明《たいまつ》をかかげて一列横隊になっている。その松明の明かりが暗い雰囲気を、いくぶんか和《やわ》らげていた。

埋葬にあたっては、もとの上司であるハンネス・トラウトロフト大佐が別れの言葉を述べた。ヴァルテル・ノヴォトニーの示した友愛精神や東部戦線における業績について思い出を語り「年老いて死ぬのは嫌です。死ぬなら精一杯に活躍している最中に死にたい」と言っていたことを参列者に伝えた。そして「我が良き友よ、さらば」としめくくった。

ドイツ・オーストリア人の先祖はゲルマン人である。その価値観が日本人と大きく異なることは、よく知られている。

平和を愛し花をめで、こつこつと勤勉に働き、天寿を全うして畳の上で大往生を遂げるのをよしとする日本人とちがって、ゲルマン人は血であがなえるものを額に汗して育てたり収穫したりするのは馬鹿馬鹿しいと考え、おだやかに年をとってベッドの上で大往生するなど、恥さらしもいいところという考え方を持っていた。

戦いの中で華々しく散ってこそ本物の男というわけである。

日本人にとって剣は武人の魂であるが、ゲルマン人にとっては消耗品であり、大切なのは家紋を入れた楯。戦いで自分の楯を落として逃げ帰った男は部族内で一生馬鹿にされたものであったと言われる。

ヴァルテル・ノヴォトニーが生前、トラウトロフト連隊長に語ったことは、ゲルマンの血をひく男として当然のことのように思われる。

2　その名誉を永遠に讃えて

ヴァルテル・ノヴォトニーの墓はウイーン中央墓地の隅に、黒御影石《みかげいし》で建てられた。やや横長の長方形をした墓碑の表には一番上の中央に鉄十字章が刻まれ、その下に「墓」という文字があった。

その下に大きめの字で「戦闘機パイロット　少佐　ヴァルテル・ノヴォトニー」とあり、行を改めて少し小さめの字で「勇敢さを讃える。ドイツの最高勲章の佩用者。一九二〇年十二月七日生まれ。一九四四年十一月八日、歿す」と刻まれていた。

一九四五年五月に終戦となり、敗戦国であるオーストリアにはソ連軍が進駐軍としてやって来た。そしてウイーンの中央墓地を牧場にして牛を飼った。ヴァルテル・ノヴォトニーの墓碑も、他の墓とともに取り払われ、そのあたりは牧草地になった。

しかしヴァルテル・ノヴォトニーが墜落戦死したエペの村には戦友たちの手で記念碑が建てられていて、これは、ここに進駐してきた英軍に手を加えられることなく、そのまま残された。そして、この記念碑には村人や訪れた人が花を供え、その花は戦後も途絶えることがなかったという。

一九五五年七月、オーストリアは主権を回復した。ソ連軍が去るとウイーン中央墓地は復旧されたが、オーストリアの優れた科学者、大政治家、詩人など、いろいろな分野で大きな業績を残した人々の墓を集めた中央区画にヴァルテル・ノヴォトニーの墓碑が建てられた。この中央区画で唯一の軍人の墓である。

再建された墓碑は白御影石で、以前の黒い石の墓碑より一まわり大きく、やや縦に長い直方体である。

上部中央に鉄十字のマークが刻まれ、その下へ八行に刻まれた碑文「空軍少佐ヴァルテル・ノヴォトニー　ダイヤモンド剣柏葉付騎士鉄十字章佩用者　一九二〇年十二月七日生まれ　一九四四年十一月八日、歿　この死者の名誉を永遠に讃えて」は碑の上半分を占めていて、その下半分には何も刻まれていない。

中央区画に並んでいる墓碑を見ると、ヴァルテル・ノヴォトニーが最年少である。この墓はオーストリアの人々から大々的に募金された資金で建てられ、一九五八年六月二十二日に除幕式が行なわれた。

なおヴァルテル・ノヴォトニーが大事に右手中指にはめていたウイーン名誉市民証の金の指輪は、父親がウイーン市へ返納した。

一言、余計なことを付け加えるならば、一九五八年という時期、大々的に募金しようと言い出す人がいて、それに応じる資金が集まり、軍人の墓が首都の中央墓地の中央区画に建てられるということは、日本ではあり得ないことである。

日本風に表現すれば、ヴァルテル・ノヴォトニーはオーストリア人でありながらドイツ空軍に身を投じ、ヒトラーの手先となって侵略戦争を戦い、連合国の前途有為な若者を多数殺害した男。それをこのように扱うとは、日本人の大多数から見れば、とんでもない非常識である。

オーストリア人と日本人の民族性のちがいであろうか、基本的な価値観のちがいであろうか。

3 誰が撃墜したのか

ヴァルテル・ノヴォトニー戦死の状況は長年、不明のままであった。被弾したことを告げた無線送信からは、直ちに米軍機に撃墜されたと結論づけることはできず、ライネ、ホプシュテン、アッハマー、ヘゼペあたりでドイツのジェット戦闘機を撃墜したという報告は、フランツ・シャル少尉機と確認できる一件しかなかったからである。

雲から真っ逆さまに現われて、そのまま地面に激突したのを多くの人が目撃しており、味方の高射砲弾が当たったという説もまた有力であった。

この謎が解明されたのは、戦後四十年近くも経過した頃であった。執念深い研究者たちが、一九四四年十一月八日昼の十二時から十二時四十五分までのオスナブリュック（アッハマー東方約四十キロ）近郊上空における空の戦いを調べ上げ、ドイツ側の記録は高射砲部隊のものもふくめ、連合軍側のものはジェット機目撃から射撃したという記録や証言までも綿密に照合し評価し、検討を加えた結果、米第三六四戦闘機群所属のP51ムスタングに乗っていたリチャード・W・スティーヴンス中尉が撃墜したという結論が出たのである。

第三六四戦闘機群のメーレ・アレン大尉や、その二番機エドワード・R・ヘイドン中尉もメッサーシュミットMe262A型機を追っており、近くには第二十戦闘機群のアーネスト・フィーベルコーン大尉も飛んでいたが、いずれもノヴォトニー機が墜落に至りうる命中弾を与えたとは判定されず、高射砲部隊の射撃による撃墜の可能性もまた否定された。

研究者の一人が、米国に帰り軍隊を去って故郷で働いていた元陸軍中尉スティーヴンス氏に会いに行って、

「貴男が、あの有名なヴァルテル・ノヴォトニーを撃墜したということが判明したのですよ！」と告げたところ、スティーヴンス氏はキョトンとして、

「それは、どこの誰ですか。私はその人を知りません」と答えたと伝えられている。

スティーヴンス氏は米陸軍航空隊に入り、欧州の戦場で戦闘機パイロットとして戦ったが、アメリカ人としての義務だと思って軍隊に入り、決められた出撃回数を無事にこなして帰ることが何よりの念願であったそうで、戦闘機に乗ってエースになろうなどとは夢にも思っていなかったということである。

4 ノヴィのシュヴァルム

ノヴィことヴァルテル・ノヴォトニーのシュヴァルム（四機編隊）のメンバーのうち、最初に亡くなったのはトニことアントン・デベレ曹長で、トニの確認撃墜戦果は九十四機である。

味方機との空中衝突でトニが墜死した翌日、二番機のクァックスことカール・シュネラー曹長が重傷を負って長期入院となり、一九四三年十一月十二日にノヴィのシュヴァルムは崩

壊した。

ノヴォトニーが第五十四戦闘機連隊から転出した一九四四年春の時点で、シュヴァルムのメンバーの確認撃墜戦果は一番機ノヴィ二五五機、二番機クァックス三十五機、三番機トニ九十四機、四番機ルディ九十機であった。四人の合計は四七四機で、ドイツ空軍の中で最も撃墜機数の多いシュヴァルムと言われる。

この後、ノヴォトニーが三機撃墜して戦死し、シュネラーが十一機、ラデマッヒャー（ルディ）が三十六機と、それぞれ撃墜機数を増やして終戦を迎えたので、これらを加算すればノヴィのシュヴァルム四人で第二次世界大戦において撃墜した連合軍機は五二四機に達する。

生きて終戦を迎えた二人のうち、ルディことルドルフ・ラデマッヒャー少尉は一九四五年一月から第七戦闘機連隊に転属し、メッサーシュミットMe262A－1a型機を駆って十六機を撃墜している。第七戦闘機連隊は昼間戦闘機の部隊で唯一のメッサーシュミットMe262A－1a型機を使用した部隊で、愛称はノヴォトニー連隊であった。

ルディは一九五三年六月十三日、故郷リューネブルグ（ハンブルグ南東）の近くでグライダーに乗って展示飛行をしていて、家族も見ていた目の前で墜落して死亡した。満四十歳になる直前のことであった。

クァックスことカール・シュネラー少尉はコマンド・ノヴォトニーが解隊されると、やはり第七戦闘機連隊に移り、ジェット戦闘機で四発重爆撃機九機と単発戦闘機二機、計十一機を撃墜した。しかし一九四五年三月三十日、撃墜されて重傷を負い左足を失った。

戦後は報道写真家として生計をたてていたが、一九七九年九月二十四日、ニュルンベルグで病没した。戦傷がもとになった病気であった。享年六十で、シュヴァルムのメンバーで最も長命であった。

ジェット戦闘機に乗って、ノヴィが三機撃墜、クァックスが十一機撃墜、ルディが十六機撃墜だとなると、ドイツ空軍のジェットエースは？ということになるが、ジェット戦闘機による撃墜機数の最も多いのはメッサーシュミットMe262B－1a型夜間戦闘機の第十一夜間戦闘機連隊第十中隊長クルト・ヴェルター中尉で、二十七機撃墜が認められている。

三十機としている資料もあるが、ヴェルター中尉の大言壮語癖を知る人たちは、これを疑問視している。ヴェルター中尉は大戦を生き抜いたが、三十三歳の若さで自動車事故により落命した。

つぎに来るのが昼間戦闘機メッサーシュミットMe262A－1a型機で十八機を撃墜したハインツ・ベア中佐、その次が十七機撃墜のゲオルグ・ペーター・エデル少佐で、エデル少佐には六機の未確認戦果がある。

連合軍に最初に撃墜されたメッサーシュミットMe262Aは、エーデルワイス爆撃機連隊という愛称をもつ第五十一爆撃機連隊所属の機体であった。パイロットはロイアー軍曹で、ベルギーの首都ブリュッセル西方を飛行中、米陸軍航空隊の第八十二飛行隊に所属するP47サンダーボルトの編隊に襲われて被弾し、脚上げのまま不時着をこころみ、機体は炎上したが軍曹は機体から跳び降りて生還した。

米陸軍は、これを飛行隊長ジョセフ・マイヤーズ少佐とその四番機M・D・クロイJr少尉の共同撃墜と認定した。一九四四年八月二十八日のことであった。

なお英空軍機が初めてメッサーシュミットMe262Aを撃墜したのはこの年の十月五日で、映画「遠すぎた橋」で知られるオランダ国境の向こうニーメーゲンの橋を爆撃に行ったA-2a型一機を、カナダ空軍パイロットで編成されていた第四〇一飛行隊のスピットファイアIX型機五機が攻撃して撃墜したものである。

戦後明らかにされた米軍と英軍をあわせた航空機損失数を参考までに紹介すると、米英側が西部戦線と地中海方面でドイツ空軍機との交戦により四万一九二二機を失ったとしているのに対し、一九六五年、ミュニッヒの戦闘機操縦者協会の協力を得てユリウス・R・ガアル氏がまとめたドイツ戦闘機が米英両軍の航空機を撃墜した数は三万六四七一機となっていて、米英側が失ったとしている数よりもドイツ側で集計した戦果のほうが五四五〇機ほど少ない。これはドイツ側の撃墜確認が非常に厳格であったことを示しているのではなかろうか。

航空戦史の中の戦闘機があげたとする戦果は、敵方が戦闘によって失ったという機数より多いのが普通で、日本、米国、英国の戦闘機部隊の空中戦の戦果の数字に共通して見られる現象である。日本の戦闘機部隊の昭和十九年、二十年頃の報告を米軍の損失と照合してみたところ、米軍の実際の損失の三倍から五倍、時には七倍以上の撃墜機数が報告されている例が、いくつもあった。

時代が下って朝鮮戦争におけるF86Fセーバーとミグ15の空中戦で、米軍はセーバー一機の損失に対しミグ十機を撃墜したと大々的に宣伝していたが、一九九四年に出版された資料によれば、これがセーバー一機に対しミグが三・五機と修正されている。

この戦争でソ連は千三百機撃墜したと主張していたが、米軍は高射砲に撃墜されたものをふくめて九七一機（空中戦では休戦時に五十八機撃墜されたとしていたものを一〇三機と後日修正）を失っている。逆に米軍はミグを三七九機撃墜したと称するのに対しソ連の失ったミグは、高射砲により撃墜されたものもふくめて三四五機であった。

5　敵にも敬愛され惜しまれて

ヴァルテル・ノヴォトニーのことを元上司のハンネス・トラウトロフト大佐は、空中戦の技術、射撃の腕前、やる気、体力などが優れていて、空中では編隊のメンバーの安全を第一に考え、地上では整備員はじめ地上勤務者たちに敬意と深い思いやりを示していたとして高く評価している。

ノヴォトニーに目をかけ世界最初のジェット戦闘機部隊の指揮官に抜擢したアドルフ・ガーランド中将も、ヴァルテルのオーストリア人気質を戦闘機パイロットに向いていたとし、つきあって楽しい人柄、気転がきいて、判断と決心が速いこと、知性があり教養があって宗教心も堅固であったこと、生まれながらのリーダーとしての資質にめぐまれ、教育者としての能力も優れていたこと等をあげて、二十三歳の若さではあったが十分に正規の戦闘機連隊長の職務を遂行できる人物であったと賞讃している。

また、戦後ドイツ空軍の戦闘機部隊のことを深く研究したヴェルネル・ヘルド氏は、ヴァルテル・ノヴォトニーのことを魅力的な愛嬌のある人柄で、得るよりも与えることの方を多くと心がけていて友人を多くつくったと認め、パイロットの成功は地上勤務者の支えがあってこそ得られるという認識から常々、地上勤務者に対する尊敬と感謝の気持を表明していて、部隊の一体感をいやがうえにも高めたと評している。

だが、これらは自分たちの英雄を讃える身内からの評価である。では、敵はヴァルテル・ノヴォトニーをどのように見ていたのであろうか。

米陸軍航空隊の搭乗員のコメントには出会ったことがないが、英空軍所属のパイロットが、いくつかのコメントを残している。

第一二二飛行大隊の隊長ブルーカー中佐は、夜の飛行隊集会所で「こういう男が俺たちの制服を着てなかったなんて、惜しいこった。きっと良い仲間になっていたと思うよ」と言ったと伝えられている。

同じく戦闘爆撃機タイフーンの部隊にいたジョン・ゴレイ氏はヴァルテル・ノヴォトニーが撃墜され戦死したという噂が流れてきたとき、飛行隊の誰一人として喜ぶ者はなく、ゴレイ氏自身は深い悲しみをおぼえたと回想している。

英空軍にあったアルザス飛行隊に入り、のち第一二二飛行大隊長になったフランス人、ピエール・クロステルマン氏の著作には、つぎのようなことが書かれている。

「ヴァルテル・ノヴォトニーは死んでしまった。彼はドイツ空軍の英雄であるが、彼の死後ドイツ空軍はそう長くは持たないだろう。彼の死は今次大戦における空中戦の終止符のようなものである。

今夜は集会所で、彼の名前が皆の会話によく出てくる。誰も憎しみや恨みの気持など全然なしに話している。皆が彼に関する思い出を、敬意を抱き、ほとんど愛情を抱いて懐かしんでいる。こんな調子の会話をイギリス空軍の中で耳にするのは初めてのことだ。それにまた、あらゆる悲劇、あらゆる偏見を超越して、戦闘機パイロットの間にある珍しい連帯の観念が、これほど端的に示されるのを感じたのも初めてである。

今日、僕たちは死んでいった勇敢な敵を賞讃し、ノヴォトニーが僕たちの同類であること、イデオロギーも憎悪も国境も認めない僕たちと同じ社会の仲間であることを宣揚する」

（フラマリオン社刊、一九四八年初版“La Grand Cirque-souvenirs d'un pilote de chasse francais dans La R.A.F”引用）

ヴァルテル・ノヴォトニーはオーストリア人、ドイツ人に敬愛され惜しまれて逝っただけでなく、敵方の戦士たちにも敬愛され惜しまれて逝ったのである。

ヴァルテル・ノヴォトニー
(1920.12.7 ～ 1944.11.8)
ダイヤモンド勲章佩用
ウイーン名誉市民

参考引用文献＊Werner Held, Der Jagdflieger Walter Nowotny, Motorbuch Verlag Stuttgart, 1984 ＊ Werner Held mit einem Textbeitrag von Anton Weiler, Adolf Galland-Ein Fliegersleben in Krieg und Frieden, Podzun-Pallas-Verlag, 1983 ＊ Ernst Obermaier, Die Ritterkreuzträger der Luftwaffe, Jagdflieger 1939-1945, Verlag Dieter Hoffmann-Mainz, 1966 ＊ Williamson Murray, Strategy for Defeat the Luftwaffe 1933-1945, Chartwell Books, INC, 1986 ＊ Col.Raymond F. Toliver, (Ret.) and Trevor J.Constable, Fighter Aces of the Luftwaffe, Aero Publishers, INC. 1968 ＊ Manfred Böme (Translated from the German by David Johnson), JG7, Schiffer Military History Atglen, PA, 1992 ＊ Hugh Morgan, Me262 Stormbird Rising, Osprey Publishing, 1996 ＊ J.Richard Smith and Eddie J.Creek, Me262 volume two, Classic Publications, 1998 ＊ J.Richard Smith and Eddie J.Creek, Me262 volume three, Classic Publications, 2000 ＊ Dan O'Connell, Messerschmitt Me262, The Production Log 1941-1945, Classic Publications, 2005 ＊ Manfred Griehl, Messerschmitt Me262 Varianten (Flugzeug Profile Nr.47), Unitec-Medienvertrieb ＊ Hugh Morgan & Jürgen Seibel, Combat Kill, Patrick Stephens Limited, 1997 ＊ William N.Hess, German Jets versus The U.S.Army Air Force, Specialty Press Publishers and Wholesalers, 1996 ＊ Karl Ries Jr., Markings and Camouflage Systems of Luftwaffe Aircraft in World War Ⅱ, Verlag Dieter Hoffmann, Mainz, 1966 ＊ Jerry Scutts, JG54 Jagdgeschwader 54 Grünherz Aces of the Eastern Front, Airlife Publishing Ltd., 1992 ＊ George Mellinger, Yakovlev Aces of World War 2, Osprey Publishing Ltd., 2005 ＊ Alfred Price, The Last Year of the Luftwaffe, Arms and Armour Press, 1993 ＊ Marc Deboeck, Eric Lager, Tomáš Poruba, Focke-Wulf Fw190D, Camouflage & Markings Part 1, JaPo, 2005 ＊ Thomas H.Hitchcock, The Focke-Wulf Ta152, Eagle Editions Ltd., 2010 ＊ Norman Franks, British and Commonwealth Aces of World War Ⅱ, The Pictorial Record, Schiffer Military History, 2006 ＊ Christopher Shores & Clave Williams, Aces High, Neville Spearman Ltd, 1966 ＊ Raymond F.Toliver & Trevor J.Constable, The Blond Knight of Germany, AERO a division of TAB Books Inc, 1970 ＊ Heinz J.Nowarra, The Messerschmitt 109, A Famous German Fighter, Harleyford Publications Limited, 1963 ＊ Walter A.Musciano, Messerschmitt Aces, Aero, a division of TAB Books INC., 1989 ＊ Bernd Barbas, Planes of the Luftwaffe Fighter Aces, vol1, Kookaburra Technical Publications Pty Ltd, 1985 ＊

Bernd Barbas, Planes of the Luftwaffe Fighter Aces, vol2, Kookaburra Technical Publications Pty Ltd, 1985 * Jean Yves Lorant et Jean Bernard Frappé, Le Focke Wulf 190, Docavia Éditions Larivière, 1981 * Christopher J.Ailsby, The Luftwaffe, Ian Allan Publishing, 2006 * Trevor J. Constable and Colonel (Ret.) Raymond F.Toliver, Horrido!, Arthur Barker Ltd., 1968 * Igor Kaberov, Swastika in the Gunsight (Translated from the original Russian edition by Peter Rule), Sutton Publishing Ltd., 1999 * Eberhard D.Weber, Focke-Wulf FW190A"Würger", Aero Publishers, INC., 1968 * R.S.Hirsch and Uwe Feist in cooperation with H.J.Nowarra, Messerschmitt 262, Aero Publishers, INC., 1967 * Heinz J.Nowarra, The Focke-Wulf 190, A Famous German Fighter, Harleyford Publications Limited, 1965 * Gordon Williamson, Aces of the Reich, Arms and Armour Press, 1989 * Edward Bishop, Mosquito the wooden wonder, Airlife Publishing Ltd., 1995 * Tomas Polak with Christopher Shores, Stalin's Falcons. The Aces of the Red Star, Grub Street · London, 1999 * Franz Kurowski, Luftwaffe Aces, (Translated by David Johnston), J.J.Fedorowicz Publishing Inc., 1996 * Mike Spick, Luftwaffe Fighter Aces, Greenhill Books, London, 1996 * Ernst Obermaier, Die Ritterkreuzträger der Luftwaffe. Stuka und Schlachtflieger 1939-1945, Verlag Dieter Hoffmann · Mainz, 1976 * Alfred Price, Sky Battles Sky Warriors, Arms and Armour Press, 1993 * William N.Hess, P-47 Thunderbolt at War, Ian Allan Ltd., 1976 * Republic Aviation Corporation,Pilot's Handbook of Flight Operating Instructions for Model P-47B Airplane, Commanding General, Army Air Forces, 1942 * Len Morgan, The P-51 Mustang, Airlife Publishing Ltd., 1963 * Kenneth A.Merrick, Messerschmitt Me262 Described, (part 1 & Part 2), Kookaburra Technical Publications, 1969 * Geoffrey Pentland & Anthony Shennan, Focke-Wulf Fw190 Described, part 1, Kookaburra Technical Publications, 1968 * Anthony Shennan & Geoffrey Pentland, Focke-Wulf Fw190 & Ta152, Described part 2, Kookaburra Technical Publications, 1969 * Robert Bock, Yak-1 Yak-3, AJ-Press, 1998 * Carl-Frederik Geust, Kalevi Keskinen, Klaus Niska, Kari Stenman, Red Stars in the Sky 1, Tietoteos, Finland, 1979 * Carl-Frederik Geust, Kalevi Keskinen, Klaus Niska, Kari Stenman, Red Stars in the Sky 2, Tietoteos, Finland, 1981 * Carl-Frederik Geust, Kalevi Keskinen, Klaus Niska, Kari Stenman, Red Stars in the Sky 3, Tietoteos, Finland, 1983 * Werner

Held/Hannes Trautloft/Ekkehard Bob（Translated from the German by Don Cox）, JG54 A Photographic History of the Grünherzjäger, Schiffer Publishing Ltd., 1994 ＊ Messerschmitt A.G. Augsburg. Me262 A-1 Bedienungsvorschrift-Fl, Messerschmitt A.-G. Augsburg. Augst 1944 ＊「撃墜王」P・クロステルマン著、横塚光雄訳（出版協同社）昭和31年3月＊「W・W・II ルフトバッフェのエースたち」戦車マガジン11月号別冊（株式会社戦車マガジン）１９８９年11月＊「第２次大戦 ドイツ軍用機の全貌」航空情報臨時増刊№88（株式会社酣燈社）昭和33年8月＊「東部戦線のドイツ戦闘航空団」ヴェルナー・ヘルト著、野崎透訳（株式会社日本絵画）１９９０年２月＊「戦闘機 World war II」航空情報10月号臨時増刊№307（株式会社酣燈社）昭和47年10月＊「第二次大戦 ドイツ昼間戦闘機」航空ファン9月号臨時増刊（株式会社文林堂）昭和59年9月＊「写真集ドイツの戦闘機」編者 野原茂（株式会社光人社）＊「改訂増補 日本軍用機の全貌」航空情報編集部（株式会社酣燈社）昭和30年6月＊「第２次大戦 イギリス軍用機の全貌」航空情報臨時増刊№138（株式会社酣燈社）昭和36年11月＊「栄光のドイツ空軍 始まりと終り」アドルフ・ガーランド著 フジ出版編集部訳（フジ出版社）昭和47年9月＊「ドイツ本土防空戦 １９４３〜１９４５」ヴェルナー・ヘルト著、野崎透訳（大日本絵画）１９９０年12月＊「世界の傑作機 Famous Airplanes of the World №138」湯沢豊編（株式会社文林堂）＊同上№37、№131及び№133＊Günther Fraschka, Knights of the Reich, Schiffer Publishing Ltd., 1994 ＊ Werner Held, Die deutsche Tagjagd, Motorbuch Verlag Stuttgart, 1977 ＊ Derek Wood with Derek Dempster, The Narrow Margin, Tri-Service Press Ltd. London, 1965 ＊ Paul Brickhill, Reach for the Sky, Ballantine Books, Inc. New York, 1967 ＊「フィンランド空軍戦闘機隊」イルマリ・ユーティライネン著、梅本弘訳（株式会社大日本絵画）１９９７年7月＊「フィンランド上空の戦闘機」エイノ・アンテロ・ルーツカネン著、梅本弘訳（株式会社大日本絵画）１９９９年4月

写真資料提供／著者・雑誌「丸」編集部・米国立公文書館＊MARU Graphic Quarterly 12, 16 ＊ Werner Held : Der Jagdflieger Walter Nowotny

単行本　平成二十四年六月　潮書房光人社刊

あとがき

日本帝国海軍の零式艦上戦闘機には、左ひねり込みという空中戦の技があった。このことを知って十年ほど後に、プロペラ練習機の試験飛行をする機会が与えられ、予定の飛行の最後に四十秒か五十秒の時間をとって試してみて、飛行のたびごとにいろいろなやり方をし、左ひねり込みを解明できた時は少なからぬ満足感があった。

アフリカの星マルセイユ大尉が「わかったぞ!」と言った敵戦闘機撃墜のこつを突き止めた時にも喜びがあった。

英空軍のマラン大佐の敵機撃墜のこつはプロペラ戦闘機ならではのもので、ジェット戦闘機では恐ろしくて、とてもできたものではない。

筆者は撃墜され落下傘と救命浮舟で生還したこともある元戦闘機パイロットである。日常の射爆撃や空中戦闘の訓練を大過なくこなすだけには飽き足らず、第一次世界大戦、第二次世界大戦、朝鮮戦争等の空中戦について調べ、自分のパイロット生活の糧としていた。

しかしヴァルテル・ノヴォトニーという、一九四三年秋からしばらくドイツ撃墜王の首位にあった人物の空中戦は全く解明できず、資料を集めるだけで四十年以上かかった。

この資料に「語らせた」うえに筆者の四千二百時間余に及ぶ戦闘機パイロットとしての飛行経験に基づく資料解釈を加味してまとめたのが本書である。

上手に催促し辛抱して待ってくださる光人社、内海勉氏に感謝しながらの長年月にわたる執筆を、一段落させることができて肩の荷が降りたような気がする。

平成二十四年春

服部省吾

文庫版のあとがき

心血を注いで書いたこの作品が、装いを改めて出版されることになったのは、喜ばしいことである。

長い年月をかけて資料を集め、これを整理し、読み解き、一つの物語に紡いでいった労苦が思い出されるが、それよりも主人公の人柄と仕事ぶりの、何と魅力的なことか。読み返してつくづく、この人物の素晴らしさに打たれた。

舞台は戦場であり、場面は空中での戦いである。勝利に胸躍ることもあれば戦友や上司を失う悲しみもある。連合軍のように一定の出撃回数を満たせば、部隊毎または個人毎後方に下げられ休息が与えられたのではなく、ドイツ空軍の場合は戦場に出されっぱなしが基本であった。その苛酷な条件の中で戦い続け生き抜くには並はずれた心身の強さが必要であった。主人公は第二次世界大戦の初期から終末期近くまで戦い終戦の半年ほど前に戦死したのであった。その一生を辿れば、戦争の空しさや戦争に巻き込まれる悲しさが、否応なしに胸に迫ってくる。

それにしても人類とは何という生き物なのであろう。人類は群れを作り、同種類で群れどうしの争いをし、殺し合いを繰り返して現在に至っている。牛の群れと群れが血みどろの争いをし殺し合いをすることはない。獰猛な狼でも群れと群れが殺し合いの争いをすることはない。

人類というのは、特殊な生物と思わざるをえない。聖書は何のために、仏典は何のためにあるのだろうか。それらは戦争を防ぐことができたか。そろそろ私たちは、自分たちの理性で戦争をやめることができるということに、気付かなければならないのではないだろうか。こう考えて来ると、日本国憲法、とくに第九条に思い当たる。軍隊は持たない、戦争は放棄する、と決めてある。この憲法は守るに値する。

世界を見渡すと、戦争を放棄し軍隊を廃止してしまっている国があるではないか。中米のコスタリカという国がそれである。立派に独立国として存続している。日本は世界にさきがけて戦争放棄、軍隊不保持を憲法に明記した。その憲法の条文を改正したがっているのが日本。コスタリカは革命後、日本の憲法を真似し軍隊不保持、戦争放棄を自国の憲法にうたうだけでなく、実行しているのである。

平成三十年十月

服部省吾

NF文庫

撃墜王ヴァルテル・ノヴォトニー
二〇一八年十二月十九日　第一刷発行
著　者　服部省吾
発行者　皆川豪志
発行所　株式会社　潮書房光人新社
〒100-8077　東京都千代田区大手町一-七-二
電話／〇三-六二八一-九八九一代
印刷・製本　凸版印刷株式会社
定価はカバーに表示してあります
乱丁・落丁のものはお取りかえ致します。本文は中性紙を使用

ISBN978-4-7698-3099-3　C0195
http://www.kojinsha.co.jp

NF文庫

刊行のことば

第二次世界大戦の戦火が熄《や》んで五〇年——その間、小社は夥しい数の戦争の記録を渉猟し、発掘し、常に公正なる立場を貫いて書誌とし、大方の絶讃を博して今日に及ぶが、その源は、散華された世代への熱き思い入れであり、同時に、その記録を誌して平和の礎とし、後世に伝えんとするにある。

小社の出版物は、戦記、伝記、文学、エッセイ、写真集、その他、すでに一、〇〇〇点を越え、加えて戦後五〇年になんなんとするを契機として、「光人社NF（ノンフィクション）文庫」を創刊して、読者諸賢の熱烈要望におこたえする次第である。人生のバイブルとして、心弱きときの活性の糧《かて》として、散華の世代からの感動の肉声に、あなたもぜひ、耳を傾けて下さい。